A. Brémant

SCIENCES NATURELLES

7ᵉ ÉDITION

LIBRAIRIE A. HATIER

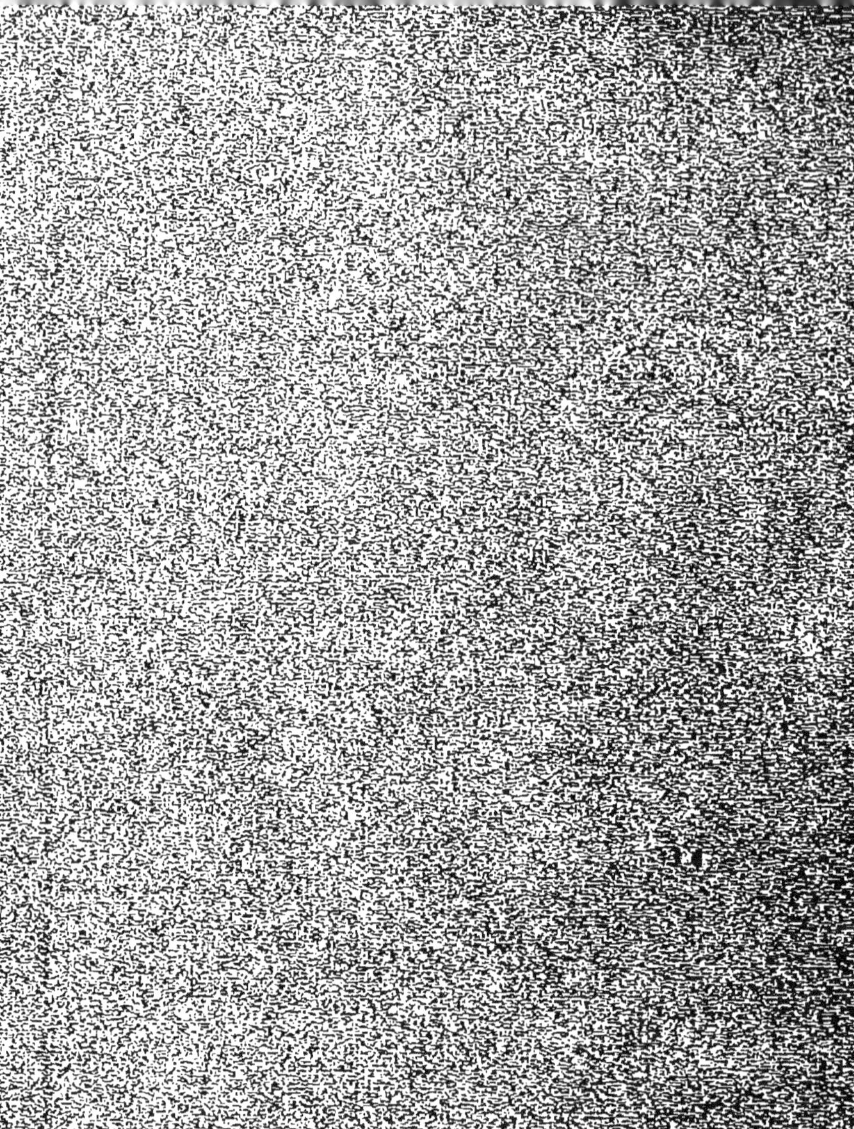

LES SCIENCES NATURELLES

DU

BREVET ÉLÉMENTAIRE DE CAPACITÉ

ET DU COURS

DE L'ANNÉE COMPLÉMENTAIRE

LES
SCIENCES NATURELLES

DU

BREVET ÉLÉMENTAIRE DE CAPACITÉ

ET DES COURS

DE L'ANNÉE COMPLÉMENTAIRE

Ouvrage faisant suite au

CERTIFICAT D'ÉTUDES PRIMAIRES

ET RENFERMANT TOUTES LES NOTIONS

DE ZOOLOGIE, DE BOTANIQUE, DE MINÉRALOGIE, DE GÉOLOGIE,
D'AGRICULTURE, D'HORTICULTURE ET D'HYGIÈNE

Indiquées par les arrêtés ministériels des 27 juillet 1882
et 30 décembre 1884.

ILLUSTRÉ DE 250 GRAVURES

Par ALBERT BRÉMANT,

Directeur des cours de l'École d'horlogerie de Paris
Membre de la Commission d'examen pour les brevets de capacité,
Officier de l'Instruction publique.

SEPTIÈME ÉDITION

PARIS

LIBRAIRIE D'ÉDUCATION A. HATIER

33, QUAI DES GRANDS-AUGUSTINS, 33

1893

(Tous droits réservés.)

AVERTISSEMENT

Nous avons fait un livre d'étude plutôt qu'un livre de lec-
ture. On ne devra donc pas s'étonner de n'y pas rencontrer
ou des détails déjà connus par les élèves auxquels nous vou-
lons nous adresser, ou des faits trop spéciaux et dont l'intérêt ne serait pas immédiat.

Nos « SCIENCES NATURELLES » comprennent l'étude
des trois règnes de la nature : celle des *animaux*, des *végétaux*
et des *minéraux*. Nous avons surtout insisté sur les êtres
de nos climats, ceux dont les rapports avec l'homme sont
les plus constants; nous avons toujours signalé ceux qui sont
utiles et qui ont droit à toute notre protection.

Des conseils sur l'*hygiène* sont indiqués à propos de l'étude
de l'homme, ainsi que les *premiers soins à donner en cas*
d'accidents.

Nous avons également consacré quelques pages à la *Géo-*
logie, cette science si intéressante qui traite de l'histoire de
notre terre.

Nous avons enfin terminé notre ouvrage par des notions
pratiques d'*Agriculture* et d'*Horticulture*. L'enfant de la
campagne verra que la culture de la terre est un art et une
science bien autrement complexes et intéressants qu'il ne le
croit généralement; que l'intellgence doit en chasser la routine; que le sol n'est ingrat qu'à l'ignorant et au paresseux;
que le cultivateur doit aimer sa profession puisqu'elle est
noble. Il verra quel profit il peut tirer de la connaissance
des choses agricoles. L'habitant des villes se rendra un compte
plus exactes des termes usités à la campagne et surtout de
la somme de travail et d'intelligence que doit déployer le
cultivateur pour amener jusqu'à la table du citadin le pain
et la viande dont il se nourrit.

A tous, nous aurons rendu quelque service si nous avons
communiqué le goût du travail en général et spécialement
le désir d'observer et d'étudier les merveilles de la création

HISTOIRE NATURELLE

NOTIONS PRÉLIMINAIRES

Définition de l'histoire naturelle. — L'histoire naturelle est la science qui s'occupe de l'étude des corps répandus à la surface du globe et de ceux qui constituent l'enveloppe terrestre, au point de vue de leur structure, de l'utilité qu'on en peut tirer, du lien qui les unit entre eux, etc.

Son domaine, comme on le voit, est immense, puisqu'il renferme tous les êtres vivants et ceux qui ont vécu. En présence d'un nombre de corps aussi considérable, la nécessité d'une *Classification* s'impose. On devra réunir dans un même groupe tous les êtres qui possèdent des caractères généraux semblables et étudier seulement leurs différences, puis restreindre de plus en plus l'étendue des groupes, pour étudier enfin les propriétés distinctives de chaque être en particulier.

Classification. — Les corps ont été d'abord divisés en deux grands groupes : les *Corps inorganiques* ou les *minéraux*, les roches, qui se présentent sous l'aspect de corps bruts chez lesquels la matière est sans mouvement et sans vie; et les *Corps organisés* ou *vivants*, le lion, le chêne, chez lesquels la vie manifeste sa présence en animant des organes.

Les corps organisés ou animés se subdivisent en deux groupes : les *animaux* et les *végétaux*.

Ainsi, les êtres qui constituent le domaine de l'histoire naturelle se trouvent être dès maintenant divisés en trois groupes ou *Règnes :*

Le règne **animal**, le règne **végétal**, le règne **minéral**. La science qui étudie plus spécialement les animaux est la *zoologie;* celle qui s'occupe des végétaux est la *botanique ;* l'étude des minéraux constitue la *minéralogie*.

Il importe donc, dès maintenant, d'établir une distinction entre ces trois divisions d'êtres. Or, la chose est infiniment plus difficile qu'elle ne le paraît au premier abord. Il nous faut, en effet, donner de l'animal une définition qui s'applique à tous les animaux, et une définition telle qu'aucun végétal ne puisse y trouver place. Distinguer un lion d'un chêne est évidemment tâche facile ; en sera-t-il de même quand nous arriverons à certains êtres inférieurs, dont la simplicité de structure ne pourra nous révéler aucun caractère appréciable relevant d'un règne ou d'un autre ?

Mais, d'ailleurs, qu'importe que ces êtres inférieurs fassent partie d'un règne ou bien d'un autre ? Pourquoi vouloir creuser un infranchissable fossé entre ces deux règnes ? Nous préférons voir dans les êtres animés et organisés une suite non interrompue d'êtres vivants qu'un lien intime unit entre eux, mais que nous sommes momentanémemt obligés de détruire pour apporter plus de facilité à leur étude.

Avec les réserves que nous venons d'indiquer, nous donnerons, pour établir une distinction entre les animaux et les végétaux, les caractères qui différencient les animaux les plus parfaits des végétaux les mieux organisés, laissant entre les deux, pour les unir, les êtres douteux, que nous placerons cependant, pour l'étude, dans le règne le plus probable.

Les **Animaux** sont alors les êtres vivants, capables de se nourrir, de se reproduire, pouvant se *mouvoir volontairement*, et doués de *sensibilité*, ou de la faculté qui permet de percevoir les impressions de douleur et de joie.

Les **Végétaux** vivent aussi, ils se nourrissent et se reproduisent ; mais ils sont dépourvus de mouvements volontaires et sont incapables de sentir.

Les **Minéraux** comprennent les corps inertes et privés de la vie, comme les roches.

Nous allons maintenant prendre le premier *règne* de l'histoire naturelle : le règne animal, et nous occuper de zoologie.

LIVRE PREMIER

ZOOLOGIE

CHAPITRE PREMIER

RÈGNE ANIMAL

L'histoire naturelle, limitée même à la zoologie, présente encore un champ d'étude trop vaste pour que nous n'ayons pas recours à une classification. Mais, nous ne saurions trop le répéter, toute classification n'a rien d'absolu, elle n'entend pas séparer les êtres : son but est de réunir dans un même groupe une série d'êtres qui présentent des propriétés communes, et pour tous lesquels un même qualificatif pourra s'appliquer.

Le règne animal peut alors être divisé en cinq *embranchements* :

Les *Vertébrés;*
Les *Annelés;*
Les *Mollusques;*
Les *Zoophytes;*
Les *Protozoaires.*

Embranchements. — Nous placerons dans l'embranchement des **Vertébrés** tous les animaux qui possèdent des *os*, dont l'ensemble forme un *squelette* intérieur. Ils tirent leur nom de vertébrés de ce que, parmi les os qui forment le squelette, se rencontrent toujours des os plats appelés vertèbres, qui, empilés les uns au-dessus des autres, constituent une colonne nommée *colonne vertébrale*.

Tous les vertébrés ont du sang rouge, sauf un poisson, l'amphioxus.

A l'embranchement des vertébrés appartiennent :

L'*homme*, le *bœuf*, l'*hirondelle*, la *tortue*, la *grenouille*, le *serpent*, le *brochet*.

Les **Annelés** n'ont plus d'os, et par conséquent pas de squelette intérieur; mais l'enveloppe de leur corps est généralement assez dure pour que ces animaux ne s'aplatissent pas sous leur poids. Ce nom d'Annelés leur vient de ce que leur corps semble être formé d'anneaux qui s'articulent les uns dans les autres. Ces animaux n'ont pas le sang rouge. Nous citerons dans cet embranchement :

Le *hanneton*, le *papillon*, la *langouste*, le *ver de terre*.

Les **Mollusques** comprennent les animaux à corps mou, dépourvu de squelette intérieur ou extérieur. La membrane molle qui recouvre leurs organes ne présente aucune consistance; aussi le plus souvent le corps de ces animaux est-il protégé par une enveloppe pierreuse, que sécrète une portion de la peau appelée manteau. Tels sont :

La *limace*, l'*escargot*, l'*huître*, la *lymnée*, la *pieuvre*.

Les **Zoophytes** sont des animaux qui, à cause de la simplicité de leur organisation, ressemblent à des plantes. Il en est d'ailleurs qui, par leur aspect même, sont facilement confondus, soit avec des végétaux entiers, soit avec des fleurs. On les désigne encore sous le nom de *rayonnés*, parce que la plus grande partie d'entre eux sont formés d'un noyau central d'où s'échappent, dans toutes les directions, des rayons plus ou moins étendus.

A cet embranchement appartiennent :

Les *oursins*, les *étoiles de mer*, les *méduses*, les *anémones de mer*, les *polypes du corail*, les *éponges*.

Les **Protozoaires** sont des êtres presque tous microscopiques et paraissant dépourvus d'organes. C'est dans cet embranchement que nous placerons les êtres douteux dont nous avons parlé plus haut et qui sont une transition entre les animaux et les végétaux. Tels sont les *Infusoires*, les *Rhizopodes* (Foraminifères, Radiolaires), les *Amibes*.

EMBRANCHEMENT DES VERTÉBRÉS

Les Vertébrés sont, à leur tour, divisés en cinq grands groupes ou *classes* qui sont :

Les Mammifères ;
Les Oiseaux ;
Les Reptiles ;
Les Batraciens ou Amphibiens ;
Les Poissons.

Classes. — Les **Mammifères**, ou vertébrés porteurs de mamelles, ont le corps plus ou moins recouvert de poils ; ils ont généralement quatre membres. Ils ont le sang chaud, leur respiration est aérienne. Ils sont vivipares, c'est-à-dire qu'ils donnent naissance à des petits vivants qu'ils allaitent. Tels sont : l'*homme*, le *lion*, le *phoque*, la *chauve-souris*, le *lapin*, le *bœuf*, la *baleine*.

Les Oiseaux ont le corps recouvert de plumes ; ils

ont deux pattes, et leurs membres antérieurs sont transformés en ailes; ils possèdent un bec corné; ils ont aussi le sang chaud; leur respiration est aérienne. Ils sont ovipares, c'est-à-dire qu'ils pondent des œufs d'où s'échapperont plus tard des petits. A cette classe appartiennent :

L'*aigle*, l'*hirondelle*, le *perroquet*, la *poule*, l'*autruche*, le *canard*.

Les **Reptiles** ont le corps recouvert de fausses écailles, c'est-à-dire de plaques cornées ou de pustules qui font partie intégrante de la peau; ils sont bas sur pattes ou sont dépourvus de pattes et rampent alors. Leur respiration est aérienne et peu active, ce qui fait que leur sang a une température qui varie suivant la température du milieu dans lequel le reptile se trouve. Ils sont ovipares.

Exemples : le *crocodile*, le *caméléon*, la *tortue*, la *vipère*, le *boa*.

Les **Batraciens** ont la peau nue, ou recouverte parfois de petites pustules; ils ont quatre pattes. On les désigne sous le nom d'*amphibiens*, parce que ce sont des animaux qui, avant leur complet développement, présentent les caractères des poissons : c'est-à-dire qu'ils sont uniquement aquatiques; mais qui, à l'état adulte, deviennent des animaux à respiration uniquement aérienne; ils possèdent donc, pendant la durée de leur existence, deux genres de vie, d'où leur nom d'amphibiens. Tels sont : la *grenouille*, le *crapaud*, la *salamandre*.

Les **Poissons** ont le corps recouvert de véritables écailles isolées et fixées à la peau par une seule extrémité; quelques espèces ont la peau nue; leurs membres sont transformés en nageoires. Ils respirent par des branchies l'air dissous dans l'eau; leur sang est à température variable. Ils sont ovipares.

A cette classe appartiennent :

Le *brochet*, le *goujon*, l'*anguille*, la *sole*, la *raie*.

CHAPITRE II

EMBRANCHEMENT DES VERTÉBRÉS

CLASSE DES MAMMIFÈRES

La classe des Mammifères a été divisée par Cuvier en 13 ordres :

1º Les Bimanes ;
2º Les Quadrumanes ;
3º Les Carnivores ;
4º Les Pachydermes ;
5º Les Ruminants ;
6º Les Rongeurs ;
7º Les Insectivores ;
8º Les Chiroptères ;
9º Les Edentés ;
10º Les Amphibies ;
11º Les Cétacés ;
12º Les Marsupiaux ;
13º Les Monotrèmes [1].

Certains naturalistes ont pensé, qu'à cause des privilèges élevés qui lui avaient été accordés par le Créateur, on devait placer l'Homme dans un règne spécial et former pour lui seul le **Règne humain**.

----

1. Il reste bien entendu que les classifications ne sont ni absolues, ni immuables; qu'elles sont surtout un puissant auxiliaire pour l'étude des êtres. Quant à celles que nous venons de conseiller, elles ne sont certes pas suffisantes pour le monde savant, elles sont du moins celles qui sont encore le plus couramment usitées dans l'enseignement primaire. Mais, de nos jours, quelques savants, abandonnant la classification de *Cuvier*, ont préféré reprendre celle de *Linné*, laquelle, se basant sur un certain nombre de ressemblances physiques, place l'homme et le singe dans un même ordre, celui des *Primates*, bien entendu sans les confondre.

Ce serait, à notre avis, aller un peu loin : car si l'âme raisonnable qu'il possède et les qualités morales dont il est doué, élèvent l'homme au-dessus de tous les animaux, par contre, son organisation corporelle exige qu'il soit placé dans la division la plus élevée du monde organique à savoir, le **Règne animal.**

« Cependant, même au point de vue de sa constitution matérielle, on peut dire qu'il offre un ensemble de qualités qui le mettent au-dessus de n'importe quelle autre espèce animale et font de lui pour ainsi dire le couronnement de l'édifice sublime de la création.

« Sans doute on peut citer certains animaux qui l'emportent sur lui par la force, d'autres par la rapidité, d'autres encore par la perfection de la vue ou de l'ouïe. Mais chez aucun on ne verra l'organisme présenter un ensemble aussi parfait, aussi bien équilibré, dans lequel la force, la souplesse, l'agilité, la vitesse, la perfection des cinq sens, toutes les qualités physiques en un mot, se rencontrent à la fois à un pareil degré[1]. »

L'homme se trouve donc *placé* au sommet du **Règne animal** dont il est, de fait, le roi. Nous allons résumer les avantages physiques et moraux qui justifient cette suprématie.

Avantages physiques. — L'homme a la *station verticale,* grâce à la conformation particulière du bassin, des jambes, des pieds et à la vigueur des muscles extenseurs des membres inférieurs. Seul parmi les mammifères il est *bipède* et *bimane;* le pied humain n'a pas le pouce opposable aux autres doigts et sert uniquement pour la marche.

Sa main est un organe parfait de tact et de préhen-

____

1. Dr Maisonneuve.

sion, la *division du travail de ses membres* est donc plus parfaite que chez le singe, puisque chez celui-ci les quatre membres servent à la fois pour la marche et la préhension. Au point de vue alimentaire, l'homme est omnivore, c'est-à-dire qu'il se nourrit à la fois de viandes et de légumes; grâce à ce régime, il peut vivre partout, se plier aux circonstances et fuir les dangers; les pluies et les sécheresses ne lui sont pas aussi funestes qu'aux autres espèces. Le corps humain l'emporte incontestablement en beauté sur celui de tous les autres animaux par l'élégance de ses proportions, la station verticale, la direction du regard, l'élévation et l'ampleur du front, la brièveté de la face, la saillie du menton, l'angle facial plus ouvert.

Le cerveau de l'homme adulte est trois fois plus considérable dans la race humaine la moins favorisée, que dans le genre de singe le plus favorisé.

Avantages moraux. — Seul l'homme a la *parole* articulée (les animaux n'ayant que la *voix*); c'est là un des plus hauts attributs de l'espèce humaine; seul aussi il possède l'*écriture*, langage des signes qui lui permet de conserver d'une façon permanente l'expression de sa pensée. L'homme est essentiellement *sociable* et c'est par exception qu'il vit isolé; il est éminemment *industrieux* et possède la faculté de se créer des outils pour pourvoir à son existence ou défendre celle-ci : feu, armes, outils proprement dits, vêtements selon les climats ou les saisons, etc. L'esprit d'*invention* dont il fait preuve dans le but d'améliorer constamment sa condition, nous le montre *perfectible* (c'est-à-dire susceptible de développement intellectuel et moral). Ses facultés intellectuelles lui permettent d'étudier la nature, d'en saisir les lois et d'en utiliser les forces à son profit. Enfin, seul, il est raisonnable, capable de juger, de discerner le bien du mal, le juste de l'injuste, d'imiter le beau, de posséder des sentiments religieux.

Par suite des avantages que nous venons d'énumérer l'homme forme donc, dans la classe des mammifères, un ordre à part : celui des *Bimanes*, caractérisé par la présence des mains terminant les membres antérieurs seulement, le *caractère essentiel de la main*, dit Cuvier, *étant celui qui réside dans la faculté d'opposer le pouce aux autres doigts pour saisir les plus petites choses.*

L'ordre des bimanes peut être divisé en 4 races principales, qui diffèrent, et par leurs caractères physiques, et par leurs mœurs. Ces races sont :

La race *blanche* ou caucasique. | La race *noire* ou africaine.
La race *jaune* ou mongolique. | La race *rouge* ou américaine.

Race blanche. — Les hommes qui descendent de la race caucasique ont la peau blanchâtre, faiblement colorée en rose, la figure ovale, le nez droit, la ligne des yeux perpendiculaire à celle du nez, les deux mâchoires en regard l'une de l'autre, les cheveux plats ou quelquefois ondulés mais toujours souples. L'angle facial est en moyenne de 80 degrés. (L'angle facial est formé par la rencontre de deux lignes partant toutes deux du dessous du nez et se dirigeant, l'une vers la partie saillante du front, l'autre vers le trou de l'oreille.)

Il est facile de se rendre compte que cet angle sera d'autant plus grand que le front sera plus proéminent. Et, comme il est presque constant que le volume du cerveau correspond à un développement dans le même sens des facultés intellectuelles, plus l'angle facial d'un animal sera grand, plus haut sera placé cet animal dans la série des êtres. Or, l'homme a l'angle facial le plus développé, et parmi les hommes, ceux de la race blanche tiennent le haut de l'échelle.

Race jaune. — Les hommes de cette race ont la peau jaunâtre, les pommettes des joues fortement saillantes, la ligne des yeux oblique par rapport à celle du nez, les cheveux noirs et durs. Leur angle facial est en moyenne de 75 degrés. Cette race est originaire des monts Altaï.

Les hommes de la **race noire**, ou les *nègres*, ont la peau noire, le nez écrasé, les lèvres épaisses ; leur mâchoire inférieure avance sur la mâchoire supérieure. Ils ont les cheveux noirs et crépus comme de la laine. L'angle facial est chez eux d'environ 70 degrés.

La **race rouge**, originaire de l'Amérique, comprend les hommes à peau rouge ; ils ont de nombreux points de ressemblance avec les jaunes et les noirs.

Il existe enfin une grande quantité de races inférieures d'hommes. Mais leur nombre tend de plus en plus à diminuer, en présence de la domination que prennent sur eux les races supérieures et surtout les blancs, plus intelligents et plus courageux que les autres.

Il y a des peuplades humaines qui ne savent pas faire du feu.

QUESTIONNAIRE des CHAPITRES I et II.

En combien de règnes sont divisés les êtres de la création ? — Donnez leurs caractères généraux ? — Nommez les embranchements du règne animal et indiquez leurs caractères généraux ? — Divisez l'embranchement des vertébrés en classes ; caractères généraux. — Nommez les ordres de la classe des mammifères ?

— Quelle est la supériorité physique de l'homme sur les autres
animaux? Indiquez ses avantages moraux? — En combien de
races principales les bimanes sont-ils divisés? — Caractères
généraux de chaque race? — Qu'entend-on par angle facial?

CHAPITRE III

SQUELETTE

Les parties distinctes qui constituent le corps de
l'homme sont : la *tête*, dans laquelle on remarque le
front, les tempes, les yeux, le nez, la bouche, le menton,
les joues, les oreilles, l'occiput ou le derrière de la tête ;
le *cou* ; le *tronc* ou *torse*, qui comprend la poitrine et
l'abdomen ou ventre ; les *membres supérieurs*, dont les
divisions sont le bras, le coude, l'avant-bras, le poignet,
la paume de la main et les doigts ; et les *membres inférieurs*, qui comprennent la cuisse, le genou, la jambe,
le cou-de-pied, la plante des pieds et les orteils.

La charpente qui sert de support à chacune de ces
parties est constituée par des *os*, dont l'ensemble s'appelle le squelette.

Les os sont formés de deux sels terreux : le *phosphate*
et le *carbonate de chaux* ; puis d'une matière animale,
la *gélatine*. Dans les premiers temps de la vie, le squelette est formé d'une substance blanche, très élastique,
appelée *cartilage* ; et ce n'est que petit à petit que les
cartilages se chargent de leur matière pierreuse qui
les rend alors roides, cassants, et les fait passer à l'état
d'os.

Os de la tête. — Les principaux os de la tête
sont (fig. 1) : le *frontal* au front, les 2 *pariétaux* sur le

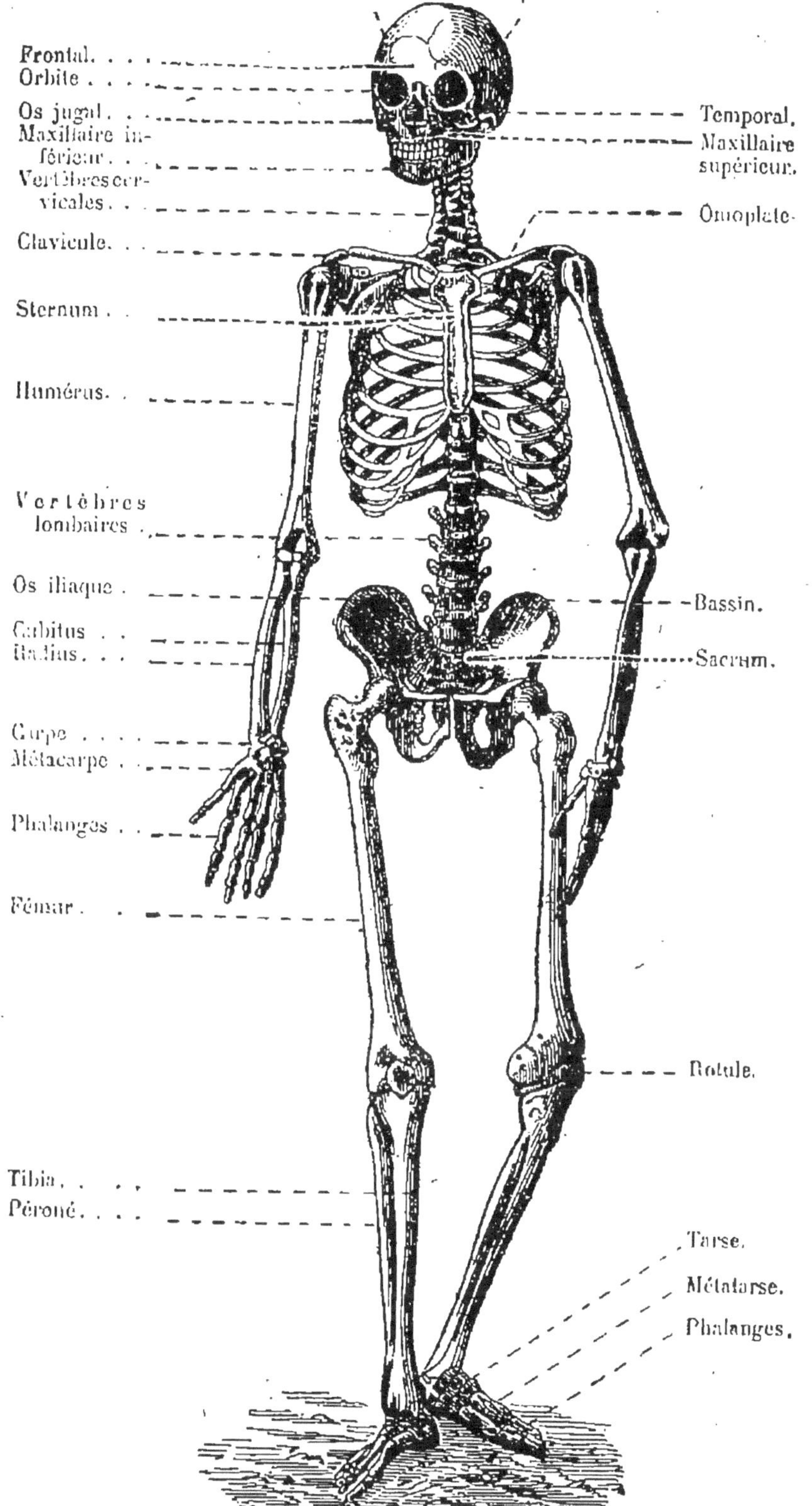

Fig. 1. — **Squelette humain.**

haut de la tête, les 2 *temporaux* aux tempes, l'*occipital* en arrière. On remarque en outre dans la face 2 trous profonds au-dessous de l'os frontal, ce sont les *orbites*, dans lesquelles les yeux sont logés ; les 2 os saillants situés au-dessous des orbites, à l'endroit des pommettes, sont les os *malaires* ; puis au milieu de la face, 2 cavités, ouvertures des *fosses nasales* situées au - dessous des *os nasaux* ; enfin les 2 *maxillaires*, en forme de fer à cheval, qui sont les os des mâchoires : le maxillaire supérieur est solidement fixé au crâne, le maxillaire inférieur est seul mobile autour de ses deux extrémités, et susceptible de mouvements de bas en haut.

Os du tronc. — La partie la plus importante du squelette est la *colonne vertébrale* ; elle est formée de la réunion de petits os empilés les uns au-dessus des autres et solidement fixés entre eux, les *vertèbres*.

Ces os plats sont traversés par un trou qui, en communiquant à ceux des autres vertèbres, constitue un canal, le *canal vertébral*, commençant au crâne pour finir à l'extrémité inférieure de la colonne vertébrale.

La colonne vertébrale porte différents noms, suivant les parties du tronc qu'elle soutient ; ce sont :

La *région cervicale*, dans le cou, formée de 7 vertèbres ; la *région dorsale*, au dos, qui renferme 12 vertèbres ; la *région lombaire*, des reins, formée de 5 vertèbres ; puis la *région sacrée* ou *sacrum*, contenant 5 vertèbres ; et enfin la *région coccygienne*, comptant 4 vertèbres. Ces deux dernières régions sont formées de vertèbres soudées entre elles chez l'homme adulte.

De chacune des 12 vertèbres de la région dorsale de la colonne vertébrale part une paire d'os ressemblant à des cerceaux, se recourbant autour du tronc pour former une cage osseuse, à claire-voie, le *thorax*. Les

7 premières côtes, dont les extrémités opposées à la colonne vertébrale restent toujours à l'état de cartilage, viennent se joindre à un os, le *sternum*, situé sur la ligne médiane de la poitrine. Les 5 autres paires de côtes n'arrivent pas au sternum, leurs extrémités cartilagineuses se joignent aux cartilages des côtes précédentes.

Os des membres supérieurs. — L'os du bras est l'*humérus* (fig. 2), long et cylindrique, à

Fig. 2. — Humérus.

grosse tête arrondie ; dans l'avant-bras se trouvent 2 os, le *radius* et le *cubitus* (fig. 3) : le cubitus est solidement articulé avec l'humérus, et le radius, qui porte à son extrémité la main, peut tourner sur le cubitus.

Fig. 3. — Radius et cubitus.

Au poignet se trouvent 8 os, dont l'ensemble s'appelle *carpe* ; dans la paume de la main, on réunit les os qui s'y rencontrent sous le nom général de *métacarpe*, et enfin dans les doigts se distinguent les *phalanges*, au nombre de 3, sauf dans le pouce, et qu'on désigne sous les noms de *phalange*, *phalangine* et *phalangette* ; cette dernière porte l'ongle.

Les membres supérieurs sont reliés au tronc par la *clavicule* et par l'*omoplate*.

La clavicule est un os long disposé entre le sternum et l'omoplate ; elle est une épaulette naturelle. Elle sert à maintenir les épaules écartées.

L'omoplate, désignée encore sous le nom de palette de l'épaule, est un os plat, très peu épais sur le dos, mais dont un des sommets s'arrondit en une cavité destinée à recevoir la tête de l'humérus.

Os des membres inférieurs. — L'os de la cuisse est le *fémur* (fig. 4) ; au genou, se rencontre un petit os rond, la *rotule*. Dans la jambe on voit le *tibia* et le grêle *péroné* (fig. 5) ; puis au cou de-pied un ensemble d'os qu'on désigne sous le nom de *tarse* ; dans la plante, le *métatarse* ; et enfin dans les orteils, les *phalanges*.

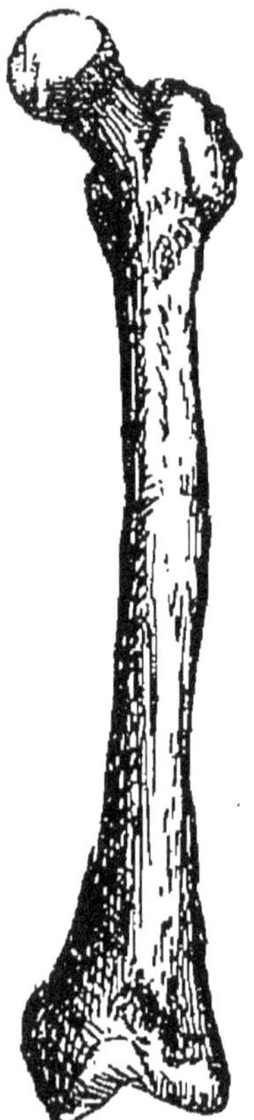

Fig. 4. — Fémur.

Fig. 5. — Tibia et péroné.

Les membres inférieurs sont reliés au tronc par une solide ceinture osseuse en forme de cuvette, le *bassin*, limité en arrière par le sacrum et le coccys, sur les côtés et en avant par les os *iliaques* dont on sent facilement la présence aux hanches.

ARTICULATIONS. — LIGAMENTS.

L'endroit où un os est relié à un os voisin s'appelle une *articulation*. Les articulations sont très variées, suivant que les os doivent ou non conserver constamment leurs positions relatives.

Dans les articulations mobiles, comme celle de l'humérus avec l'omoplate, la tête de l'os mobile est arrondie et l'autre possède une cavité dans laquelle la tête peut jouer. Les deux os, à l'articulation, sont enduits d'une croûte luisante, polie et élastique vulgairement appelée croquant, et qui n'est autre qu'un cartilage. L'articulation est en outre humectée à tout instant par la *synovie,* liquide agissant à la façon de l'huile dans les rouages des machines.

Chaque os est solidement attaché à celui avec lequel il doit s'articuler à l'aide de bandelettes fibreuses nommées *ligaments.* Ces ligaments offrent une très grande résistance, mais ils sont dépourvus d'élasticité; cependant par l'exercice on peut leur communiquer une très grande souplesse.

Mais lorsqu'une action violente tiraille les ligaments au pointde les détendre considérablement, on provoque une *entorse;* si le mouvement est assez violent pour faire sortir la tête de l'os de sa boîte, l'entorse se complique d'une *luxation.*

MUSCLES.

Les muscles sont les organes producteurs des mouvements : ce sont eux qui constituent la *chair* ou viande des animaux. Les muscles sont formés de filaments rouges facilement séparables, on le voit dans un morceau de bœuf bouilli ; ils ont l'apparence d'écheveaux de fils. Ils sont fixés par chacune de leurs extrémités sur les os du squelette. Rarement, ces muscles sont fixés immédiatement à l'os lui-même ; le plus souvent c'est un *tendon* qui sert d'intermédiaire entre le muscle et l'os.

Les tendons sont aussi formés de filaments, mais ceux-ci sont beaucoup plus compacts que ceux des muscles, et de plus ils sont blancs.

Les fibres musculaires jouissent de la singulière propriété de se *contracter* sous l'influence de la volonté ou de l'électricité ; et s'ils se contractent, c'est-à-dire diminuent en longueur, ils doivent augmenter d'épaisseur et de consistance. C'est ce qu'on remarque, en effet, lorsqu'on rapproche l'avant-bras du bras : car le muscle *biceps* fait dans ce mouvement une saillie dont la dureté est facile à constater.

La contractilité musculaire peut même être constatée sur un muscle appartenant à un animal mort depuis un temps ne dépassant guère six heures. Si, en effet, on vient à exciter par l'électricité un muscle d'un cadavre, on le voit se contracter, entraînant avec lui l'os qui se déplace autour de son articulation.

A partir du moment où tous les muscles deviennent inexcitables, on dit que le corps possède la *rigidité cadavérique*.

Les muscles qui constituent la chair de l'homme sont en nombre considérable ; ils sont de volume, de longueur, de formes extrêmement variés : ce sont eux qui font mouvoir les os des bras et des jambes, qui permettent d'étendre ou de fléchir les doigts, qui ouvrent ou ferment les paupières et la bouche, etc.

Ces principaux muscles sont (fig. 6) :

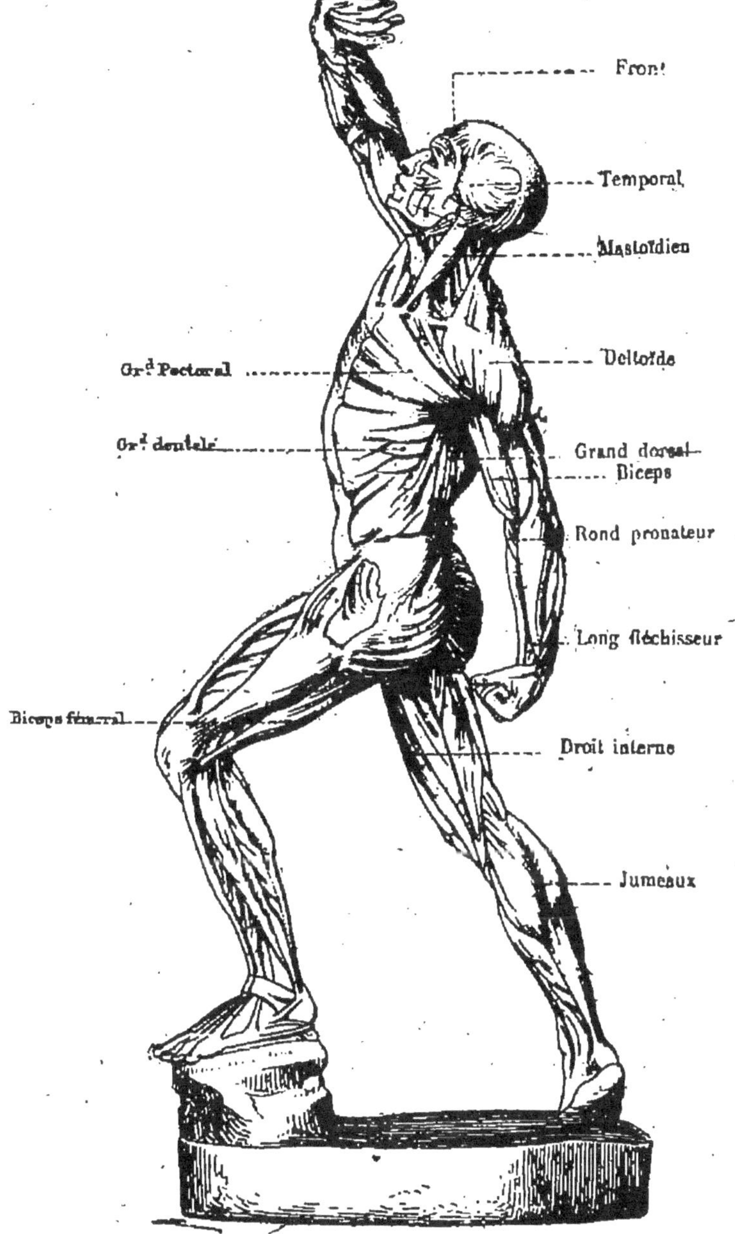

Fig. 6. — Système musculaire.

Dans la tête : le *temporal*, un de ceux qui aident aux

mouvements de la mâchoire inférieure ; le *frontal*, qui élève les sourcils et détermine les rides du front, etc. ;

Dans le tronc : le *grand pectoral*, qui porte le bras en avant ; les *intercostaux*, qui remplissent les espaces situés entre les côtes ; le *grand dorsal*, qui porte le bras en bas et en arrière, etc. ;

Dans les membres supérieurs : le *biceps* qui s'étend de l'omoplate au radius, le *rond pronateur* qui, du cubitus au radius, sert au mouvement d'inclinaison de la main, les *fléchisseurs des doigts*, etc. ;

Dans les membres inférieurs : le *couturier*, qui s'étend de la hanche à la partie supérieure du tibia : il sert à fléchir la cuisse sur le bassin et la jambe sur la cuisse ; les *extenseurs* et les *fléchisseurs* des orteils, etc.

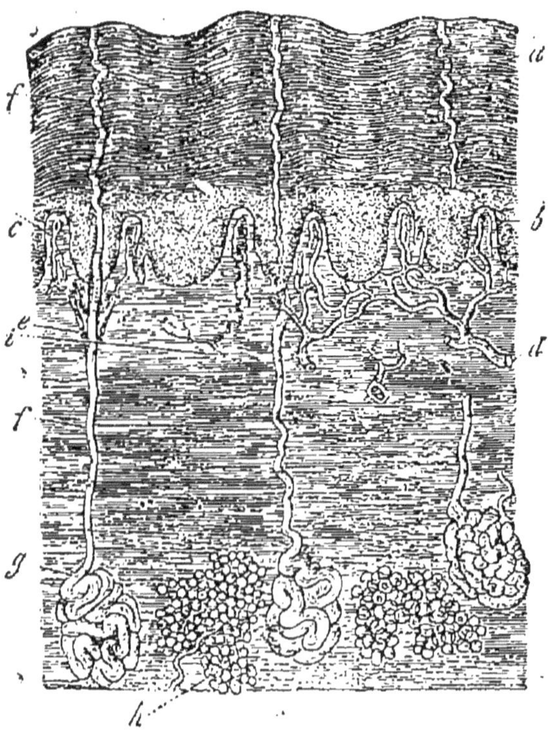

Fig. 7. — **Structure de la peau.**

a. Épiderme. — *d.* Vaisseaux. — *e, f, g.* Glandes de sueur et leur conduit. — *h.* Tissu graisseux.

LA PEAU.

La peau est une membrane qui recouvre les muscles, à l'intérieur comme à l'extérieur du corps. La peau qui tapisse les cavités intérieures du corps prend le nom de *muqueuse*, à cause de sa grande mollesse.

La membrane de la peau est composée de 2 couches : l'une superficielle, l'*épiderme*; l'autre profonde, le *derme*.

La peau n'est pas seulement un organe de toucher, et n'agit pas uniquement pour nous protéger de l'action irritante des contacts, c'est encore un organe qui remplit un rôle important dans les sécrétions, la respiration et l'absorption. On remarque en effet, à sa surface, des *orifices* ou *pores* (fig. 7) qui sont les ouvertures, soit des glandes qui sécrètent la sueur, soit de celles d'où s'échappent des matières grasses et huileuses.

GLANDES.

Les glandes sont des organes généralement de petites dimensions, qui retirent du sang, qui sécrètent des liquides particuliers, et qui les laissent échapper par les trous dont elles sont munies. Telles sont : les glandes *lacrymales* qui sécrètent les larmes; les glandes *sudorifères* qui laissent échapper la sueur; les glandes *salivaires* pour la salive; le *pancréas* qui déverse dans l'intestin grêle le suc pancréatique; le *foie* qui sécrète la bile, etc.

HYGIÈNE DES ORGANES DU MOUVEMENT.

D'une façon générale, l'*hygiène* est une science qui a pour but de rechercher les meilleures conditions de la santé, et de trouver les moyens de sa conservation. L'étude de l'hygiène est un devoir absolu; car l'homme est responsable de sa santé et de sa vie non seulement envers lui-même, mais encore envers la société dont il est un des membres constitutifs.

Un des éléments les plus puissants pour la conservation de la santé, c'est l'*exercice*. Un exercice modéré accroît l'action de tous les organes; et sous son influence, les muscles et les os prennent une plus grande souplesse et un plus grand développement. Or, le mouvement est à la portée de toutes les bourses, surtout même des plus pauvres; nulle excuse donc de s'en priver.

Le meilleur exercice est la *marche;* elle est surtout indispensable chez l'enfant, qui ne doit pas craindre d'aller, de venir, de courir, de sauter aux heures permises, et tout cela au grand air. Le grand air est facile à recommander à l'heureux habitant de la campagne; mais le citadin devra l'aller prendre le plus souvent possible : une fois par semaine, à la rigueur, il courra la campagne, les bois, les champs accidentés.

Pour ceux dont le travail sédentaire est une condition d'existence matérielle, ils devront en corriger les effets désastreux par la *gymnastique,* mais une gymnastique bien entendue. Et pour cela, point n'est besoin d'appareils coûteux : les marches, la course, la natation, les sauts, etc., seront souvent suffisants.

L'exercice appelle le repos; mais le repos sera proportionnel à la perte des forces, et n'aura pour but que la réparation de ces forces. Or, le meilleur repos est le *sommeil;* la durée du sommeil utile varie suivant les âges, le tempérament, le sexe et les circonstances de travail. Elle est en moyenne :

de 10 à 12 heures pour les jeunes enfants.
de 9 heures pour les enfants jusqu'à 10 ans.
de 8 heures pour les adolescents.
de 7 heures pour l'âge adulte.

Le sommeil de la nuit est de beaucoup le plus répara-
teur, et faire du jour le moment du sommeil est un des
plus grands manquements aux règles de l'hygiène.

Nous avons vu que la *peau* était percée de trous par
lesquels s'échappait la sueur mélangée à des acides et
à de la graisse. Or, si l'on vient à supprimer brusquement la transpiration, la mort ne tarde pas à venir; il
est donc indispensable que cette fonction d'élimination
s'effectue sans gêne, que les pores de la peau ne soient
pas bouchés par des corps étrangers.

On ne saurait donc prendre, pour la peau, de soins
trop excessifs de *propreté;* avec elle on peut lutter
contre les plus mauvaises conditions hygiéniques..

Le bain frais, accompagné de frictions vigoureuses
avec la brosse et le savon noir, est celui qui fournit
les meilleurs avantages et de nettoiement et de tonifi-
cation de la peau.

Les ablutions partielles du matin et du soir contri-
bueront puissamment à l'hygiène générale de l'individu.

PREMIERS SOINS A DONNER EN CAS D'ACCIDENTS.

Dans le cas où un exercice violent aurait froissé
ou déchiré un ligament, c'est-à-dire occasionné une
foulure, on devra faire exécuter très modérément
quelques mouvements à l'articulation, et la frictionner en appuyant légèrement avec le pouce; puis
plonger le membre dans de l'eau froide ou lui appliquer des linges mouillés bien frais, et qu'on renouvel-
lera souvent.

S'il y a *luxation*, c'est-à-dire si l'os est déboîté, ayez
recours au médecin; et en attendant son arrivée, faites

comme pour l'entorse, recouvrez l'articulation de linges frais.

Le bris d'un os, une *fracture*, est un accident plus grave que les deux que nous venons de nommer. Il vous sera possible de constater la fracture de l'os d'un membre, lorsque ce membre exécutera dans sa longueur des flexions qu'il ne peut jamais exécuter normalement.

On commencera par porter le blessé sur son lit, et cela avec les plus grands soins d'immobilité : à cet effet, on le placera étendu sur un volet ou une porte enlevée de ses gonds. Faites immédiatement préparer des bandes de toile en coupant un drap sur une largeur d'un travers de main et en cousant les bandes à la suite l'une de l'autre pour en former 10 mètres environ. Avant l'arrivée du médecin, s'il tarde, vous pouvez très utilement agir. Supposons, pour plus de facilité, que l'humérus, l'os du bras, soit brisé en son milieu : un aide tiendra solidement de ses deux mains l'épaule du blessé; un autre tirera avec plus ou moins de force mais sans secousse le fragment d'os au-dessus du coude. Alors, avec vos mains vous pourrez rapprocher, en les sentant à travers la peau et les muscles, les deux extrémités de l'os brisé que vous replacerez ainsi bout à bout; faites quelques tours avec la bande de linge en comprimant légèrement, mouillez le tout et reposez le membre sur un oreiller. Vous pouvez attendre le médecin, le plus gros est fait.

Dans le cas de fracture des côtes, entourez la poitrine d'une serviette pliée en trois, de façon à former une large ceinture que vous fixerez très serrée avec des épingles. Ne craignez rien pour la respiration; elle sera un peu gênée, mais elle s'effectuera malgré votre compression.

QUESTIONNAIRE

Quelles sont les parties distinctes du corps de l'homme?
De quoi sont formés les os? — Nommez les principaux os de **la**
tête. — Quelles sont les différentes régions de la colonne vertébrale, et formées de combien de vertèbres chacune? — Quels
sont les os du thorax? — Indiquez les os des membres supérieurs. — Comment sont-ils reliés au tronc? — Nommez les os
des membres inférieurs; comment sont-ils reliés à la colonne
vertébrale? — Qu'entend-on par articulation? — Comment
s'appelle le liquide qu'on trouve à chaque articulation et à quoi
sert-il? — Par quoi chaque os est-il attaché à l'os voisin? —
Qu'est-ce qu'une entorse, une luxation? — De quoi sont formés
les muscles? — Quelle propriété singulière ont-ils? — Quelle est
leur action? — Nommez quelques muscles? — Qu'est-ce que la
peau? — De combien de membranes est-elle formée? — Quelles
sont les fonctions des glandes? — Qu'est-ce que l'hygiène? —
Quel est le plus puissant agent de conservation de la santé? —
Quel est le meilleur exercice? — Quelle est la durée moyenne
du sommeil suivant les âges? — Quels sont les soins à donner
à la peau? — Quels sont les premiers soins à donner **en cas de**
foulure, de luxation, de fracture?

CHAPITRE IV

NUTRITION

Les différentes fonctions de la nutrition comprennent :
la *digestion*, l'*absorption*, la *circulation* et la *respiration*.
Comme ces fonctions sont communes aux végétaux et
aux animaux, on les désigne sous le nom collectif de
fonctions de la vie *végétative*.

DIGESTION.

La digestion a pour but : 1° de *séparer la partie nu-*
tritive des aliments de celle qui est inutile et qui doit

être rejetée; 2° de *transformer cette partie nutritive
en un liquide* capable de traverser des membranes.

La transformation des aliments s'opère dans *l'appareil digestif.*

Le canal digestif de l'homme comprend : la *bouche,*
le *pharynx,* l'*œsophage,* l'estomac, l'*intestin grêle,* le *gros
intestin.* Les organes dont les sécrétions vont puissamment aider à la digestion sont : les *glandes salivaires,*
le *foie,* le *pancreas.*

Les différents actes de la fonction de digestion sont :
la *mastication,* l'*insalivation,* la *déglutition,* la *digestion
stomacale* ou *chymification* et la *digestion intestinale* ou
chylification.

MASTICATION. — INSALIVATION.

Les aliments apportés dans la bouche, par la main
(habituellement prolongée chez l'homme par la fourchette), sont soumis à une trituration mécanique, à une
division très complète, grâce aux *dents.*

Dents. — Les dents sont des organes qui ressemblent beaucoup à des os; elles sont solidement enchâssées dans les maxillaires, et formées d'*ivoire* recouvert
d'*émail* dans la partie qui sort de la mâchoire.

Elles reçoivent différents noms, suivant leurs formes
et leurs fonctions : elle sont *incisives* lorsqu'elles sont
terminées en forme d'un ciseau, elles servent à couper
les aliments; d'autres s'appellent *canines,* elles sont
pointues et peuvent déchirer; enfin les autres sont dites
molaires, car, larges à leur partie supérieure, elles
peuvent moudre, écraser, broyer les aliments.

Jusqu'à l'âge de 7 ans, l'homme ne possède que
20 dents; vers cet âge, toutes les dents tombent, et

sont, à mesure, remplacées par d'autres dont le nombre grandit pour égaler d'abord 28, puis enfin 32. Cette fois, les dents perdues ne repoussent plus. La dentition comprend alors, à chaque mâchoire : 4 incisives, en avant, 2 canines qui encadrent les incisives puis enfin 10 molaires.

Les dents, avons-nous dit, sont les organes de la mastication ; elles sont mises en action par le mouvement de la mâchoire inférieure, qui, en s'abaissant et s'élevant, divise les aliments saisis entre les deux rangées de dents.

Cette opération est importante, car c'est à cette seule condition que les aliments seront divisés, que l'action de la digestion pourra être rendue plus facile : les dissolutions étant d'autant plus rapides que les corps à dissoudre sont plus divisés.

En même temps que ce travail mécanique s'effectue, commence la première opération chimique de la digestion, l'*insalivation*.

La *salive* sécrétée par les glandes salivaires situées tout autour de la bouche, à l'intérieur (fig. 8), telles que les glandes *parotides* derrière la mâchoire supérieure, sous l'oreille, les *sublinguales*, sous la langue, et les *sous-maxillaires* ; la salive, dis-je, se déverse dans la bouche et imbibe les aliments.

La salive est formée de 99 0/0 d'eau ; le reste est constitué par une matière organique, la *ptyaline* ou diastase salivaire, puis par des sels de soude et de potasse, des phosphates et des carbonates, et du chlorure de sodium.

Elle a pour premier effet de réduire en pâte les matières solides portées dans la bouche ; mais la salive agit surtout, et c'est là que paraît son action

chimique, pour transformer en *glucose*, c'est-à-dire en
véritable sucre, la partie des aliments qui renferme de
la *fécule* ou de l'amidon. Or ce sucre se dissout dans
l'eau de la salive; et au lieu du morceau de pain ou de
pomme de terre mis dans la bouche, on retrouve de

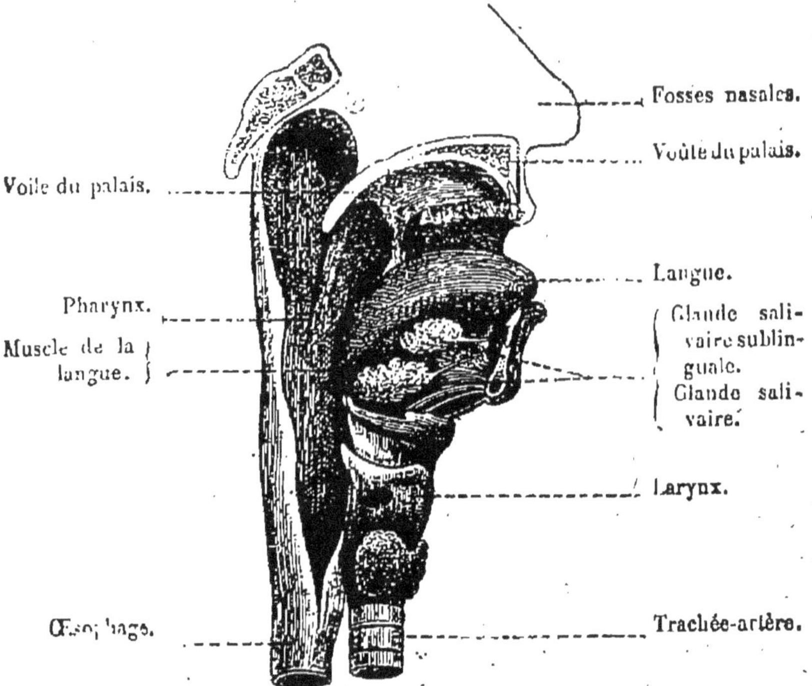

Fig. 8. — Coupe de la bouche et du pharynx.

l'*eau sucrée* après l'action des dents et de la salive.
Cette transformation des aliments féculents en *glucose*
ne fait que commencer dans la bouche; nous la verrons
se terminer dans l'intestin grêle.

Les aliments triturés par les dents, roulés par la
langue, insalivés par la salive, sont réunis en forme de
boule, le *bol alimentaire*, sur le fond de la langue; ils
vont alors être envoyés dans le pharynx.

DÉGLUTITION.

Le pharynx s'ouvre en arrière de la bouche, c'est le vestibule des voies digestives et respiratoires. Il se prolonge par l'*œsophage,* long tube qui s'étend du pharynx à l'estomac, traverse le thorax en longeant la colonne vertébrale et en passant entre les deux poumons, derrière le cœur.

Le passage du bol alimentaire de la bouche dans l'œsophage est une opération compliquée, car dans le pharynx s'ouvrent trois voies : celle du nez, celle des poumons commençant par le larynx, et celle de l'œsophage. Le bol alimentaire pousse une petite languette qui pend en arrière de la bouche, le *voile du palais,* le force à se relever et ferme ainsi les fosses nasales; voici un premier obstacle évité. Le larynx s'élève alors pour venir au-devant du bol alimentaire, et par suite la partie inférieure du pharynx vient s'appuyer sur la base de la langue. Ce mouvement oblige une espèce de soupape, l'*épiglotte,* à s'abaisser pour fermer l'ouverture du larynx, la *glotte.* Le conduit des poumons étant maintenant obstrué, le bol alimentaire s'engage dans la seule voie ouverte, l'œsophage.

Ce passage du bol alimentaire de la bouche dans l'estomac, à travers le pharynx et l'œsophage, est la *déglutition.*

DIGESTION STOMACALE.

Les aliments pénètrent dans l'*estomac* (fig. 9) par son ouverture nommée *cardia.*

L'estomac est une poche en forme de cornemuse placée en travers de la partie supérieure de l'abdomen ;

il a environ 3 litres de capacité. Sa membrane intérieure présente des rides et des plis très saillants et renferme dans son épaisseur des sortes de glandes en forme de

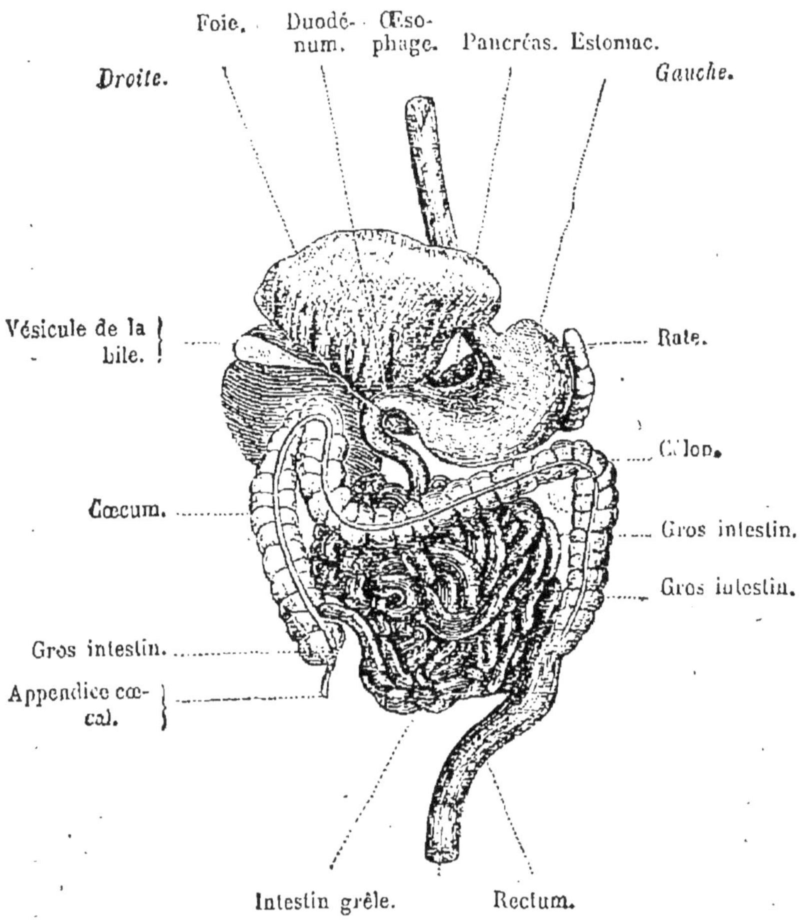

Fig. 9. — Le tube digestif.

tubes qui sécrètent le *suc gastrique*. Le suc gastrique est un acide renfermant une certaine quantité d'acide chlorhydrique, un peu d'acide lactique, puis un ferment organique appelé *pepsine*.

Sous l'influence de ce suc énergique, les matières

animales, viandes, blanc d'œuf, etc., sont dissoutes et transformées en un liquide appelé *peptone*. Toute la partie liquéfiée des aliments, la seule utile à la nutrition, formée d'eau sucrée faite par la salive et de viande liquéfiée par le suc gastrique, le tout mélangé avec la partie non attaquée ou inutile, se présente alors sous forme d'une masse pulpeuse, demi-liquide, appelée *chyme*, et va sortir de l'estomac par le *pylore* pour pénétrer dans l'intestin grêle. Nous venons d'assister là à la digestion stomacale ou chymification.

DIGESTION INTESTINALE.

L'intestin grêle est un tube un peu plus gros que le pouce, à replis très nombreux et d'une longueur égale, chez l'homme, à environ 8 mètres. Dans son trajet, de l'estomac au gros intestin, il se divise, un peu arbitrairement, en *duodénum*, *jéjunum* et *iléon*. Sa surface extérieure est lisse; mais l'intérieur est tapissé de petits follicules qui sécrètent un liquide visqueux, le *suc intestinal.*

Le gros intestin, qui fait suite à l'intestin grêle, est divisé en *cæcum*, *côlon* et *rectum*. Le cæcum est la partie du gros intestin dans laquelle débouche l'intestin grêle; il remonte sur le côté droit, et se trouve prolongé par le côlon; il s'élève vers le foie, traverse l'abdomen au-dessous de l'estomac, et redescend du côté gauche où il se trouve prolongé par le rectum.

Les intestins, le grêle et le gros, sont soutenus dans l'abdomen par une membrane peu épaisse, le *péritoine*.

A la sortie de l'estomac, viennent déboucher dans

l'intestin grêle deux conduits qui laissent couler, l'un la *bile*, l'autre le *suc pancréatique*, liquides sécrétés, le premier par le *foie*, l'autre par le *pancréas*.

Le foie est la glande la plus volumineuse du corps ; il est placé à la partie supérieure de l'abdomen, un peu à droite, et ne dépasse pas les côtes. Le liquide qu'il sécrète, la *bile*, est d'un vert plus ou moins foncé et d'une amertume très prononcée. (La bile devient jaune sous l'influence de certaines maladies.)

Le pancréas est une glande à peu près semblable aux glandes salivaires, qui sécrète le suc pancréatique, liquide limpide, visqueux et légèrement salé.

Le chyme, en pénétrant dans l'intestin grêle, se mélange immédiatement au *suc pancréatique* et à la *bile*. Alors va se produire une nouvelle modification chimique des aliments : les féculents qui ont pu échapper à la salive et les matières animales qu'a laissé passer le suc gastrique, vont être dissoutes par le suc pancréatique, dont les propriétés réunissent celles de la salive et celles du suc gastrique ; elle a en outre pour effet de dédoubler les graisses en glycérine et en acides gras. La bile, à son tour, va continuer l'action du suc gastrique sur les corps gras et faciliter la marche des matières alimentaires.

Ainsi donc, les différents sucs rencontrés dans le tube digestif auront digéré la fécule, les matières animales, les corps gras des aliments introduits, pour les transformer en un liquide blanc, le *chyle*, liquide éminemment nutritif.

ABSORPTION.

On nomme absorption le passage du chyle de l'intestin grêle dans les appareils servant à la circulation du sang; car les aliments n'auront d'utilité qu'autant qu'ils serviront à remplacer les débris usés de l'organisme général; et comme nous verrons au chapitre suivant que c'est le sang qui porte au loin les matériaux réparateurs, il faut les lui mettre à portée.

La principale action d'absorption se fait à travers la membrane de l'intestin grêle. En effet, sa paroi est hérissée de villosités, au centre desquelles se trouvent de petits vaisseaux qu'on nomme *vaisseaux chylifères* (fig. 10), qui, eux, appartiennent à l'appareil circulatoire.

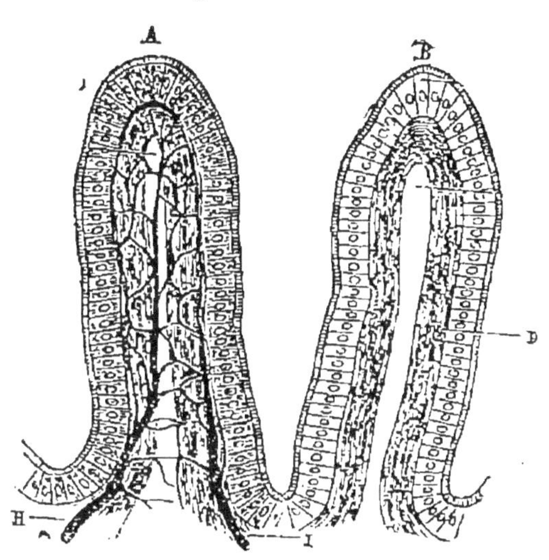

Fig. 10. — **Villosités de l'intestin grêle** (très grossies).

A. Villosité pourvue de ses vaisseaux chylifères et sanguins. — H. Artères. — I. Veine.

Ceux-ci se réunissent en des canaux plus gros (fig. 11), puis en un seul tronc qui va déboucher dans la *veine cave supérieure* et de là au cœur.

Le passage du chyle dans les vaisseaux chylifères à travers la membrane de l'intestin grêle se fait par *endosmose* [1].

---

1. Dans une vessie on met la moitié de son volume environ d'une dissolution de sucre, de gomme ou d'alcool, et après l'avoir fermée on la plonge dans de l'eau pure contenue dans un vase. On voit alors, au bout de quelques heures, la vessie se gonfler jusqu'à éclater, même si l'immersion se prolonge. Et si, avant que la vessie ne se soit ouverte, on examine les liquides, on trouve que l'eau contenue dans le vase n'est plus de l'eau

Ainsi donc, voilà les aliments utiles absorbés ; du tube digestif ils sont passés dans les vaisseaux sanguins.

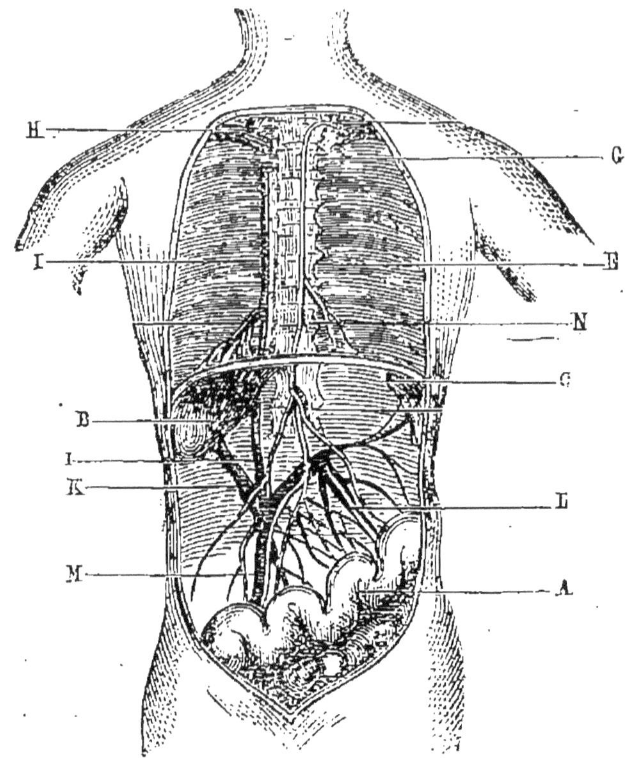

Fig. 11. — Vaisseaux absorbants de l'intestin.

A. Intestin. — B. Foie. — C. Rate. — E. Canal thoracique. — G. Veine cave supérieure gauche. — I, I, M. Veine cave inférieure. — K. Veine porte. — L. Vaisseaux absorbants : les blancs ou chylifères se rendant dans la citerne de Pecquet, les noirs ou veines intestinales se jetant dans la veine porte. — N. Colonne vertébrale.

pure, qu'elle renferme maintenant une partie de la dissolution, et que la dissolution que contenait la vessie renferme beaucoup plus d'eau qu'au début ; enfin, que la dissolution a absorbé plus d'eau qu'elle n'a cédé de son liquide. A travers la membrane de la vessie s'est donc effectué un échange de liquide, et c'est à ce phénomène qu'on a donné le nom d'endosmose. Cette propriété n'est pas seulement afférente aux tissus animaux, nous en verrons une autre application à propos de l'absorption par les racines des plantes.

IIYGIÈNE DE LA NUTRITION.

Aliments. — On donne le nom d'aliments à toutes les substances qui, introduites dans le tube digestif, sont susceptibles d'être transformées en chyle. Sauf le sel, nous tirons nos aliments du règne végétal et du règne animal.

La quantité d'aliments utiles à absorber est difficile à apprécier exactement, car elle varie suivant l'âge, le sexe, le travail, la saison, le climat, etc., mais d'une façon générale elle doit être proportionnelle à la dépense.

On a calculé que, en moyenne, l'alimentation utile d'un adulte ne devait pas s'éloigner, par jour, de

400 grammes de carbone et 20 grammes d'azote,

éléments qu'on trouve réunis dans

350 grammes de viande et 900 grammes de matière féculente sèche.

auxquels doivent s'ajouter 500 grammes de liquide, soit 1/2 litre d'eau. Les aliments solides pourront donc se répartir en :

Pain. . . . . 800 grammes.
Viande . . . . 350 grammes.
Riz . . . . 100 grammes.

Il est nécessaire de réunir des aliments animaux aux aliments végétaux, c'est-à-dire de manger de la viande et des légumes, pour rendre à l'organisme les éléments qu'il perd à tout instant. Mais cependant il existe de nombreuses personnes qui se nourrissent exclusivement de végétaux; et même, comme valeur hygiénique, le régime animal est beaucoup moins propre que le régime végétal à satisfaire les besoins de la nutrition. D'ailleurs, la force musculaire des Parisiens qui, à eux seuls, consomment le quart de la production annuelle de la viande de boucherie en France, est bien inférieure à celle des habitants de la campagne, dont les légumes constituent la nourriture principale.

Mais un régime végétal, légèrement animalisé, est celui qui convient le mieux à l'espèce humaine.

Boissons. — Pour aider à la dissolution et à la division des aliments, les boissons ont une grande efficacité. La boisson par excellence est l'**Eau potable.** Pour être potable, l'eau doit contenir de l'air, 2 à 3 dix-millièmes de sels solubles, et être dépourvue de matières organiques : telles sont les eaux de sources ordinaires.

Les autres boissons habituelles sont fermentées ou alcooliques, comme le vin, la bière, le cidre.

En distillant les boissons fermentées on obtient alcool.

Les boissons alcooliques étendues d'eau stimulent les fonctions nutritives; mais, prises pures et d'une façon immodérée, elles amènent des désordres digestifs et cérébraux qui ne tardent pas à conduire à la folie, puis à la mort.

On doit éviter de prendre des boissons froides lorsque le corps est en sueur, l'inobservance de ce conseil pouvant amener des accidents intestinaux et pulmonaires souvent très graves.

Les règles à suivre pour obtenir une digestion régulière et facile sont en réalité peu nombreuses : il faut mâcher les aliments de façon à les broyer le plus possible; prendre une nourriture saine et sainement préparée; ne prendre que la quantité qu'il est possible de digérer; manger peu le soir; ne jamais manger sans appétit et cesser lorsqu'il est satisfait; prendre un exercice modéré après le repas, et ne pas se mettre au lit immédiatement après avoir mangé.

Empoisonnements. — Dans le cas où se trouvent mélangées aux aliments des matières toxiques ou poisons, des désordres souvent mortels se produisent dans l'organisme. Ils s'annoncent ordinairement par un malaise subit, de violentes coliques, des nausées et des vomissements. Il est urgent de se renseigner sur la nature des aliments absorbés : champignons, moules, etc., puis sur la substance des ustensiles qui ont cuit les aliments : cuivre, plomb, poterie, etc., enfin sur la quantité, qui peut être trop grande, des médicaments absorbés. Une fois le toxique trouvé, on agit comme il suit :

Dans tous les cas, provoquer des vomissements le plus vite possible en chatouillant le fond de la gorge avec une plume d'oiseau. Faire prendre ensuite un liquide formé de 6 blancs d'œufs battus et versés dans un litre d'eau (eau albumineuse). A défaut d'œufs faire boire du lait.

Si le toxique est absorbé depuis trop de temps pour que les vomitifs n'aient plus d'action, il faudra avoir recours aux purgatifs. A défaut de purgatifs habituels, on fera dissoudre 2 cuillerées de sel de cuisine par 1/2 litre d'eau, qu'on fera absorber par la bouche et en lavement.

CONTREPOISONS DES

CHAMPIGNONS, BELLADONE, DIGITALE.

1° Émétique, ou ipécacuanha, ou chatouillement de la gorge;
2° Huile de ricin, ou eau salée, ou lait;
3° Café noir. Vin chaud.

LAUDANUM.

1º Emétique, ou ipécacuanha, ou chatouillement de la gorge ;
2º Café noir, ou eau vinaigrée (3 cuillerées par litre) ;
3º Limonade au citron : empêcher le sommeil.

PLOMB, CHLORE, ACIDE SULFURIQUE, SEL D'OSEILLE.

1º Émétique, ou ipécacuanha, chatouillement de la gorge ;
2º Eau albumineuse ;
3º Eau de savon (15 grammes pour 2 litres d'eau). Lait ;
4º Sel de cuisine en boisson ou en lavement.

AMMONIAQUE, MOULES, COLOQUINTE.

1º Eau tiède en abondance, chatouiller la gorge ;
2º Eau vinaigrée ;
3º Eau albumineuse, ou lait ;
4º Éther sur du sucre, ou vin chaud.

PHOSPHORE.

1º Chatouiller la gorge ;
2º Eau albumineuse ;
3º Magnésie calcinée.

QUESTIONNAIRE.

Nommez les différentes fonctions de la nutrition. — Quels sont
les buts de la digestion ? — Nommez les différentes parties du
tube digestif. — Quels sont les différents actes de la fonction
de digestion ? — Par quels organes s'effectue la mastication ? —
De quoi sont formées les dents ; elles sont de combien d'espèces ?
— Combien l'enfant a-t-il de dents ? — Vers quel âge la dentition est-elle complète ? — Quel est alors le nombre des dents ?
— En quoi la mastication est-elle utile ? — De quoi est formée
la salive et par quelles glandes est-elle sécrétée ? — Quelle est
son action chimique sur les aliments ? — En quoi consiste la
déglutition ? — Quelles voies doit éviter le bol alimentaire ? —
Que savez-vous de l'estomac ? — Que contient le suc gastrique ?
— Sur quels aliments agit-il et comment ? — En quoi consiste
la digestion intestinale ? — Quels liquides agissent sur le chyme
à son entrée dans l'intestin grêle ? — Comment s'appelle le
liquide contenant les parties utiles des aliments ; quel est son
aspect ? — En quoi consiste l'absorption, où s'effectue-t-elle, et
par quel phénomène ? — Quelle est la quantité moyenne d'aliments utiles ? — Quelles sont nos boissons ? — Indiquez les
contrepoisons des empoisonnements par les champignons, le
laudanum, le plomb, les moules, le phosphore.

CHAPITRE V

CIRCULATION

Puisque c'est le sang qui doit distribuer à toutes les parties du corps les matériaux nécessaires à leur nutrition et qu'il doit ramener les résidus inutiles, il ne peut rester immobile, il faut qu'il se meuve, qu'il circule dans tout le corps : c'est à ce mouvement du sang, pour ainsi dire circulaire, qu'on a donné le nom de *circulation*.

Le transport du sang aux organes s'effectue dans des canaux nommés *artères*, et le retour du sang au cœur a lieu par des *veines*. L'organe qui met le sang en mouvement c'est le *cœur*.

SANG.

Le sang est un liquide jaunâtre, le *sérum*, dans lequel nagent une foule de petits corpuscules solides, les uns d'une belle couleur rouge, les *globules rouges*, les autres blancs nommés *globules blancs*. Les globules du sang, toujours de même forme chez les animaux de la même espèce, varient de forme d'une espèce à une autre (fig. 12). Chez l'homme, ils sont circulaires et biconcaves, disposition qui leur permet de s'empiler les uns sur les autres. Le nombre des globules rouges est considérable : on en compte 5 à 6 millions par millimètre cube, c'est-à-dire par goutte de sang ; et l'homme possède de 5 à 6 litres de sang ! Quant aux globules blancs, ils sont bien moins nombreux, on en compte un blanc pour mille rouges. Le *sérum*, qui renferme une grande quantité d'eau, tient en dissolution de l'albumine, de la fibrine, des

principes sucrés, des matières grasses, des sels comme
le phosphate de chaux, du chlorure de sodium ; on y
rencontre en outre les éléments qui proviennent de la

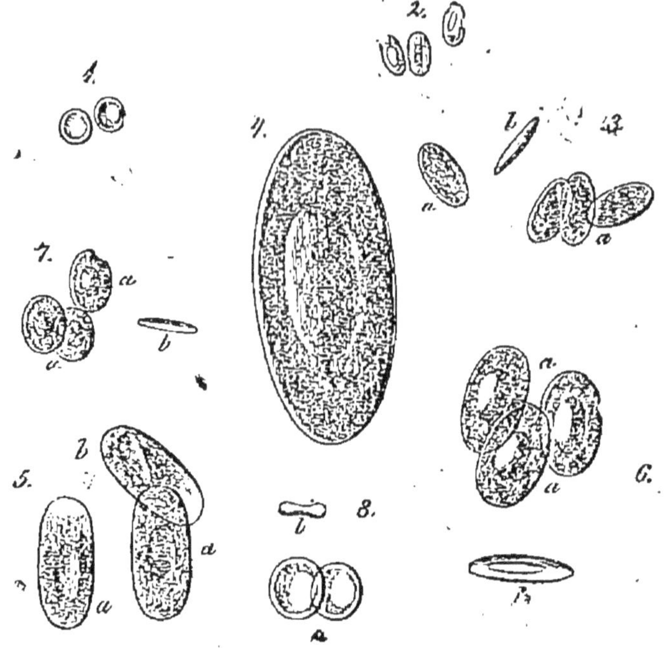

Fig. 12. — **Globules de sang.**

1. Globules du sang de l'homme. — **2, 3.** Globules des oiseaux. —
4, 5, 6, 7, 8. Globules des reptiles et des poissons.

décomposition des tissus : acide carbonique, urée,
acide urique, qui doivent être éliminés par les poumons, la peau ou les reins. C'est encore le sérum qui
transporte, dans les cas de maladie, les organismes
microscopiques tirés de l'air et qui donnent au sang
ses propriétés si toxiques, comme dans la maladie du
charbon.

CŒUR.

Le cœur est un muscle creux, de la grosseur du
poing. Il est situé dans le thorax, entre les poumons

(fig. 13) et son extrémité inférieure est dirigée un peu obliquement à gauche et en avant. Une cloison verticale et sans ouverture le divise intérieurement en 2 parties : le *cœur droit* ou *veineux*, et le *cœur gauche* ou *artériel*; chacun de ces cœurs est à son tour divisé en 2 cavités par une cloison transversale munie d'un orifice à soupape membraneuse ou *valvule*.

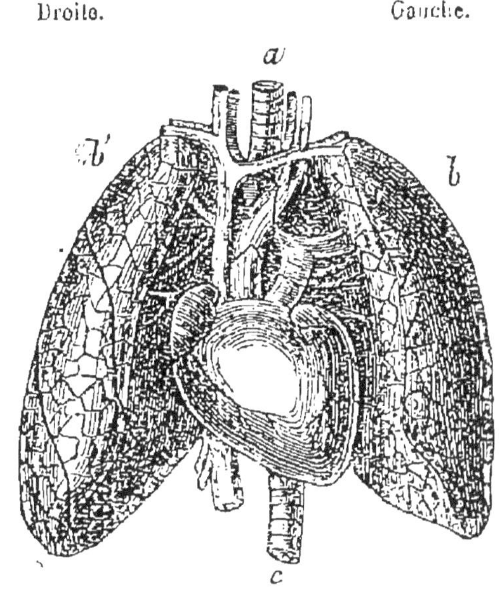

Fig. 13. — Le cœur et les poumons.
a. Trachée-artère. — b, b'. Poumons. — c. Aorte.

Les 2 cavités supérieures s'appellent les *oreillettes*; les cavités inférieures prennent le nom de *ventricules* (fig. 14). Comme nous l'avons vu, chaque oreillette communique avec son ventricule; mais ni oreillette ni ventricule droits ne communiquent par la cloison avec l'oreillette ou le ventricule gauches.

Comme tous les muscles, le cœur est capable de se contracter et de se dilater.

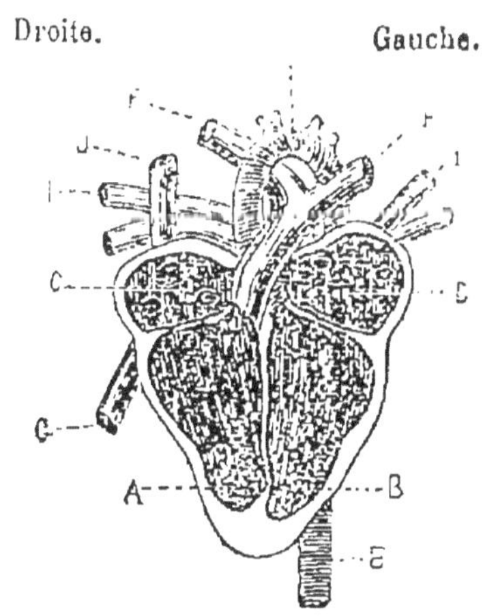

Fig. 14. — Structure du cœur.
A, B. Ventricules. — C. D. Oreillettes. — E. Aorte. — F. Artère pulmonaire. — G. Veine cave inférieure. — H. I. Veines pulmonaires. — J. Veine cave supérieure.

ARTÈRES. — VEINES

Les *artères* et les *veines* sont des tubes élastiques qui se ramifient à mesure qu'ils sont plus éloignés du cœur. Elles sont si nombreuses lorsqu'elles arrivent à la peau, qu'elles la tapissent complètement sur sa surface intérieure; elles sont alors si fines, qu'on les compare comme diamètre à des cheveux et qu'on les désigne sous le nom de *vaisseaux capillaires.*

Certains physiologistes d'une autorité incontestable prétendent que les vaisseaux capillaires sont des organes spéciaux, et d'une constitution telle qu'il n'est pas possible d'admettre qu'ils soient les prolongements des artères ou des veines. Pour eux, alors, les ramifications des artères et des veines viennent déboucher dans les capillaires.

Les artères ont des parois épaisses et assez résistantes, tandis que les veines sont à parois minces et flasques. Aussi une blessure faite à une artère est-elle plus dangereuse que si elle était faite à une veine de même diamètre; car, tandis que l'artère reste béante et ne s'oppose pas à la perte du sang, la veine, dont les parois s'affaissent après la coupure, peut fermer plus facilement sa plaie.

Toutes les artères du corps naissent de deux troncs principaux : l'*artère pulmonaire* et l'*artère aorte.*

L'artère pulmonaire part du ventricule droit et se prolonge dans les poumons.

L'artère aorte sort du ventricule gauche, décrit à sa sortie du cœur une courbe en forme de *crosse* (fig. 15), descend, le long de la colonne vertébrale et vers le milieu de la région lombaire, se bifurque en 2 tronçons, pour former les *artères iliaques* qui portent le sang aux membres inférieurs. Les artères des membres

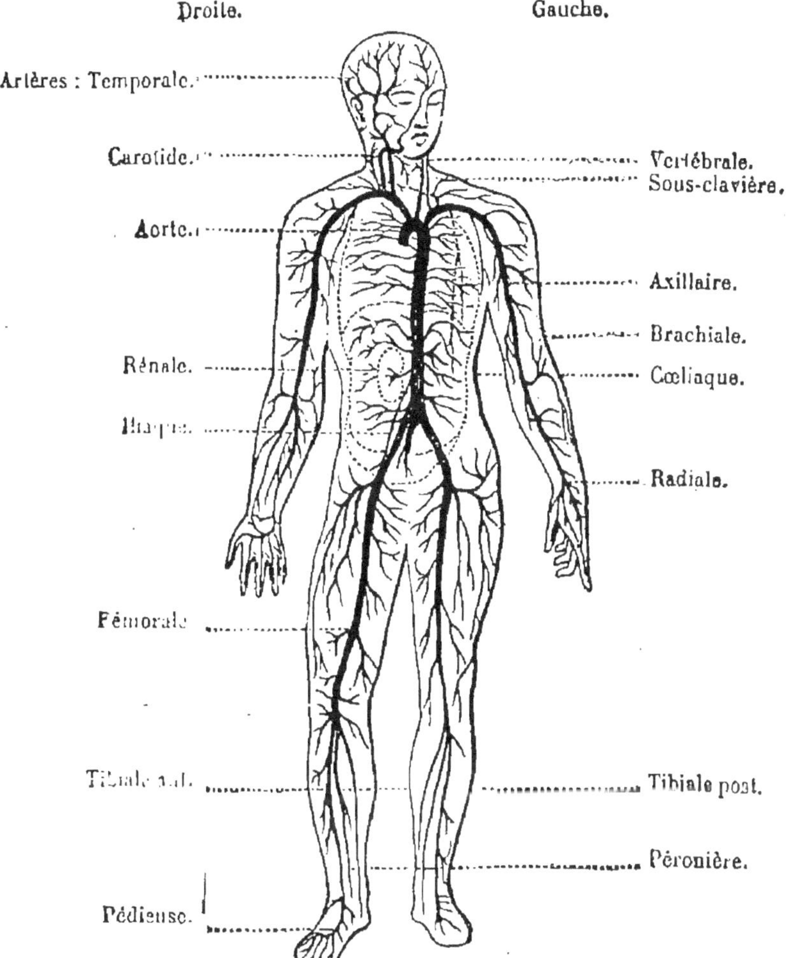

Fig 15. — Système artériel de l'homme.

supérieurs : *artères sous-clavières ;* celles de la tête, *artères carotides,* partent de la crosse de l'aorte.

Les veines suivent à peu près le même trajet que les artères, mais elles sont plus nombreuses et en général situées plus superficiellement.

Les principales veines sont : les *veines pulmonaires*

q , venant des poumons, débouchent dans l'oreillette gauche ; la *reine cave supérieure*, qui reçoit les veines ramenant le sang de la tête et des membres supérieurs la *reine cave inférieure*, qui réunit le sang qui a circulé dans les membres inférieurs : ces 2 grosses veines caves se déversent dans l'oreillette droite.

Les *vaisseaux capillaires* sont, ou les prolongements infiniment ramifiés des veines et des artères, ou des tubes d'une extrême ténuité, dans lesquels viennent déboucher les artères et les veines ; ils forment des réseaux à mailles si serrées qu'une piqûre d'aiguille suffit pour en ouvrir plusieurs.

MÉCANISME DE LA CIRCULATION.

Chez l'homme, et d'ailleurs chez tous les mammifères, la circulation du sang est double : l'une qui porte le sang à l'appareil respiratoire, la *petite circulation ;* l'autre qui s'effectue dans toutes les autres parties du corps, la *grande circulation.*

Petite circulation. — Le sang veineux, celui qui est contenu dans les veines, à aspect noirâtre, chargé des impuretés qu'il ramène du corps, est poussé du ventricule droit dans l'artère pulmonaire (la seule artère qui contienne du sang veineux), et se rend aux poumons (fig. 16). En traversant les poumons, le sang veineux se revivifie à l'approche de l'air, change d'aspect et de propriétés, devient rouge vif et actif ; il est pris par les veines pulmonaires (les seules veines qui contiennent du sang rouge), et entre dans le cœur par l'oreillette gauche. La petite circulation est ainsi achevée : le sang noir est allé se revivifier aux poumons, il revient pur au cœur

Grande circulation. — Le sang purifié, amené par les veines pulmonaires dans l'oreillette gauche, passe dans le ventricule correspondant. Les contractions du ventricule gauche poussent le sang dans l'aorte, qui le distribue dans toutes ses ramifications, jusque dans les vaisseaux capillaires. Le sang abandonne en route ses matériaux nutritifs, se charge des débris, et revient au cœur considérablement appauvri, tout noirci d'impuretés, ramené par les veines qui le déverseront dans l'oreillette droite. De là il passera dans le ventricule correspondant pour recommencer son double circuit, car nous le laissons en ce moment où nous l'avons pris pour expliquer la petite circulation.

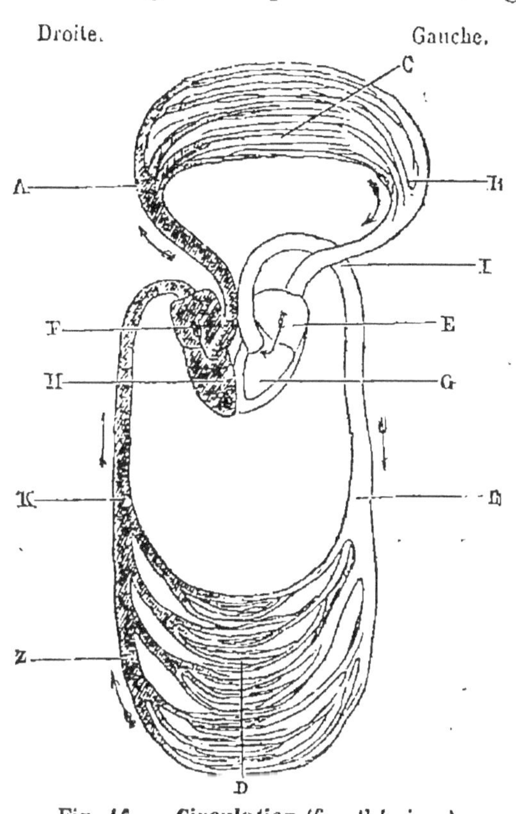

Fig. 16. — **Circulation** (fig. théorique).
A. Sang veineux dans l'artère pulmonaire. — B. Retour du sang dans l'oreillette gauche. — C. Capillaires des poumons. — E. F. Oreillettes. — G. H Ventricules. — L. Aorte et ses ramifications. — K. Veine cave ramenant le sang à l'oreillette droite. — D. Vaisseaux capillaires.

Le temps pendant lequel s'effectue la circulation complète n'est que de 30 secondes.

Nous avons vu que, dans la grande circulation, le sang

pur part du cœur dans les artères (aussi nommons-nous souvent sang artériel le sang revivifié par l'air), qu'il y est envoyé par les contractions du cœur, par ses pulsations; alors, lorsqu'on placera le doigt sur une artère superficielle, au poignet, par exemple, on percevra un battement saccadé qui constitue le *pouls*. Ce pouls correspond aux poussées successives que le cœur imprime au sang.

On ne peut pas percevoir de pulsation sur une veine : car le mouvement du sang se ralentit en passant dans les capillaires, par suite et de la division et des frottements considérables qu'il éprouve dans ces petits conduits; de sorte qu'au retour, par les veines, nous n'avons plus qu'un courant régulier sans saccades.

Le pouls peut encore se sentir aux artères superficielles du front, du cou, de l'aine, du pied; et, normalement, chaque pulsation doit se répéter régulièrement, un peu plus d'une fois par seconde.

HYGIÈNE

PREMIERS SOINS A DONNER.

Congestions cérébrales. — Une congestion cérébrale a pour cause un excès de sang, qui, pour une raison quelconque, ne peut plus circuler dans les vaisseaux sanguins du cerveau. Ceux-ci prennent alors une tension et un gonflement démesurés. La congestion peut être déterminée par une émotion violente, une colère, une tension d'esprit trop prolongée, une digestion laborieuse, etc.

La personne atteinte de congestion chancelle, perd connaissance et tombe ; sa face d'abord pâle devient bientôt fortement colorée.

Il importe d'essayer de rétablir rapidement la circulation arrêtée : couchez le malade à l'*air libre*, la tête assez haute et nue, et appliquez sur le front ainsi que sur toute la tête les corps froids que vous avez à portée, de l'eau, par exemple, renouvelée souvent. Débarrassez-le au plus vite des vêtements qui le serrent; surtout que le cou soit bien libre. Frictionnez très énergiquement les jambes du malade avec une étoffe rude, si possible imbibée de vinaigre. Vous donnerez ainsi le temps au médecin d'arriver; il pratiquera une saignée.

Hémorragies. — Une hémorragie est une perte de sang. La plus fréquente est le saignement de nez; elle n'est pas grave si elle ne se prolonge pas.

On emploie avec raison, pour faire cesser cette hémorragie, l'eau fraîche et le refroidissement brusque du cou en plaçant une clé entre les deux épaules; en même temps on maintiendra en l'air le bras correspondant au côté du nez par lequel l'écoulement a lieu.

S'il ne cesse pas, on devra appeler le sang vers les extrémités inférieures en chauffant les jambes et les pieds.

Contusion. — Une contusion est le produit d'un choc violent sur le corps, choc produit soit par un bâton, par un coup de poing, une chute. Sous l'action du choc, les vaisseaux sanguins qui tapissent la peau ont été meurtris, déchirés même; ils ont laissé échapper le sang qu'ils contenaient, celui-ci s'est répandu et laisse voir une plaque bleuâtre désignée vulgairement sous le nom de *bleu*, accompagnée, suivant l'endroit atteint, d'une bosse formée par l'excès de sang non contenu.

Il suffira, le plus souvent, d'employer l'eau fraîche. Sur la bosse, on pressera légèrement avec une pièce de monnaie. Cette légère pression chassera le sang et le forcera à s'étendre sur une plus grande surface, où il pourra plus sûrement être absorbé par les capillaires non blessés.

Si la contusion est compliquée d'une plaie, d'un déchirement de la peau, l'eau fraîche sera encore employée avec succès; mais là nous devons nous efforcer de débarrasser la plaie, avec un linge mouillé, de tous les corps étrangers, terre, sable, débris de vêtements, qui pourraient la souiller.

Coupure. — On doit immédiatement chercher à arrêter l'hémorragie. Les corps froids sont les plus efficaces : employez abondamment l'eau froide. Il faut en outre empêcher le sang qui vient du cœur d'arriver jusqu'à la plaie; on devra donc faire une compression autour du membre, soit avec un mouchoir ou une ceinture, en un endroit compris entre la blessure et le cœur. Rapprochez le plus possible les bords de l'entaille.

Blessures par les armes à feu. — Plombs. — Dans le cas où le coup a été tiré de très près, il a fait balle, les plombs sont entrés profondément, et s'ils ont atteint quelque organe essentiel, à la tête, la poitrine, l'abdomen, vous n'avez malheureusement guère à intervenir, appelez au plus vite le médecin.

Si, au contraire, le coup vient de loin, les plaies sont plus nombreuses, il est vrai, mais sont moins profondes.

Débarrassez les plaies des débris de vêtements entraînés, enlevez les plombs qui sont à portée de vos doigts, mais n'insistez pas pour les autres, vous ne parviendriez qu'à les enfoncer plus profondément. Lavez à grande eau, et maintenez fraîches les parties atteintes. Le plus souvent ces blessures présenteront peu de gravité : on peut fort bien vivre avec quelques grains de plomb dans les chairs.

Brûlure. — *Si la brûlure n'a pas formé plaie,* plongez la partie brûlée dans l'eau fraîche ou appliquez des compresses froides, de la neige, de la glace.

Si la brûlure a enlevé la peau, appliquez du beurre, du blanc d'œuf, de l'huile, et recouvrez de ouate que vous comprimerez légèrement avec une bande de linge.

Rage. — Lorsqu'une morsure a été faite par un animal, chien, chat ou autre, soupçonné d'être atteint de la rage :

Faites abondamment saigner la plaie en appliquant une ventouse; puis, entre la blessure et le cœur, faites une forte ligature avec une ceinture ou un mouchoir. Pendant ce temps mettez une tige de fer dans le feu, et dès qu'il sera échauffé au point d'être rouge-blanc, cautérisez la plaie avec ce fer. Surtout que la crainte de la douleur ne nous arrête pas; d'abord la sensation de douleur du fer porté à cette haute température est plus supportable qu'une brûlure ordinaire; puis, surtout, c'est le moyen le plus efficace d'être préservé de la terrible maladie de la rage.

Piqûres d'insectes. — Les piqûres d'insectes sont généralement peu graves, sauf dans le cas où l'insecte, avant de vous piquer, s'est repu de sang d'un animal mort du charbon.

Dans le cas d'une piqûre de guêpe, d'abeille, etc., enlevez, s'il est visible, l'aiguillon de l'insecte avec la pointe d'une aiguille; frictionnez la plaie avec un mélange de quelques gouttes d'ammoniaque dans deux cuillerées d'alcool; maintenez frais avec de l'eau ou des compresses.

Si la piqûre est charbonneuse, elle prendra bientôt un aspect inquiétant; faire immédiatement appeler un médecin. S'il tarde à venir, faites sur la pustule qui s'est formée deux incisions en croix, et avec un fer rougi à blanc, cautérisez ces incisions.

QUESTIONNAIRE.

De quoi se compose le sang? — Qu'est-ce que le cœur? où est-il placé? De quoi se compose-t-il? — Qu'est-ce qui conduit le sang dans toutes les parties du corps? — Les artères ont-elles la même constitution que les veines? — Nommez les principales artères et les principales veines. — Où sont les vaisseaux capillaires? — Expliquez la grande circulation. — D'où part le sang et où revient-il? — En quoi consiste la petite circulation? Qu'est-ce que le pouls, où se perçoit-il? — Quels sont les premiers soins à donner en cas de congestion cérébrale, d'hémorragie, de contusion, de coupure, de blessure par les armes à feu, de brûlure, de morsure, de piqûre d'insectes?

CHAPITRE VI

RESPIRATION

Respiration. — La respiration est la fonction la plus essentielle de la vie; dès qu'elle s'arrête, toute vie cesse, et pour cela, il suffit seulement d'un arrêt ne dépassant guère trois minutes.

Elle a pour but de purifier le sang, en le transformant de sang veineux en sang artériel; c'est elle qui joue aussi un rôle important dans l'émission de la voix.

Appareil respiratoire. — L'air, pour se mettre en communication avec le sang, pénètre par i . bouche ou le nez (mais le nez est la véritable voie respiratoire; certains animaux ne peuvent pas respirer par la bouche, le cheval par exemple), il suit le *larynx*, la *trachée*, les *bronches* et les *poumons*.

Trachée. — La trachée, désignée encore sous le nom de *trachée artère* (fig. 17), commence par le *larynx* dans l'arrière-bouche, et, sous form de tuyau renforcé, descend en avant de l'œso-phage qu'elle longe jus-qu'aux poumons.

Bronches. — Au niveau de la troisième vertèbre dorsale, la tra-chée se bifurque en deux bronches, l'une à droite, l'autre à gauche. Ces deux bronches, en pénétrant dans les poumons, se ra-mifient en une infinité de petits conduits qui s'ou-vrent dans les vésicules pulmonaires.

Poumons. — Les poumons, au nombre de deux, occupent la plus grande partie du thorax;

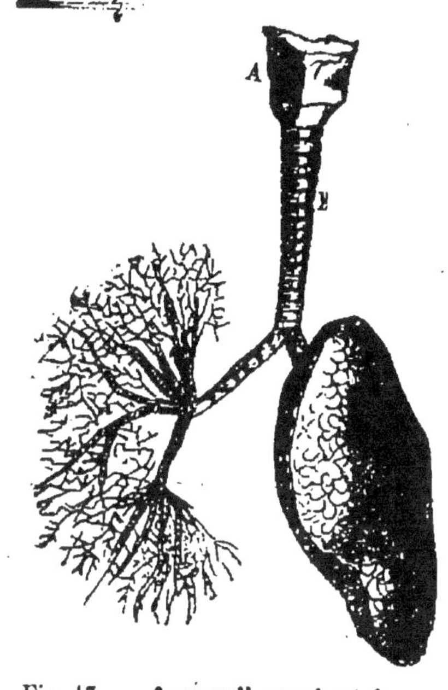

Fig. 17. — Appareil respiratoire.

A. Larynx. — B. Trachée. — C. Pou-mon droit montrant les ramifications des bronches. — D. Poumon gauche recouvert de la plèvre.

au milieu d'eux repose le cœur. Les poumons se pré-sentent sous forme d'une masse spongieuse formée par les ramifications des bronches et par les vaisseaux des veines et des artères. Les poumons sont enveloppés d'une membrane très mince mais résistante et lisse, nommée *plèvre*.

Tout l'appareil respiratoire et le cœur occupent la poitrine; ils sont séparés de l'abdomen par un muscle peu épais tendu horizontalement, le *diaphragme*.

MÉCANISME DE LA RESPIRATION.

L'air pénètre dans les poumons et en sort grâce à

des mouvements, appelés mouvements respiratoires, qui peuvent être comparés à ceux qu'exécute un soufflet. Ces mouvements sont doubles : ils constituent l'*inspiration* ou entrée de l'air, et l'*expiration* ou sortie de l'air.

Pour l'inspiration, les côtes se soulèvent, l'abdomen se gonfle, le diaphragme s'abaisse, mouvements qui tendent tous à augmenter le volume du thorax : l'air vient donc, par le nez, combler le vide qui se produit.

Dans l'expiration, les côtes s'affaissent, l'abdomen s'aplatit, le diaphragme s'élève; tous ces mouvements causent une diminution dans le volume de la cage thoracique et l'air en est chassé.

EFFETS DE LA RESPIRATION.

Le sang qui arrive dans les poumons par l'artère pulmonaire renferme une grande quantité d'acide carbonique; or, à travers les membranes des poumons se fait un échange de gaz entre l'air et le sang : l'air cède au sang une partie de son oxygène, tandis que le sang laisse échapper l'acide carbonique qui le gorgeait et de la vapeur d'eau.

De cet échange de gaz résulte une revivification du sang qui revient au cœur, par les veines pulmonaires, avec sa belle coloration rouge.

On vérifie facilement que le gaz qui s'échappe des poumons, dans l'expiration, est fortement chargé d'acide carbonique, en soufflant ce gaz par un tube dans de l'eau de chaux : on voit bientôt celle-ci se troubler, c'est la caractéristique de l'acide carbonique [1].

1. *Sciences physiques*, page 230.

	Air inspiré.	Air expiré.
Oxygène.	20,9	16,17
Azote.	79,05	79,05
Acide carbonique.	0,05	4,78
Vapeur d'eau.	variable à saturation.	

CHALEUR ANIMALE.

La chaleur naturelle de l'homme et de tous les animaux supérieurs est due à la combinaison de l'oxygène absorbé dans la respiration avec les éléments qui constituent nos tissus. Nous avons vu en chimie que la combinaison de l'oxygène avec les autres corps donnait toujours lieu à une combustion plus ou moins vive; dans l'homme, la combustion qui résulte de cette combinaison est suffisamment active pour maintenir son corps à une température à peu près uniforme de 37 degrés.

C'est Lavoisier qui, le premier, a montré que la respiration est une véritable combustion : elle consomme environ 500 grammes de charbon par journée de 24 heures.

Cette combustion s'effectue dans *toutes les parties du corps* et non pas seulement aux poumons, comme on le croyait généralement. Les globules du sang, s'emparant de l'oxygène de l'air, dans les poumons, portent ce gaz dans le corps et l'emploient partout où un combustible se présente.

LA VOIX.

Le larynx est l'organe de la voix; c'est un renflement de la trachée-artère à sa partie supérieure (fig. 18). Il est très mobile, et on peut facilement le voir en avant du cou, chez l'homme (pomme d'Adam) . c'est lui qui s'élève et s'abaisse pendant l'émission des sons, ainsi que pendant la déglutition pour aider à fermer son orifice.

C'est le larynx qui produit les sons, grâce à l'air expiré qui fait vibrer cet organe, et grâce aussi à la bouche et au nez qui renforcent les sons produits.

A l'intérieur du larynx, la muqueuse qui le tapisse forme deux replis disposés comme les bords d'une boutonnière; ces plis portent le nom de *cordes vocales;* ils peuvent se tendre plus ou moins, et par conséquent agrandir ou diminuer l'espèce de fente qui les sépare.

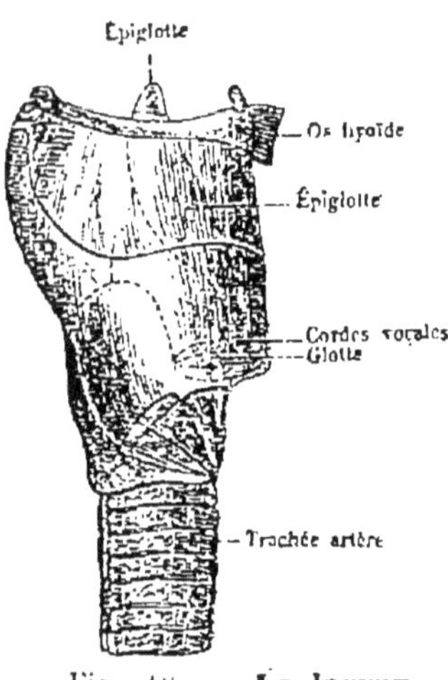

Fig. 18. — Le larynx.

Un peu au-dessus de ces cordes vocales s'en trouvent deux autres ayant à peu près la même disposition.

Pendant l'acte de la respiration ordinaire, l'air, n'étant pas trop vivement chassé, traverse le larynx sans produire de son; mais si la volonté active le passage de l'air, si en même temps elle fait contracter les muscles du larynx, un son se fait entendre; et le son produit sera d'autant plus différent que la tension des cordes sera elle-même différente. S'il est modifié par le jeu de la langue, il prendra le nom de son articulé, *de voix.*

HYGIÈNE DE LA RESPIRATION.

Puisque c'est l'air qui est l'agent le plus essentiel à la vie, la qualité de l'air respiré devra avoir la plus grande influence sur la santé.

L'air sera vivifiant s'il renferme de l'oxygène dans les proportions normales, $\frac{1}{5}$ de son volume et $\frac{4}{5}$ d'azote, et s'il ne contient pas d'autres gaz.

L'air frais des montagnes et surtout celui de la mer sont extrêmement salutaires.

On devra éviter d'habiter des endroits voisins des marais, à cause du dégagement des miasmes provenant de la décomposition des matières végétales qui croissent sur leurs bords.

A la campagne, on devra toujours placer le fumier de la cour le plus loin possible des ouvertures de la maison.

A l'intérieur de l'habitation, la chambre dans laquelle on doit passer la nuit doit avoir au moins 15 mètres cubes par personne.

On doit souvent aérer une salle dans laquelle se tiennent de nombreuses personnes, surtout le soir alors que brûlent les lampes à huile, les bougies ou le gaz : car, à l'acide carbonique expiré vient se joindre celui que dégagent les combustions de l'huile, bougies, gaz. Or il suffit que l'atmosphère de la pièce contienne seulement 4 millièmes d'acide carbonique pour que les personnes qui s'y trouvent en soient incommodées : elles ressentent d'abord des maux de tête, des oppressions, des étouffements, premiers symptômes de l'asphyxie.

On devra bien se garder d'allumer du charbon, ou même du bois, dans un réchaud placé à l'intérieur de la pièce ou dans une cheminée dont le tirage serait insuffisant; car, dans ces combustions, à l'acide carbonique fourni vient s'ajouter un gaz des plus toxiques : l'oxyde de carbone. Pour les mêmes raisons, on évitera de fermer la clef des tuyaux de poêle, sous prétexte de conserver la chaleur.

Les poêles en fonte seront procrits de la chambre à coucher : car la fonte contient du carbone, et lorsqu'on la chauffe au point de la rougir, le carbone s'unit à l'oxygène de l'air pour former de l'oxyde de carbone. Cet inconvénient est surtout grave quand la fonte est neuve.

Les fleurs seront également bannies de la chambre à coucher, à cause des gaz délétères qu'elles exhalent.

Si l'air peut renfermer, sans qu'il y ait de danger, un peu de vapeur d'eau, il n'en doit pas contenir au point d'être humide. Aussi on ne devra pas occuper une construction nouvellement bâtie; on devra attendre six mois au moins son entier dessèchement.

Il faudra éviter, pour les habiter, les lieux naturellement humides, surtout pour les organisations faibles, les enfants et les malades.

ASPHYXIES.

L'asphyxie est un accident souvent mortel qui se produit lorsque les fonctions respiratoires ne peuvent plus s'effectuer.

Elle peut provenir, soit par suite de la mauvaise qualité de l'air inspiré, soit lorsqu'il y aura eu obstacle à l'entrée de l'air dans les poumons.

Premiers soins. — 1° *Dans le cas où le malade a respiré avec l'air des gaz qui provenaient de l'éclairage, des charbons, etc.*

Placez immédiatement le malade au grand air, la tête assez élevée, et débarrassez-le de ses vêtements. Frictionnez vivement avec une brosse ou un linge rude tout le corps, surtout les extrémités; refroidissez la tête à l'aide de quelques potées d'eau froide : efforcez-vous de rétablir la circulation interrompue, pour cela :

« Étendre le patient sur une surface, autant que possible légèrement inclinée et à la hauteur d'une table ; faire saillir un peu la poitrine en avant, au moyen d'un coussin ou de vêtements roulés ; se placer à la tête du patient, lui saisir les bras à la hauteur des coudes, les tirer vers soi doucement en les écartant l'un de l'autre, les tenir étendus en haut pendant 2 secondes, puis les ramener le long du tronc en comprimant latéralement la poitrine, en même temps qu'une autre personne la pressera d'avant en arrière.

« Par l'élévation des bras, on fait entrer dans la poitrine le plus d'air possible, et on l'en fait sortir par leur abaissement et par la pression. Cette double mamanœuvre a pour but d'imiter les deux mouvements de la respiration.

« On répétera cette manœuvre alternativement quinze fois environ par minute et jusqu'à ce qu'on aperçoive un effort du patient pour respirer. » (*Instruction du Conseil de salubrité pour les secours à donner aux noyés et asphyxiés.*)

Provoquez ensuite les vomissements en chatouillant la gorge avec une plume.

Dès que le malade pourra avaler, on lui fera prendre un verre d'eau fraîche additionnée de quelques gouttes de vinaigre. Le malade sera ensuite placé dans un lit bien chaud, au milieu d'une pièce largement aérée. Ne troublez pas le sommeil qui va bientôt s'emparer de lui.

2° *Asphyxie par strangulation, suspension ou suffocation.*

1° Il faut tout d'abord détacher ou plutôt, afin d'aller plus vite, couper le lien qui entoure le cou et, s'il y a pendaison, descendre le corps en le soutenant de manière qu'il n'éprouve aucune secousse.

Tout cela doit être fait sans délai et sans attendre l'arrivée de l'autorité de police.

On enlèvera ensuite ou l'on desserrera les jarretières, la cravate, la ceinture du pantalon, les cordons de jupes, le corset, en un mot toute pièce du vêtement qui pourrait gêner la circulation.

2° On placera le corps, mais sans lui faire éprouver de secousses, selon que les circonstances le permettront, sur un lit, sur un matelas, sur de la paille, etc., de manière cependant qu'il y soit commodément et que la tête ainsi que la poitrine soient plus élevés que le reste du corps.

3° Si le malade est porté dans une chambre, elle ne doit être ni trop chaude ni trop froide, et il faut veiller à ce qu'elle soit convenablement aérée.

4° Il est indispensable d'appeler d'urgence un homme de l'art, parce que la question de savoir s'il y a lieu de pratiquer une saignée, reposant en grande partie sur des connaissances anatomiques et sur l'examen de la corde et du lien, il n'y a que le médecin qui puisse bien apprécier ces sortes de cas et ordonner ce qui convient.

5° Lorsque, après l'enlèvement du lien, les veines du cou restent gonflées, la face rouge tirant sur le violet, et si l'homme de l'art tarde d'arriver, on peut mettre derrière chaque oreille, ainsi qu'à chaque tempe, 6 à 8 sangsues.

6° Si la suspension ou la strangulation a eu lieu depuis peu de minutes, il suffit quelquefois, pour rappeler le malade à la vie, d'appliquer sur le front et sur la tête des linges trempés dans l'eau froide et de faire en même temps des frictions aux extrémités inférieures.

Dans tous les cas, et dès le commencement, il faut exercer sur la poitrine et le bas-ventre des pressions intermittentes, comme pour les noyés, afin de provoquer les mouvements de la respiration.

On ne négligera pas non plus de frictionner l'asphyxié avec des flanelles ou des brosses, surtout à la plante des pieds et dans le creux des mains.

7° Dès qu'il pourra avaler, on lui fera prendre par petites quantités de l'eau tiède additionnée d'un peu d'eau de mélisse, d'eau de Cologne, de vin ou d'eau-de-vie.

8° Si, après avoir été complètement rappelé à la vie, le malade éprouve de la stupeur, des étourdissements, les applications d'eau froide sur la tête deviennent utiles.

9° En général, l'asphyié par suspension, strangulation ou suffocation doit être traité, après le rétablissement de la vie, avec les mêmes précautions que dans les autres espèces d'asphyxies. (*Instruction du Conseil de salubrité sur les secours à donner aux noyés et asphyxiés.*)

Noyés. — Étendre le noyé sur le dos, la poitrine un peu bombée, en plaçant sous ses épaules un vêtement roulé. Rétablir la respiration, comme il est indiqué plus haut pour l'asphyxie par les gaz délétères.

Veiller à ce que la bouche et la gorge soient débarrassées des corps étrangers, maintenir la langue hors des lèvres.

Dès que la respiration se rétablit, cesser tous mouvements des bras et réchauffer le noyé par tous les moyens possibles.

Aider alors le malade à vomir; enfin lui faire boire

un liquide chaud et tonique, puis le laisser reposer.

Surtout évitez bien de pendre le noyé par les pieds : c'est sa mort certaine.

Ne désespérez pas de vos efforts : on a vu des asphyxiés revenir à la vie seulement après une heure de soins prolongés.

QUESTIONNAIRE.

Qu'entendez-vous par respiration? — De quoi se compose l'appareil respiratoire? — De quoi sont formés les poumons et comment se nomme la membrane qui les entoure? Expliquez le mécanisme de la respiration? — Quel est l'effet de la respiration? — Comment montre-t-on qu'un des produits de l'expiration est de l'acide carbonique? — A quoi est égale notre chaleur animale? Combien brûlons-nous de carbone par jour, et où s'effectue cette combustion? — Quel est l'organe de la voix? — Par quoi est produit le son qui deviendra la parole? — Quelle importance la qualité de l'air a-t-elle sur la santé? — Quelles précautions doit-on prendre quand plusieurs personnes se trouvent réunies dans une pièce étroite? — Quels modes de chauffage doit-on éviter? — Quels sont les premiers symptômes de l'empoisonnement par l'oxyde de carbone? — Quels sont les premiers soins à donner à l'asphyxié par les gaz délétères? — à l'asphxyié par strangulation, aux noyés?

CHAPITRE VII

SENSATIONS — INTELLIGENCE

Le *cerveau* est l'organe qui préside aux sensations; c'est là que viennent se concentrer les impressions extérieures, c'est de là que partent les ordres du mouvement : c'est le cerveau qui est le siège de la pensée, de la volonté, de l'intelligence.

Le cerveau touche dans le crâne au *cervelet,* et tous

deux sont prolongés dans le corps par la *moelle épinière*
et par les *nerfs*.

Cerveau. — Le cerveau est une masse molle, de
forme ovoïde, formée d'une substance blanche au centre,

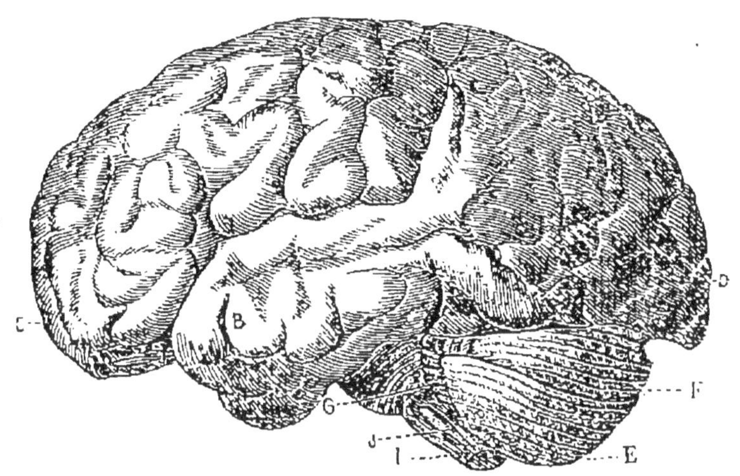

Fig. 19. — L'encéphale.

B, C, D. Cerveau. — E, F, G. Cervelet. — I, J. Moelle allongée.

enveloppée d'une écorce grise, sa surface est couverte
de plis ou *circonvolutions* (fig. 19).

L'enveloppe du cerveau est formée de 3 membranes
ou *méninges* qui, de l'extérieur à l'intérieur, s'appellent
dure-mère, arachnoïde et *pie-mère*.

Cervelet. — Le cervelet est situé en arrière et
au-dessous du cerveau; il est recouvert de plis parallèles; il a la même consistance que le cerveau.

Le cerveau et le cervelet occupent la partie supérieure et postérieure du crâne.

On réunit sous le nom d'*encéphale* les 3 centres nerveux : le cerveau, le cervelet et la moelle allongée logés
dans la cavité du crâne.

Moelle épinière. — La moelle épinière prolonge le cerveau et le cervelet; elle a l'aspect d'une grosse corde blanche et se trouve logée dans le *canal médullaire* de la colonne vertébrale (canal formé par la succession des ouvertures remarquées dans les vertèbres); elle s'y continue jusqu'à la région lombaire.

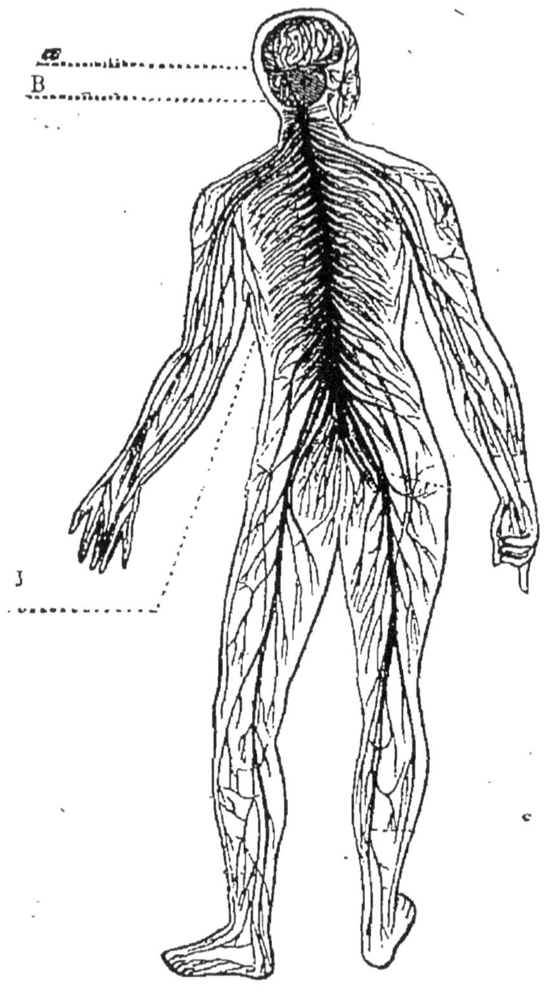

Fig. 20. — Le système nerveux.

A. Cerveau. — B. Cervelet. — J. Nerfs intercostaux.

La partie supérieure de la moelle épinière porte le nom de *moelle allongée* : c'est le point d'union entre le cervelet et la moelle épinière.

Nerfs. — Les nerfs sont des cordons blancs qui s'échappent, soit de la base du cerveau, soit de la moelle épinière (fig. 20). Ils vont, se ramifiant de plus en plus, à mesure qu'ils s'éloignent de leur point de départ, pour arriver si nombreux à la peau qu'ils tapissent complètement sa surface intérieure. Aussi est-il impossible de piquer la peau avec la plus fine aiguille sans blesser un nerf.

Un double faisceau de nerfs s'échappe entre chaque vertèbre de la colonne vertébrale pour suivre, dans le corps, habituellement un trajet très voisin des artères.

Les nerfs portent différents noms, suivant les fonctions qu'ils remplissent; les uns, qui se rendent aux organes des sens, sont nommés *nerfs sensibles*, ou nerfs de la sensibilité : tels sont le *nerf optique* qui se rend dans l'œil, le *nerf auditif* à l'oreille, le *nerf olfactif* dans le nez, etc.; les autres sont appelés *nerfs moteurs*, qui transmettent aux muscles les ordres des mouvements.

Nerfs moteurs et nerfs sensibles ont tous même aspect.

FONCTIONS DU SYSTÈME NERVEUX.

« Le système nerveux domine et relie les uns aux autres tous nos organes et en règle les fonctions. Il a aussi un rôle plus élevé, car plus que tous les autres organes, c'est lui qui sert de trait d'union entre notre corps et notre âme, entre la matière et l'esprit dont la réunion constitue notre être.. »

Il ne peut y avoir sensation qu'à la condition que le cerveau soit impressionné; et ce sont les nerfs de sensibilité qui transmettent au cerveau les impressions qu'ils ont reçues venant de l'extérieur : cette transmission a lieu par l'intermédiaire de la moelle épinière. Ainsi, dès qu'une piqûre vient d'être faite à un des doigts de la main, le nerf sensible blessé transmet immédiatement au cerveau l'impression de douleur; un corps éclairé envoie-t-il un de ses rayons lumineux dans notre œil, le nerf optique impressionné portera au cerveau cette impression de lumière, etc.

Mais dans le cas de la piqûre au doigt, dès que le cerveau aura perçu l'impression de douleur, il jugera immédiatement que, pour que la douleur ne se prolonge pas, il importe de soustraire le doigt à la cause de la douleur, et, pour cela, il transmettra par des nerfs moteurs l'ordre aux muscles du bras d'éloigner la main de l'aiguille. Dans cet acte, nous avons vu entrer en fonctions alternativement chacune des différentes espèces de nerfs. Cette triple action : transmission de la douleur, sa perception, recul du doigt, est infiniment rapide : aussi compare-t-on souvent les nerfs à des fils télégraphiques transmettant les impressions et les ordres avec la vitesse du courant électrique.

Les mêmes phénomènes se produisent, et avec la même rapidité, lorsqu'on voit s'avancer vers soi une pierre projetée : le nerf optique est impressionné par les rayons partis de la pierre, il transmet au cerveau et cette impression et l'étendue croissante de cette impression, car plus la pierre s'avance, plus elle impressionne une grande partie de rétine; le cerveau, après avoir jugé, commande aux nerfs moteurs de faire agir certains muscles qui déplaceront le corps tout entier pour le soustraire à l'action de la pierre, ou qui feront porter les bras en avant pour recevoir dans les mains le projectile qui se dirigeait sur le visage.

Et c'est en cela surtout que l'homme est supérieur à tous les autres animaux : par la faculté qu'il possède de faire suivre d'*idées* les impressions que son cerveau reçoit.

On peut facilement se rendre compte de la nécessité d'impressionner le cerveau pour que l'être tout entier perçoive les impressions. En effet, tout le monde sait que si l'on vient à parler auprès d'une personne profondément endormie, cette personne n'entendra pas; et cependant elle possède ses deux oreilles, les vibrations sonores produisent les mêmes effets sur le tympan; mais le cerveau sommeille, il ne perçoit rien. Si le bruit vient à augmenter, le cerveau fortement ébranlé s'éveille alors et perçoit : la personne entend et sort elle-même de son sommeil. De même elle n'aurait pas perçu un léger contact, une lumière douce, pendant son sommeil, mais se serait éveillée lorsque son cerveau aurait été plus fortement impressionné par une piqûre ou par une très vive lumière.

Inversement, si une blessure vient à être faite à un centre nerveux, immédiatement la région du corps dans laquelle se répandent les nerfs qui partent de ce centre perd toute sensibilité : ce qui arrive dans la paralysie partielle.

Mais si la blessure est faite à un centre qui communique avec un organe essentiel, la mort s'ensuit instantanément; c'est ce qui arrive pour toute blessure produite à la moelle allongée; car c'est de cette partie que s'échappent les nerfs qui président aux mouvements du cœur et à ceux de la respiration. C'est d'ailleurs la façon la plus rapide d'amener la mort d'un lapin que de le frapper fortement du tranchant de la main, à la base de la tête, en arrière des oreilles : on blesse ainsi sa moelle allongée.

Le cerveau, qui est le centre de toutes les sensations, et par conséquent le siège de l'intelligence et de toutes les facultés, possède une masse dont le poids et le volume croissent avec l'intelligence. Le cerveau de Cuvier pesait 1 829 grammes, celui de lord Byron

1 807 grammes. Celui des idiots descend quelquefois
au-dessous de 1 000 grammes; le cerveau du cheval
n'est pas plus volumineux que celui d'un enfant nou-
veau-né. L'accroissement du volume du cerveau exige
celui de la tête. Le docteur Broca a constaté, en effet,
que les internes de l'hospice de Bicêtre avaient la tête
plus grosse que celle des infirmiers.

Cette loi de croissance du cerveau dans le même sens
que l'intelligence comporte de nombreuses exceptions :
ainsi Voltaire avait une petite tête.

Système du grand sympathique. — Il
est cependant des mouvements qui échappent à l'influence de la volonté : tels sont les contractions de
l'intestin, les battements du cœur, la dilatation de la
pupille sous l'action de la lumière, les contractions ou
les dilatations des capillaires sanguins qui produisent
la pâleur ou la rougeur de la peau accompagnant une
émotion, etc...

Ces mouvements sont sous la dépendance d'un nerf
spécial : le *grand sympathique.*

Le grand sympathique présente un *tronc*, des *racines*
et des *branches.* Le tronc est un double cordon étendu
le long de la colonne vertébrale, commençant au cou
pour finir au coccyx; il présente dans son parcours
une grande quantité de renflements ou *ganglions* d'où
partent des filets nerveux, ou *racines*, communiquant
avec la colonne vertébrale, et des *branches* allant se
ramifier dans les organes dont les fonctions échappent
à la volonté et que nous avons nommés plus haut.

ORGANES DES SENS.

Les organes des sens sont ceux qui recueillent les

impressions venues du dehors. Les différentes impressions sont perçues par des organes différents.

L'homme possède cinq sens : les sens du *toucher*, du *goût*, de l'*odorat*, de l'*ouïe* et de la *vue;* ces sens sont perçus par cinq organes : la *peau*, la *langue*, le *nez*, l'*oreille*, l'*œil*. C'est à chacun de ces organes que se rendent des nerfs dont chaque groupe transporte au cerveau les impressions qui ont action sur lui : ainsi les nerfs de l'odorat ne porteront pas les impressions de lumière ; si l'on ouvre la bouche pour recevoir des ondes sonores et si l'on se bouche les oreilles, le cerveau n'entendra rien, car les nerfs de la langue ne sont pas impressionnés par les sons, etc.

Toucher. — Le sens du toucher a pour organe la *peau*, dont nous avons parlé antérieurement. C'est dans le derme de la peau, à sa surface extérieure, que e répartissent les filaments nerveux du toucher.

Mais si, par toute sa peau, l'homme est capable de percevoir la consistance, la température des corps étrangers qui le touchent, il a surtout un organe merveilleusement doué pour saisir toutes les impressions qu'on peut tirer du contact, c'est la *main*. Avec elle, l'homme peut envelopper le corps touché, il en détermine la forme ; il peut le saisir, le peser ; par l'extrémité de ses doigts, d'un *tact* exquis, il peut se rendre compte des plus fines impressions tactiles.

Goût. — Le goût est une variété de toucher qui permet de percevoir les impressions des saveurs dégagées par les corps mis en contact avec l'organe capable de les recevoir : la *langue*.

La langue, ce muscle si mobile, est recouverte d'une membrane muqueuse rendue rugueuse par un grand nombre de petites éminences nommées *papilles*, dans lesquelles se rendent les nerfs du goût. Lorsqu'un corps capable de se dissoudre dans l'eau de la salive est introduit dans la bouche, sa dissolution baigne les papilles de la langue, dont les nerfs transportent les impressions gustatives.

Odorat. — L'odorat nous fait connaître les odeurs des corps. On suppose que les odeurs sont produites par des particules infiniment petites de matière, qui s'échappent des corps odorants et se répandent dans l'atmosphère.

L'organe qui recueille les odeurs est le nez, ou mieux les *fosses nasales*, sans cesse baignées pas l'air qui se rend aux poumons. Les fosses nasales sont séparées entre elles par une cloison verticale. La paroi externe de chacune d'elles est recourbée en lames saillantes, au nombre de 3, nommées *cornets* du nez. La membrane des cornets et du fond du nez est recouverte de nombreuses saillies qui lui donnent l'apparence du velours.

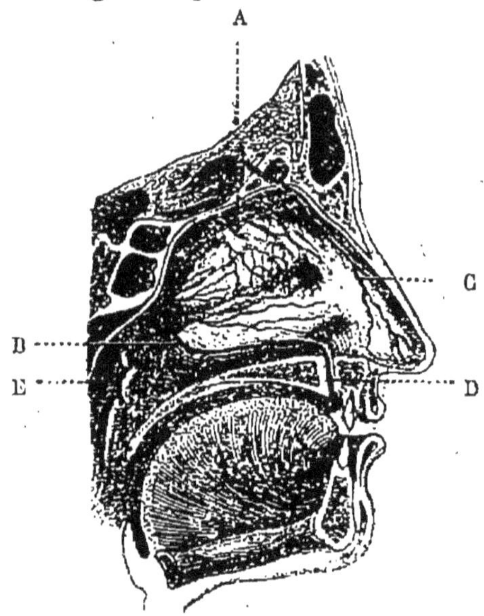

Fig. 21. — **Coupe du nez.**

A. Pinceau du nerf olfactif. — B, **C.** Nerf palatin. — D. Nerf ethmoïdal. — E. Ouverture de la trompe d'Eustache.

Les particules odorantes amenées par l'air sont arrêtées dans le velours du nez, où se rendent les ramifications du *nerf olfactif* (fig. 21), et les sensations d'odeurs sont transmises au cerveau par ce nerf.

Ouïe. — Le sens de l'ouïe nous fait percevoir les sons et nous permet d'apprécier leurs qualités.

Les sons sont le résultat des vibrations très rapides imprimées à certains corps; ces vibrations sont transmises par l'air à l'organe qui est disposé pour les recueillir : l'*oreille*.

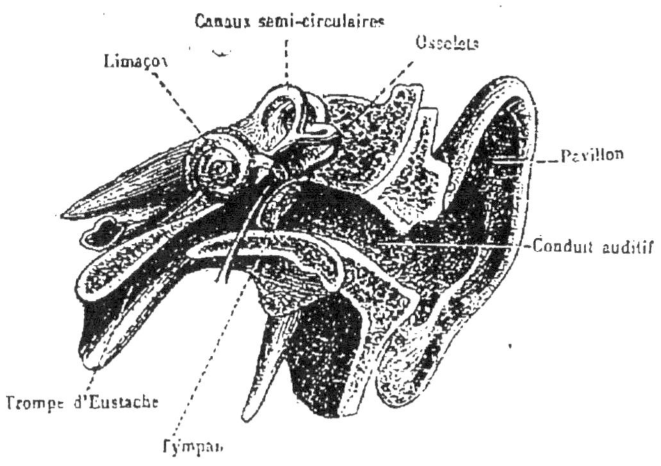

Fig. 22. — Oreille.

L'oreille est un organe très compliqué; on la divise en trois parties : l'oreille extérieure, l'oreille moyenne et l'oreille interne (fig. 22).

L'oreille externe, la seule partie visible, se compose du *pavillon* de l'oreille et du *conduit auriculaire*.

Dans l'oreille moyenne se trouvent le *tympan*, la *caisse* et les *osselets*. Le tympan est une membrane tendue à l'extrémité du conduit auriculaire et fermant une cavité, la *caisse*, de forme irrégulière, traversée par une chaîne de 4 petits osselets, appelés, à cause de leur forme : le *marteau*, l'*enclume*, l'os *lenticulaire* et l'*étrier*. A sa paroi inférieure on remarque l'embouchure de la *trompe d'Eustache*, conduit qui vient aboutir aux fosses nasales et qui met en communication l'intérieur de la caisse avec l'air extérieur.

La caisse est en rapport avec l'oreille interne par 2 petites ouvertures munies de membranes tendues qui regardent, l'une le *vestibule*, l'autre le *limaçon*, cavité en forme de colimaçon. L'oreille interne est remplie d'un liquide aqueux au milieu duquel s'épanouissent les ramifications du *nerf acoustique*.

Les vibrations sonores recueillies par le pavillon de l'oreille sont envoyées dans le conduit auriculaire; elles mettent en vibration le tympan, qui agit à la façon d'une peau de tambour tendue sur la caisse. Les vibrations conduites par l'air de la caisse et par les osselets sont communiquées aux membranes tendues devant les ouvertures en rapport avec le vestibule et le limaçon, et enfin transmises par le liquide de l'oreille aux nerfs qu'il baigne.

Vue. — Les impressions de lumière sont perçues par l'*œil*. Un objet n'est visible que s'il émet ou renvoie des rayons lumineux et si, parmi ces rayons, il en est qui traversent l'œil.

L'œil est un globe sphérique un peu renflé en avant et rempli de liquides (fig. 23).

Son enveloppe extérieure est transparente en avant : la *cornée*, et opaque en arrière : la *sclérotique*, membrane très résistante, tapissée intérieurement par une membrane peu épaisse, la *coroïde*.

A une petite distance en arrière de la cornée se trouve un rideau tendu, l'*iris*, coloré en noir ou en bleu, suivant les individus. Le centre de l'iris est percé d'un trou circulaire, la *pupille;* derrière la pupille se trouve une grosse lentille transparente, le *cristallin*.

La surface intérieure de l'œil est tapissée par la

rétine, qui n'est autre que l'épanouissement du nerf optique. La chambre antérieure de l'œil, celle qui est comprise entre la cornée et le cristallin, est baignée par un liquide limpide et transparent, *l'humeur aqueuse*

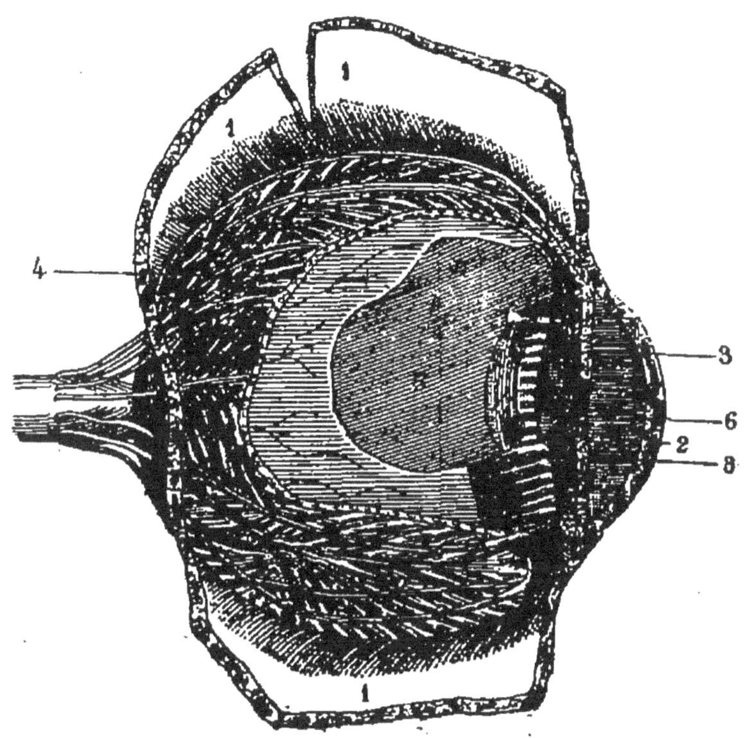

Fig. 23. — OEil ouvert.

1. Sclérotique coupée. — 2. Cornée. — 3. Iris. — 4. Rétine. — 5. Humeur vitrée. — 6. Cristallin.

La cavité comprise entre le cristallin et la rétine, est pleine d'un liquide transparent et gélatineux, *l'humeur vitrée.*

Les rayons lumineux, en traversant la pupille pour pénétrer dans l'œil, sont réfractés par les différents milieux qu'ils rencontrent, et vont former sur la rétine les images renversées des objets qui ont envoyé les

rayons [1]. Ils impressionnent le nerf optique, qui transmet au cerveau la sensation de lumière.

HYGIÈNE DU CERVEAU ET DES ORGANES DES SENS.

Il est indiscuté depuis des siècles que l'organisme a
la plus grande influence sur la pensée, et que toute
dégradation physique est suivie d'une déchéance intellectuelle et morale, qu'une âme virile appartient à un
corps qui possède une grande énergie vitale.

Inversement, la culture des facultés intellectuelles
augmente la vitalité des organes ainsi que leur résistance; et ce sont les âmes les plus fortement trempées
qui savent résister avec toutes chances de succès à
toutes les vicissitudes de la vie; et la dégradation
intellectuelle et morale amène toujours sa déchéance
physique.

Il importe donc de développer par un exercice
répété toutes les facultés de l'intelligence. C'est ainsi,
par exemple, que la mémoire se développe quand on
l'exerce; et qu'à des enfants qui prétextent de l'absence
de mémoire, on peut répondre qu'ils n'en ont pas
parce qu'ils n'ont pas développé, par un exercice suffi-
sant, cette faculté de l'intelligence.

Et c'est à l'éducation qu'est échu ce périlleux devoir
du développement des facultés intellectuelles.

Cependant une tension d'esprit trop longtemps prolongée, un travail trop soutenu, peuvent produire des
troubles cérébraux.

Mais les causes les plus nombreuses d'affaiblissement
du cerveau sont les abus des boissons alcooliques, du

---

1. Voir *Sciences physiques* : optique.

tabac, des excitants de toutes sortes, qui provoquent d'abord la perte de la mémoire et l'affaiblissement des autres facultés de l'intelligence, puis la paralysie, la folie et la mort. L'abus des alcools fait 50 000 victimes par an en Angleterre, 45 000 en Allemagne, plus de 100 000 en Russie; en France, la proportion est beaucoup plus faible, sauf cependant dans certaines villes industrielles du Nord et dans le département des Vosges, où la situation est encore très grave.

Les organes des sens peuvent être développés également par un exercice bien réglé. Nul n'ignore qu'on apprend à voir comme on apprend à entendre : que le musicien ne juge pas des sons comme le vulgaire.

PREMIERS SOINS A DONNER.

Ici malheureusement notre action sera très bornée, car les affections du cerveau sont si dangereuses et deviennent si rapidement graves, et la médecine elle-même est si souvent impuissante que notre intervention aura rarement d'effet utile. Essayons cependant : des soins éclairés ne peuvent jamais être nuisibles.

Nous avons vu, à propos de la congestion, que les vaisseaux sanguins qui circulent dans le cerveau pouvaient, par suite d'engorgement, prendre un volume anormal et causer des troubles graves.

Mais si la distension des vaisseaux est si considérable que leur enveloppe se déchire, le sang s'épanche dans le cerveau et cause alors l'*apoplexie*.

Le malade frappé **d'apoplexie** chancelle et tombe; puis la paralysie ne tarde pas à se produire, soit partielle, soit totale. La bouche dévie, les membres deviennent inertes.

Rassemblez tout votre sang-froid et agissez vite.

Portez le malade au grand air, refroidissez la tête, et frictionnez énergiquement les membres inférieurs. S'il est possible, appliquez des ventouses [1] aux jambes ou au dos. Mettez pendant quelques minutes un objet métallique dans de l'eau bouillante, et placez-le ensuite aux jambes ou au dos pour provoquer des brûlures qui appelleront le sang à la peau. Cherchez avec le doigt, en avant du cou, les deux endroits où les artères battent et comprimez-les légèrement afin de ralentir l'arrivée du sang au cerveau. Laissez ensuite le médecin agir, et surtout la nature.

Convulsions. — Une grande frayeur, une vive émotion, une colère pourront déterminer des attaques convulsives. Le malade perd connaissance, tombe et s'agite toujours convulsivement.

On devra le maintenir sans violence, et seulement pour éviter que ses mouvements ne lui causent des blessures. Placez sur la tête et sur le visage des compresses maintenues froides. S'il est possible, faites respirer de l'éther. Bientôt le malade reprendra ses sens, tout est terminé.

Mais si, lorsque le malade a cessé de s'agiter, ses membres se raidissent et se refroidissent, si sa respiration est ralentie, frictionnez rapidement la peau, et provoquez la respiration par tous les moyens indiqués précédemment.

Convulsions des enfants. — C'est habi-

---

1. Pour faire une ventouse, on place dans un verre à boire un peu de papier allumé, et quand il est presque complètement brûlé, on retourne le verre qu'on applique brusquement sur la peau par ses bords. On voit bientôt la peau rougir, se gonfler et pénétrer dans le verre.

tuellement pendant le travail de la dentition qu e se produit chez les enfants cet accident des convulsions. Les mères connaissent comme d'instinct les symptômes effrayants de cette terrible maladie.

Déshabillez l'enfant, réchauffez-le par tous les moyens à votre portée, en le mettant dans un lit échauffé par des briques, des cruchons, linges chauffés, etc., en maintenant froide à l'aide de compresses sa tête élevée sur un coussin un peu dur. Évitez autour de lui toute conversation ou tout bruit qui pourrait le surexciter.

Pendant ce temps, faites préparer un bain, tiède seulement, dans lequel vous plongerez l'enfant, en ayant toujours soin de maintenir froide sa tête. Aidez les vomissements qui pourront se produire si l'enfant vient de manger.

Si la respiration se ralentit, appliquez sur les côtés de la poitrine une plaque d'un métal quelconque plongée quelques instants dans de l'eau bouillante (s'il y a brûlure, vous la soignerez plus tard), et provoquez la respiration par les moyens prescrits précédemment.

QUESTIONNAIRE.

Quelles sont les fonctions du cerveau? — De quoi est formé l'encéphale? Quel est l'aspect du cerveau? nommez ses méninges. — Quel est l'aspect de la moelle épinière et où se trouve-t-elle logée? — Par quoi est-elle prolongée jusqu'à l'épiderme? — Combien d'espèces de nerfs et quelles sont leurs fonctions? — Indiquez un acte dans lequel vous verrez se mettre en mouvement les 2 espèces de nerfs. — Quelles conditions faut-il réunir pour qu'il y ait sensation? — Quel est le poids moyen du cerveau. — En quoi consiste le système du grand sympathique? — A quels mouvements préside-t-il? — Nommez les 5 sens de l'homme et indiquez leurs organes. — Quel est l'organe principal du toucher? — Comment s'effectue l'impression des saveurs? — Comment le nez recueille-t-il les impressions des odeurs? — De quelles parties se compose l'oreille? — Quelles sont les parties dont se compose l'œil? — Où se forment les images des objets placés en avant de lui? — Peut-on développer ses sens? — Quels rapports existent entre l'intelligence et la santé générale? — Quels sont les premiers soins à donner dans le cas d'apoplexie, de convulsions, de convulsions des enfants?

CHAPITRE VIII

DEUXIÈME ORDRE DES MAMMIFÈRES

QUADRUMANES.

Les animaux de cet ordre, les *singes*, tirent leur nom de quadrumanes de ce que leurs quatre membres sont

Fig. 24. — Orang-outang ou homme des bois,

pourvus de mains, c'est-à-dire d'organes chez lesquels le pouce est opposable aux autres doigts.

Caractères généraux. — Les singes sont les animaux qui ressemblent le plus à l'homme. Ils n'ont cependant pas la station droite, ils marchent sur leurs quatre membres; ce n'est qu'accidentellement que l'orang-outang se tient debout, encore s'aide-t-il le plus souvent d'un support, dans cette position.

Leurs membres sont grêles et longs; leur système musculeux est très développé, ce qui les rend si forts et si adroits.

Leurs mâchoires sont munies des 3 espèces de dents. Ils se nourrissent presque exclusivement de fruits.

L'intelligence de ces animaux est souvent très développée; ils possèdent surtout la faculté d'imiter.

Ils habitent les forêts des contrées chaudes.

Dans cette famille nous remarquerons : les *gorilles,* les *chimpanzés,* les *gibbons,* les *orangs* (fig. 24), plus forts que l'homme; les *macaques,* à queue très longue; les *magots,* seuls singes qu'on trouve à l'état libre en Europe, à Gibraltar; les *cynocéphales,* à tête de chien, grands singes d'Afrique; les *atèles,* à queue démesurément longue; les *sapajous,* les *sakis,* les *ouistitis* (fig. 25), qui comprennent les plus petites espèces.

Fig. 25. — Ouistiti.

TROISIÈME ORDRE. — CARNIVORES.

Caractères généraux. — Les carnivores comprennent les mammifères qui se nourrissent de chair; ils ont les doigts et les mâchoires armés pour la chasse (fig. 26). Leurs doigts sont en effet pourvus de griffes résistantes et acérées; leurs dents canines sont très développées.

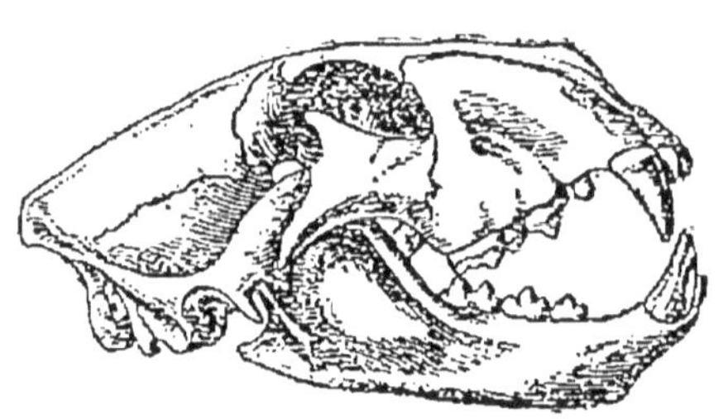

Fig. 26. — **Crâne de lion.**
(1 canine, 3 incisives, plusieurs molaires.)

Leur système musculeux est énergique, et les organes des sens, surtout celui de l'odorat, sont très subtils.

Cet ordre est divisé en 2 groupes : les *Digitigrades*, animaux qui marchent sur leurs doigts; et les *Plantigrades*, animaux qui, dans la marche, posent à terre toute la plante des pieds.

1° *Digitigrades.* — Les animaux de ce groupe ont l'instinct sanguinaire porté au plus haut degré; ils sont divisés en 5 genres : les genres *chat, chien, hyène, marte* et *civette*.

Genre chat. — Le genre chat renferme les carnivores les plus redoutables par leur cruauté, leur force et leur ruse; il contient les bêtes féroces; les animaux de ce genre ont les griffes rétractiles, ils ont la tête peu allongée, la colonne

Fig. 27. — **Lion.**

vertébrale souple, ce sont des animaux sauteurs par excellence; tels sont :

Le *Chat sauvage*, le *Chat commun*, le *Jaguar* ou tigre d'Amérique; le *Léopard*, le *Couguar*, la *Panthère*, le *Tigre*, le plus terrible des animaux, qui ne redoute rien et

fait aux Indes de très nombreuses victimes; le *Lion*
(fig. 27), le roi des animaux.

Genre chien. — Ce genre réunit les carnivores
semblables au chien; ils ont l'odorat très développé;
leurs ongles ne sont pas ré-
tractiles, aussi leurs extrémités, qui s'usent dans la
marche, ne sont pas acérées
comme chez les animaux
du genre chat; leur tête est
allongée, la colonne vertébrale est rigide; ils sont
surtout coureurs. Les principales espèces de ce genre
sont le *Chien* (fig. 28), qui
comprend tous les chiens,
depuis le dogue jusqu'au
lévrier; le *Loup*, friand d'a-
gneaux; le *Renard*, qui
s'attaque de préférence aux

Fig. 28. — **Chien.**

animaux de basses-cours et au menu gibier; le *Chacal*,
peu dangereux et timide.

Genre hyène. — Ce genre ne comprend que
les *Hyènes*, animaux très voraces mais aussi lâches;
elles s'attaquent de préfé-
rence aux cadavres. Ces animaux se distinguent par le
train de derrière plus bas que
celui de devant, et par l'obli-
quité de leur démarche; leur
dos est recouvert d'une cri-
nière flottante. On y remarque

Fig. 29. — **Hyène.**

l'*Hyène rayée* du nord de l'Afrique (fig. 29), l'*Hyène*

brune et l'*Hyène tachetée* du cap de Bonne-Espérance.

Genre marte. — Dans ce genre, se trouvent réunis les petits carnivores qui sont surtout redoutables

Fig. 30. — Marte.

pour nos petits animaux domestiques. Tels sont les *Martes* (fig. 30), les *Fouines*, les *Belettes*, qui font une chasse acharnée aux souris et aux rats; les *Hermines* à fourrure d'hiver très recherchée; les *Putois*, à odeur infecte; les *Furets*, qui, domestiqués, sont employés à la chasse des lapins dans leurs terriers ; la *Loutre* à pieds palmés, qui détruit de grandes quantités de poissons.

Genre civette. — La *Civette* (fig. 31), qui habite les régions chaudes de l'Afrique, présente près de l'anus une poche qui renferme une matière onctueuse à odeur de musc.

Fig. 31. — Civette.

2° Plantigrades.

Nous remarquons dans ce groupe les *Ours*, aux formes

Fig. 32. — Ours brun.

épaisses. Ces animaux sont moins carnassiers que les digitigrades; ils préfèrent souvent les végétaux aux proies animales. Les principales espèces sont : l'*Ours brun* (fig. 32) d'Europe, l'*Ours noir* d'Amérique et l'*Ours blanc* des mers polaires. Ce dernier est de beaucoup le plus redoutable.

A ce groupe appartient encore le *Blaireau* (fig. 33), de la taille d'un chien moyen ; il habite les terriers et se nourrit de petits mammifères ; il ne chasse que la nuit. Son poil, long et souple, est très recherché pour la fabrication des pinceaux.

Fig. 33. — **Blaireau.**

QUATRIÈME ORDRE. — PACHYDERMES.

Caractères généraux. — L'ordre des Pachydermes comprend les mammifères à peau dure et épaisse ; il renferme les plus gros animaux terrestres.

Ces animaux sont dépourvus de doigts libres et séparés : ces organes sont plus ou moins soudés entre eux et enfermés dans une masse cornée pour former un seul *sabot,* ou plusieurs divisions moindres que cinq, sauf chez l'éléphant.

Tous les Pachydermes sont herbivores, et, comme chez tous les herbivores, le canal digestif est très développé. Ils ont les trois espèces de dents.

L'ordre des Pachydermes peut être divisé en 2 familles principales :

Les *Pachydermes à trompe* ou *Proboscidiens*, et les *Pachydermes ordinaires.*

Proboscidiens. — Cette famille ne comprend plus qu'un seul représentant, l'*Éléphant* (fig. 34), remar-

quable par son énorme masse, par un nez démesurément
allongé *ou trompe,* qui lui sert d'organe de préhension
et par deux défenses en ivoire qui sont le prolongement
de deux dents très développées.

Fig. 34. — Éléphant.

On distingue deux espèces d'éléphants : l'*Éléphant
d'Asie,* très haut de taille et à petites
oreilles, et l'*Éléphant d'Afrique,* plus
petit et à. grandes oreilles.

C'est l'éléphant d'Asie qu'on emploie,
à l'état domestique, pour porter des far-
deaux ; il est plus docile que l'éléphant
d'Afrique.

Pachydermes ordinaires.
— Cette famille renferme les Pachydermes qui ont de 1 à 4 doigts à chaque
pied. Ceux d'entre eux qui ont le pied
fendu, qui ont, par conséquent, plus
d'un doigt, sont réunis, sous la même
appellation de *Fissipèdes* (fig 35) : ce sont les *Hip*

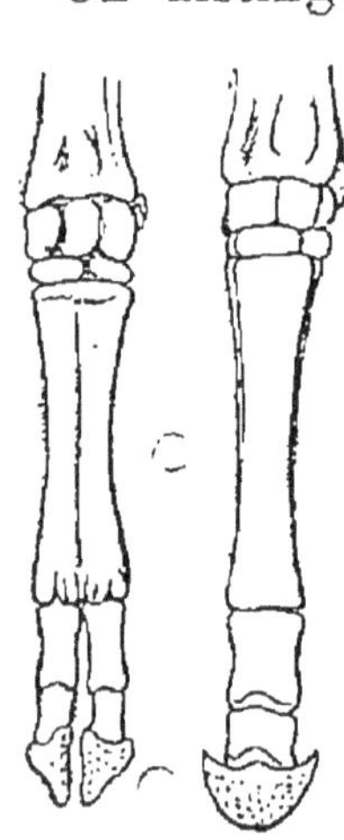

Fig. 35.
Pied fendu. Sabot.

popotames (fig. 36), qui nagent avec une grande facilité et qui recherchent surtout les bords des

Fig. 36. — **Hippopotame.**

fleuves et des marécages de l'Afrique centrale; les *Rhinocéros*, porteurs d'une corne sur le nez; le *Tapir*, assez semblable au cochon domestique, mais plus fort que lui; il possède un rudiment de trompe; le *Sanglier* ou cochon sauvage, à dents canines recourbées en forme de défenses (fig. 38); le *Porc* ou cochon domestique, d'une extrême voracité, d'une facilité très grande à nourrir et

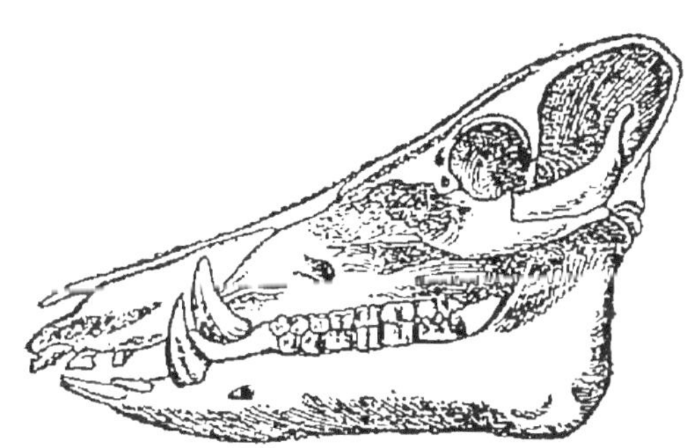

Fig. 38. — **Crâne de sanglier.**
(Canines triangulaires; molaires à replis d'émail.)

d'un grand rapport pour son éleveur.

Les Pachydermes à un seul sabot à chaque pied, ou les *Solipèdes*, renferment : le *Cheval* (fig. 39), un des plus précieux des animaux domestiques; l'*Ane*, qui vaut infiniment mieux que sa réputation, et qui mériterait un meilleur traitement que celui qu'il reçoit d'ordinaire; le *Zèbre*, fort difficile à domestiquer; l'*Hémione* ou demi-âne, originaire de l'Indoustan.

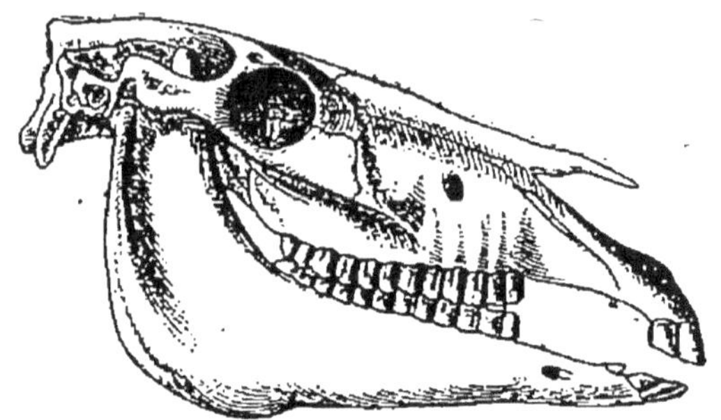

Fig. 39. — **Crâne de cheval.**

CINQUIÈME ORDRE. — RUMINANTS.

Caractères généraux. — Les Ruminants tirent leur nom de la propriété qu'ils possèdent de *ruminer* leurs aliments, c'est-à-dire de les faire revenir de nouveau dans la bouche, après les avoir avalés une première fois.

Ils ont le sabot fendu en deux.

Les Ruminants sont tous herbivores et ne présentent pas de canines à la mâchoire supérieure (fig. 40).

Fig. 40. — **Crâne de cerf.**
(La mâchoire inférieure seule porte des incisives; pas de canines.)

Leur estomac n'est pas simple comme chez les autres animaux; il est divisé en quatre poches : la *panse* et le *bonnet*, le *feuillet* et la *caillette* (fig. 41); la panse est de beaucoup la plus volumineuse des quatre. Lorsque le ruminant mange, les herbes, incomplètement broyées et conservant encore leur aspect fibreux, glissent dans l'œsophage et peuvent, à cause de leur solidité, ouvrir

le passage avec la panse et le bonnet. Dans ces deux
poches, les aliments se ramollissent et s'imbibent de
liquide. Rentré à l'étable et couché, le ruminant fait revenir les aliments dans la bouche, où, soumis à une nouvelle trituration, ils se transforment en une bouillie très fluide qui, après avoir passé dans l'œso-

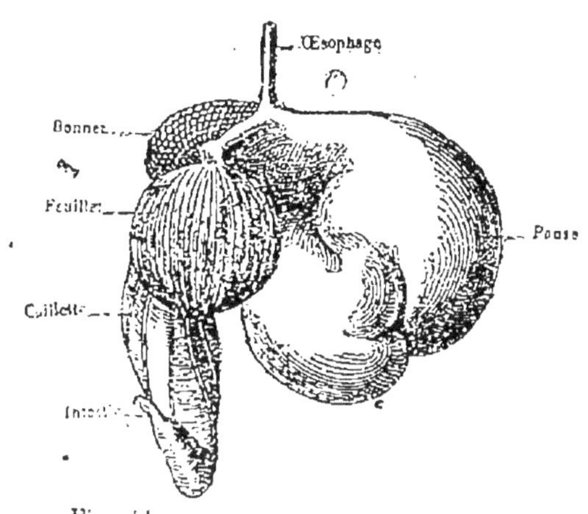

Fig. 41. — Estomac des ruminants.

phage, glisse sur l'ouverture des deux premières poches sans les ouvrir à cause de sa fluidité, et coule
dans le feuillet et la caillette où elle est seulement digé-
rée. Les aliments se rendent alors dans les intestins,
qui, chez tous les herbivores, sont très longs. Ainsi,
chez le bœuf, la longueur des intestins dépasse vingt-
cinq fois la longueur de son corps, alors que chez le
lion elle n'est que de trois fois celle de son corps.

Les animaux de cet ordre rendent les plus grands
services à l'homme, qui utilise toutes les parties de leur
corps, soit pour sa nourriture, soit pour ses autres
besoins; il en tire en effet la chair, la graisse, la peau,
la laine, la corne, etc.

A cet ordre appartiennent : les *Bœufs*, dont l'homme
tire tant de profits de tous genres; les *Moutons*, les
Chèvres, le *Chevreuil*, le *Cerf;* et parmi les espèces d'autres climats que le nôtre : les *Chameaux*, remarquables
par leur sobriété, qui rendent de si grands services aux
Arabes; le *Dromadaire* (fig. 42); les *Lamas*, qui sont

employés dans les contrées montagneuses de l'Amé-

Fig. 42. — **Dromadaire.**

Fig. 43. — Gazelle.

rique comme bêtes de somme; le *Chevrotain porte-musc*, qui possède sous l'abdomen une poche dans laquelle se forme le musc; le *Renne*, dont les Lapons font un si grand usage, et qui remplace chez eux le cheval, la vache, la brebis; la *Girafe*, si bizarre par son long cou qui supporte une petite tête; les *Antilopes*, aux formes si gracieuses; les *Gazelles* (fig. 43), si légères, habitant les déserts de l'Afrique.

SIXIÈME ORDRE. — RONGEURS.

Caractères généraux. — Les animaux de cet ordre, de petite taille, ont les mâchoires organisées

pour ronger. Ils ne possèdent plus de canines (fig. 44),
et leurs incisives, dépour-
vues d'émail en arrière,
prennent la forme d'un
biseau et peuvent s'user
par le frottement, mais
aussi elles possèdent la
propriété de s'accroître à
mesure qu'elles s'usent.

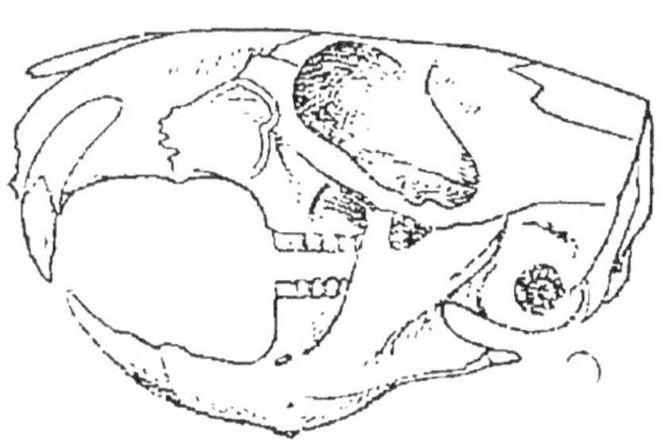

Fig. 44. — Crâne de rongeur.
(2 grandes incisives taillées en biseau.)

La mâchoire inférieure
se meut surtout d'arrière en avant.

Les rongeurs sont herbivores ou frugivores, mais
quelques-uns d'entre eux sont omnivores.

Tous ces animaux sont *nuisibles à l'agriculture;* ils
n'ont quelque utilité que par la nourriture qu'on tire
de la chair de certains d'entre eux.

A cet ordre appartiennent :

L'*Écureuil,* gai et agile; la *Marmotte,* commune dans
les Alpes, qui s'endort à l'automne dans son terrier et
y passe, engourdie, toute la saison des froids; le *Loir,*
si friand des
fruits de nos
jardins; les
Rats, d'une
voracité sans
égale; les
Souris, in-
commodes
dans nos ha-
bitations; le
Mulot ou rat
des champs,

Fig. 45. — Porc-épic.

qui cause des dégâts nombreux aux meules de blé et aux

récoltes sur pied; les *Campagnols*, plus petits que les mulots, mais aussi nuisibles; les *Gerboises* d'Algérie, qui sautent avec tant de facilité; le *Porc-épic* (fig. 45) dont

Fig. 46. — Castor.

le dos est armé de piquants raides et aigus; les *Lièvres* qui, n'ayant pas de terriers, ne peuvent compter que sur la vitesse de leur course pour fuir leurs nombreux ennemis; le *Lapin*, plus petit que le lièvre, qui, à l'état libre, est redouté des agriculteurs; les *Castors* (fig. 46), à queue aplatie et écailleuse, vivant en majeure partie dans l'eau et se construisant de si ingénieuses cabanes.

SEPTIÈME ORDRE. — INSECTIVORES.

Ces mammifères se nourrissent presque exclusivement d'insectes : ils sont de petite taille. Ils possèdent les trois espèces de dents (fig. 46 *bis*), mais leurs molaires sont pointues.

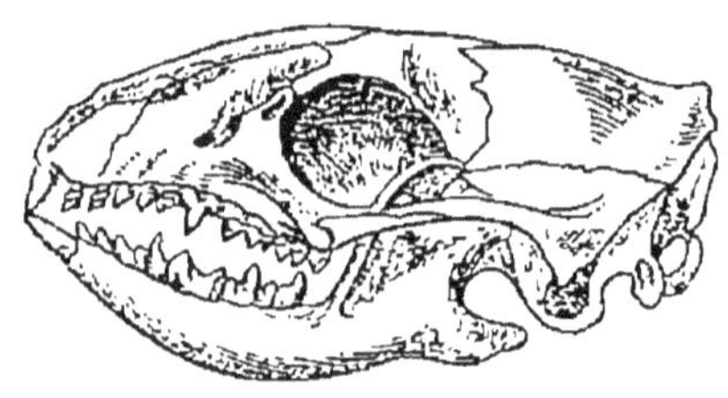

Fig. 46 *bis*. — Crâne d'insectivore.

Tels sont : le *Hérisson* (fig. 47), qui serait d'une

Fig. 47. — Hérisson.

Fig. 48. — Musaraigne.

grande utilité dans nos jardins, où il détruirait insectes, rats, limaces; la *Musaraigne* (fig. 48), plus petite que la souris, mais à museau très allongé, mange aussi bien le grain que les insectes; la *Taupe,* dont les mains présentent la forme de pelles, vit sous terre, où elle se creuse des galeries, à la recherche des insectes; elle devrait, comme le hérisson, trouver grâce auprès des jardiniers, car si, parfois, dans sa chasse aux larves, elle enlève les racines de quelque légume, en revanche elle débarrasse la terre de ses insectes. Son odorat lui sert de guide, car ses yeux sont très petits; et puisqu'ils ne lui servent de rien dans son existence toujours obscure, ils finissent par s'atrophier. En somme, la taupe est un animal très *utile* aux jardins et aux champs.

HUITIÈME ORDRE. — CHIROPTÈRES.

Les Chiroptères, ou animaux à mains transformées en ailes, présentent cette particularité d'avoir une membrane, un repli de leur peau qui réunit chaque

Fig. 49. — Chauve-souris.

membre supérieur à son correspondant inférieur, ainsi que leurs doigts démesurément allongés. Ils peuvent alors, grâce aux mouvements rapides imprimés à ces membranes, s'élever dans l'air à la façon des oiseaux : c'est le seul caractère qu'ils aient de commun avec ces

animaux. Ils sont nocturnes et s'engourdissent l'hiver.
Ils se nourrissent d'insectes et sont pourvus des trois
sortes de dents.

Cet ordre comprend les *Chauves-souris* proprement
dites et les *Roussettes*.

Les *Chauves-souris* (fig. 49), qui ne sont pas chauves,
mais recouvertes de poils, que nous voyons dans nos
climats, commencent leur chasse au crépuscule.

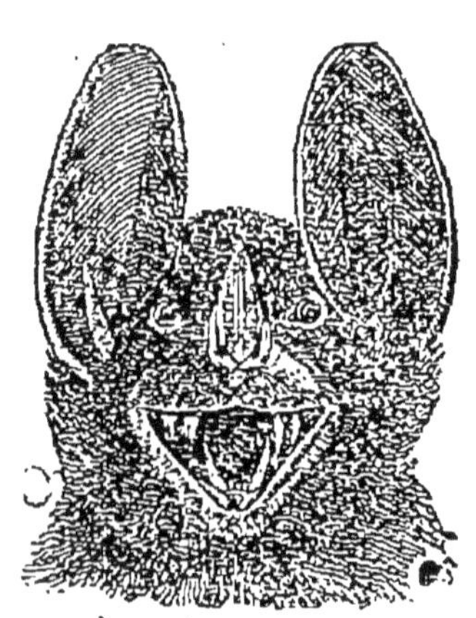

Fig. 50.

Tête de Vampire.

Les *Roussettes*, de taille plus
grande, habitant les contrées
chaudes, se nourrissent de fruits;
une espèce, le *Vampire* (fig. 50),
de l'Amérique du Sud, qui peut
présenter $0^m,50$ d'envergure, a
la langue armée de pointes aiguës; il s'attaque aux volatiles
et même au menu bétail, dont
il boit le sang qui s'écoule de
la blessure faite à l'aide de sa
langue.

NEUVIÈME ORDRE. — ÉDENTÉS.

Caractères généraux. — Ces animaux
tirent leur nom de ce qu'il leur manque des dents; ils
sont tous dépourvus d'incisives; certains même sont
complètement privés de dents. Ils sont timides et dé-
fiants, et sont remarquables par la lenteur de leurs
mouvements. Ils habitent les pays chauds.

Les principales espèces de cet ordre sont : le *Paresseux*, de la grosseur d'un chat, assez semblable à
un singe, qui n'est agile que dans les arbres, où il

passe la plus grande partie de sa vie; la marche lui est très difficile; le *Tatou*, dont le corps est protégé par une cuirasse écailleuse; le *Pangolin*, également revêtu de fortes écailles, mais dépourvu de dents, se nourrissant de fourmis qu'il retient sur sa langue visqueuse; le *Fourmilier* (fig. 52), également dépourvu de dents, possédant une langue de $0^m,50$ de longueur qu'il applique au milieu d'une fourmilière et qu'il retire en luite de fourmis.

Fig. 52. — **Fourmilier.**

DIXIÈME ORDRE. — AMPHIBIES.

Caractères généraux. — Le nom donné à ces animaux vient de ce que, possédant des habitudes aquatiques, ils sont aériens par leur système respiratoire. Leurs membres, très courts, sont plutôt disposés pour la nage que pour la marche : aussi ne viennent-ils à terre que pour se reposer et pour allaiter leurs petits.

Ils sont presque tous carnivores.

Cet ordre comprend deux familles : les *Phoques* et les *Morses*.

Phoques. — Les phoques sont généralement des animaux doux et faciles à apprivoiser; ils se nourrissent de poissons et de mollusques; leur longueur varie de 1 à 8 mètres, suivant les espèces. Les principales espèces sont : le *Veau marin* (fig. 53) des mers du Nord, qu'on trouve cependant à l'embouchure de la Somme; le *Phoque à*

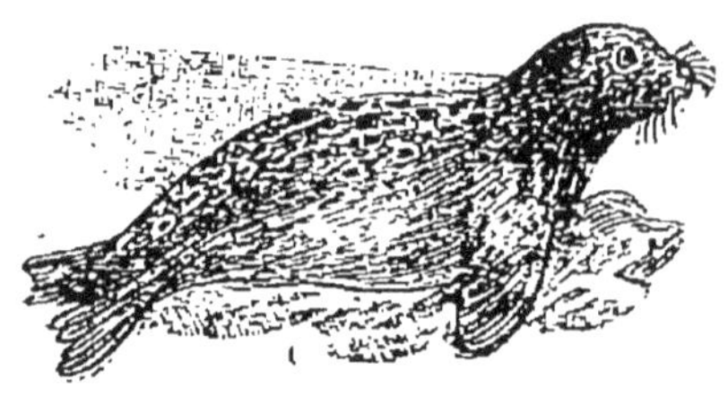

Fig. 53. — **Phoque.**

trompe, ou éléphant marin, qui atteint 8 mètres de long; les *Otaries*, qui marchent moins difficilement à terre, et sont encore connus sous le nom de *Lions marins*.

Morses. — Les morses (fig. 54) se distinguent surtout des phoques par la présence à la mâchoire supérieure de défenses longues et résistantes. Ils peuvent s'attaquer aux marins qui les chassent. On les désigne sous le nom de *Vaches marines* ou *Chevaux marins*.

Fig. 54. — **Morse.**

Les phoques et les morses sont chassés pour l'huile qu'on retire de leur graisse abondante; l'ivoire des morses est aussi très recherché.

ONZIÈME ORDRE. — CÉTACÉS.

Caractères généraux. Les animaux de cet ordre présentent, par leur forme générale et par leurs habitudes, les plus grandes analogies avec les poissons; ils n'ont que des rudiments internes de membres postérieurs, et leurs membres antérieurs sont transformés en véritables nageoires; leur queue est aplatie horizontalement. Mais, comme tous les autres mammifères, ils respirent par des poumons l'air qu'ils viennent prendre à la surface de l'eau; ils allaitent leurs petits; ils ont le sang chaud. On divise les Cétacés en :

Cétacés herbivores;

Cétacés ichtyophages (mangeurs de poissons).

Cétacés herbivores. — Ces Cétacés comprennent les *Lamantins* (fig. 55) qu'on rencontre à l'embouchure des grands fleuves de l'Amérique et du Sénégal, et les *Dugongs* de la mer des Indes : ces deux Cétacés peuvent sortir

Fig. 55. — **Lamantin.**

de l'eau pour brouter les plantes aquatiques du rivage.

Cétacés ichtyophages. — Ces animaux sont complètement aquatiques et ne se nourrissent que de poissons. Nous citerons : les *Dauphins*, d'une longueur de 3 à 4 mètres, d'une voracité étonnante; les *Marsouins*, plus petits que les dauphins mais aussi voraces qu'eux; les *Baleines*

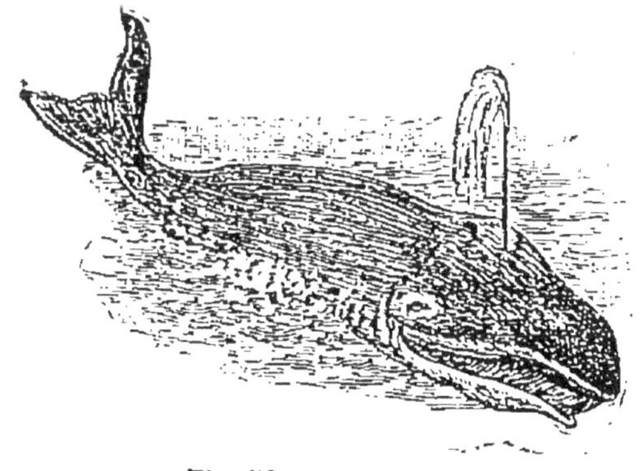

Fig. 56. — **Baleine.**

(fig. 56), les plus gros de tous les animaux, qui peuvent atteindre 30 mètres de longueur et un poids de 150,000 kilogrammes; leur mâchoire supérieure, dépourvue de dents, est munie de longues lames élastiques nommées *fanons* (fig. 57). Les baleines respirent par des *évents* placés sur la partie saillante de leur tête; leur gosier, petit, ne leur permet d'engloutir à la fois que des poissons de

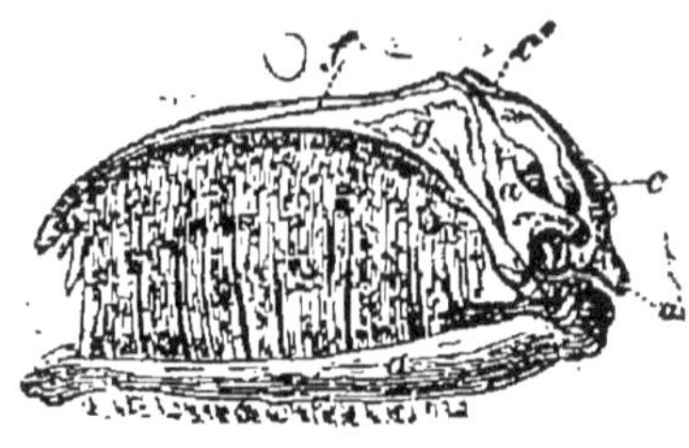

Fig. 57. — **Fanons de baleine.**

très petite taille. Les *Cachalots*, généralement plus petits que les baleines, vivent comme elles dans les mers polaires.

Tous ces Cétacés ichtyophages sont chassés pour l'énorme quantité de l'huile tirée de leur graisse; on utilise les fanons de la baleine. Le crâne du cachalot est recouvert d'une matière huileuse abondante qui forme le *blanc de baleine;* on trouve également dans les intestins de cet animal l'*ambre gris*, très employé dans la pharmacie et la parfumerie.

DOUZIÈME ORDRE. — MARSUPIAUX.

Caractères généraux. — Les animaux de cet ordre diffèrent des autres mammifères par la présence de deux os marsupiaux partant du bassin, et se dirigeant en avant pour soutenir, chez la femelle, une poche où s'abriteront les petits pendant les premiers mois de leur naissance; cette poche est formée par un repli de la peau et renferme les mamelles. Les principales espèces sont : les *Sarigues* (fig. 58), animaux surtout grimpeurs et se nourrissant d'insectes ou de fruits.

et même de volailles ; le *Kangourou*, dont les pattes de
derrière sont très développées, particularité qui donne

Fig. 58. — Sarigue.

à ces animaux une marche qui n'est qu'une succession
de sauts ; leur queue, très charnue, peut leur servir de
point d'appui, elle aide au saut, elle sert d'arme de
défense. Leur chair est comestible. D'un naturel très
doux, ils peuvent facilement s'apprivoiser, et notre
climat se prêterait très bien à leur acclimatation.

Tous les marsupiaux sont originaires de l'Australie
et de l'Amérique.

TREIZIÈME ORDRE. — MONOTRÈMES.

Cet ordre ne comprend que deux genres : les *Ornithorynques* (fig. 59) et les *Échidnés*, tous deux
confinés en Australie. Ils ont les os marsupiaux, et
quelques organes intérieurs semblables à ceux des
oiseaux : ils sont ovipares, ont un cloaque, un cer-

veau lisse; ils sont munis d'un bec corné, aplati

Fig. 59. — **Ornithorynque.**

chez l'*Ornithorynque* comme celui du canard, et allongé pour l'*Échidné*; les *Ornithorynques* vont à l'eau, ils ont les pieds palmés; le mâle porte aux pieds de derrière un ergot, assez semblable à celui du coq; l'*Échidné*, qui rappelle le hérisson, se nourrit d'insectes et vit dans des terriers qu'il se creuse dans le sable.

QUESTIONNAIRE.

Quels sont les animaux qu'on trouve dans les ordres des Quadrumanes? — Indiquez leurs caractères généraux, nommez des singes. — Quels sont les caractères généraux des carnivores? — En combien de groupes sont-ils divisés? — En combien de genres sont divisés les digitigrades? — Nommez des carnivores de chaque genre. — Nommez des plantigrades. — Quels sont les caractères généraux des pachydermes? — Ils sont divisés en combien de familles? — Qu'entendez-vous par fissipèdes, par solipèdes? Exemples. — Quelle particularité présente l'estomac des ruminants? — Quels services l'homme tire-t-il des ruminants? — Quels sont les caractères généraux des rongeurs? — Ces animaux sont-ils utiles? — Caractères généraux des insectivores. — Que signifie ce nom chiroptère? — Quels sont les principaux chiroptères? — D'où vient ce nom d'édenté donné à ces animaux? — Nommez quelques édentés. — Indiquez les caractères généraux des amphibies? — En combien de familles sont-ils divisés? — Décrivez les caractères généraux des cétacés. — En combien de familles les divisez-vous? — Pourquoi les marsupiaux sont-ils ainsi nommés? — Nommez des marsupiaux. — Quels **sont les** animaux compris dans cet ordre des monotrèmes?

CHAPITRE IX

DEUXIÈME CLASSE DES VERTÉBRÉS

OISEAUX.

Caractères généraux des oiseaux. — Les oiseaux se distinguent extérieurement des mammifères, en ce qu'ils ont le corps recouvert de plumes, qu'ils n'ont que deux membres leur servant à la marche, leurs deux membres antérieurs étant transformés en ailes; qu'ils ont un bec corné remplaçant les dents, ce bec affectant différentes formes, suivant le régime alimentaire des oiseaux.

La *colonne vertébrale* (fig. 61) des oiseaux présente la région cervicale très longue et mobile; les régions dorsale et lombaire rigides ne sont pas distinctes. Leur *sternum* recouvre la poitrine et une partie du ventre et porte une crète saillante appelée *bréchet* sur lequel s'insèrent les muscles des ailes. Les os des membres antérieurs, sont très solidement fixés au thorax; les clavicules, également fixées au sternum, sont soudées à leurs extrémités inférieures pour former la *fourchette*.

Le régime alimentaire des oiseaux varie suivant les espèces : les uns se nourrissent de chair, d'autres d'insectes, de graines ou de poissons.

Leur *appareil digestif* (fig. 62) se compose de l'œsophage, du *jabot* et du *ventricule succenturié*, deux renflements de l'œsophage; du *gésier* qui est leur estomac, des intestins, et enfin du *cloaque*, petite poche qui précède immédiatement l'*anus*, et dans laquelle se réunissent et les résidus solides de la digestion et les urines, qui

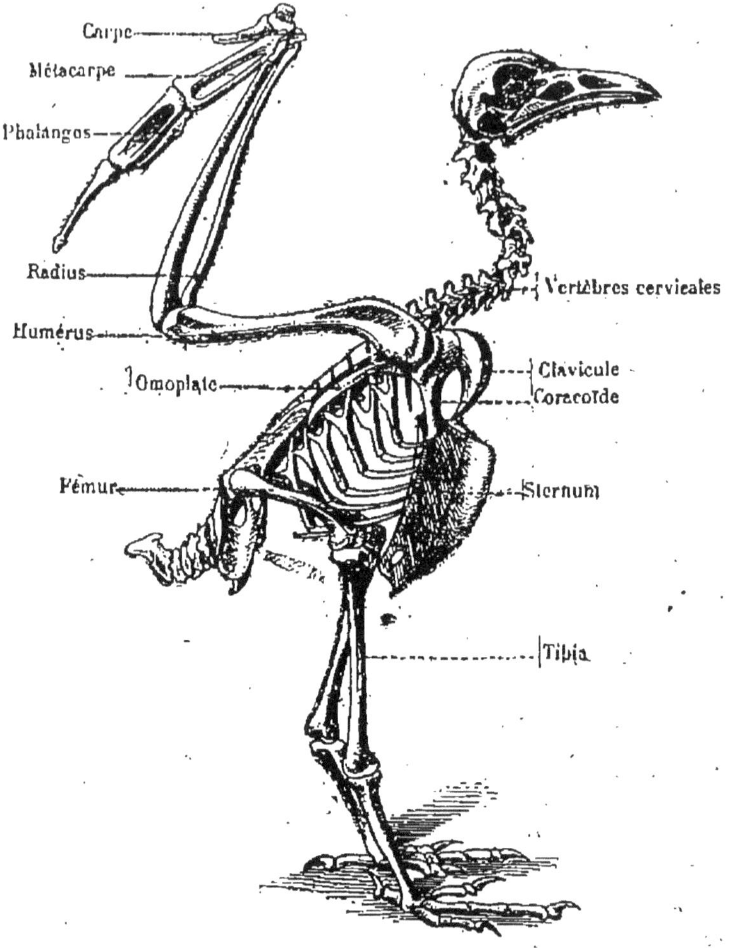

Fig. 61. — Squelette de l'oiseau.

sont rejetés ensemble dans la défécation. Les aliments, après avoir cheminé dans l'œsophage, s'entassent dans le jabot qui, chez certains oiseaux, le pigeon par exemple, prend sous leur action un si gros développement qu'il forme une saillie facilement visible; ils se

gorgent là de vapeur d'eau, se gonflent, pour mieux se
prêter à l'action dissolvante de la digestion. Du jabot,
les aliments se rendent dans le ventricule, où ils s'im-
prègnent d'un liquide assez semblable au suc gastrique;

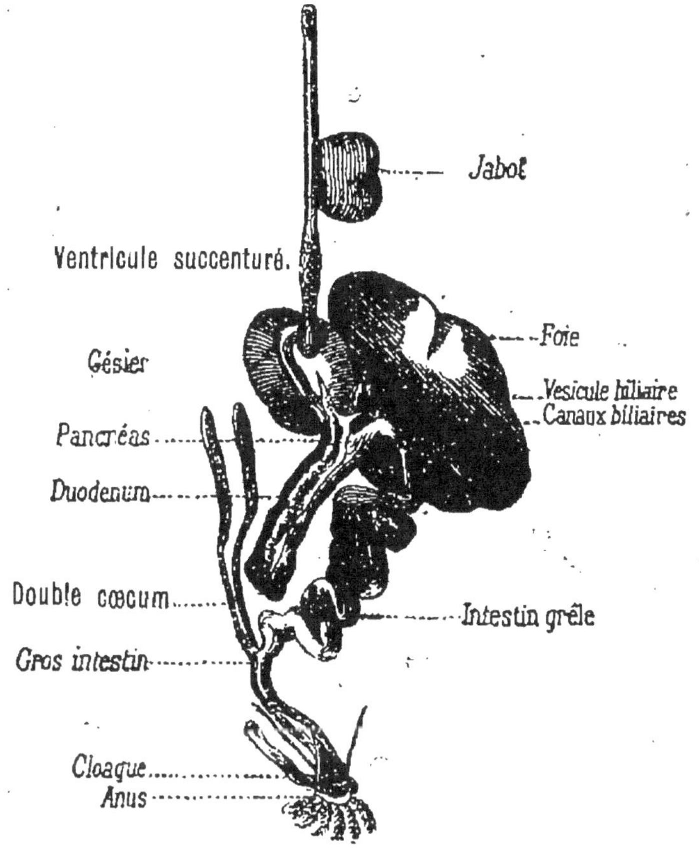

Fig. 62. — **Appareil digestif de la poule.**

puis ils pénètrent dans le gésier, formé d'une membrane
d'autant plus résistante et épaisse que le régime alimentaire de l'oiseau est plus granivore : ainsi, chez les
oiseaux carnassiers, la membrane du gésier est simple;
elle est, au contraire, très épaisse chez les poules. C'est
dans cette membrane contractile que les aliments sont

à la fois broyés et digérés ; et chez les granivores il est fréquent de trouver dans le gésier des petites pierres dures que l'oiseau a avalées pour aider à la trituration des aliments.

La *circulation* du sang ne diffère pas, chez les oiseaux, de celle des mammifères.

Leur *système respiratoire* diffère de celui des mammifères en ce que les bronches ne s'arrêtent pas aux poumons : elles les traversent et s'ouvrent dans des *poches aériennes* d'où partent des conduits qui distribuent l'air jusque dans les os et les plumes. Leur respiration est très active, et la température moyenne de leur corps est de 42 degrés.

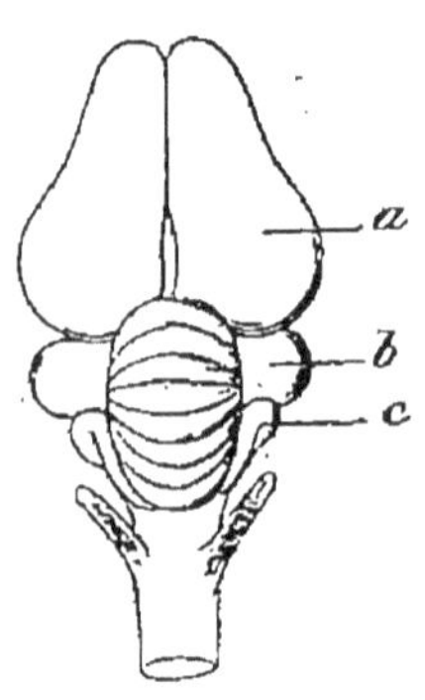

Fig. 63.
Cerveau d'oiseau.

Le *système nerveux* des oiseaux (fig. 63) présente un encéphale moins développé que celui des mammifères. Les *hémisphères cérébraux*, *a*, sont les parties les plus volumineuses mais sont lisses, c'est-à-dire sans circonvolutions ; le *cervelet*, *b*, présente des sillons transversaux, les *lobes optiques*, *c*, qui chez les mammifères avaient un très faible volume et qui se trouvaient cachés entre le cerveau et le cervelet, prennent ici un développement assez considérable et sont très apparents.

Les *organes des sens*, l'ouïe et surtout la vue, sont très développés ; leur instinct est merveilleux, soit pour la défense et l'éducation de leurs petits, soit pour la construction de leurs nids, soit pour la sûreté avec laquelle ils retrouvent leurs anciennes demeures après les migrations que certains d'eux exécutent.

Les oiseaux sont *ovipares* : ils pondent des œufs

qu'ils *couvent*, et d'où s'échappent leurs petits après un temps variable d'incubation.

La classe des oiseaux se divise en six ordres :

1º Les Rapaces ;   4º Les Gallinacés ;
2º Les Passereaux ;   5º Les Échassiers ;
3º Les Grimpeurs ;   6º Les Palmipèdes.

ORDRE DES RAPACES.

Ces oiseaux correspondent aux Carnivores des mammifères ; ils se nourrissent de chair, et pour cela ils ont des griffes ou *serres* aiguës et tranchantes (fig. 64), et un bec crochu et acéré. On les divise eux-mêmes en *Rapaces diurnes*, et *Rapaces nocturnes*.

Fig. 64.
Serre d'oiseau de proie nocturne.

Rapaces diurnes. — Ils sont ainsi nommés parce qu'ils volent pendant le jour; ils habitent les forêts et le sommet des hautes montagnes et des rochers. Les principaux genres sont : l'*Aigle* (fig. 65), le roi des oiseaux par la puissance de son vol et sa force, d'une voracité et d'une audace incroyables; les *Faucons*, les *Autours*, les *Vautours*, les *Éperviers*, les *Buses*, les *Milans*.

Fig. 65. — **Aigle.**

Rapaces nocturnes. — Ces rapaces ne chassent que la nuit; ils ont les yeux très gros et dirigés en avant; ils vivent d'insectes, de petits reptiles et de petits mammifères, et à ce titre ils peuvent être considérés comme *oiseaux utiles à l'agriculture* : ils ne méritent certainement pas cette exposition d'ignominie qu'on leur inflige,

Fig. 67. — **Grand-Duc.**

en les clouant sur la porte des fermes. Ils ont tous un plumage soyeux et de couleur cendrée.

Les espèces principales sont :

Le *Hibou*, le *Grand-Duc* (fig. 67), plus gros que le Hibou ; la *Chouette*, le *Chat-Huant*, l'*Effraie*.

ORDRE DES PASSEREAUX

Cet ordre comprend le plus grand nombre d'espèces : ce sont généralement des oiseaux de petite taille ; leur bec est ordinairement droit et pointu ; chez quelques espèces seulement il est légèrement crochu. Les plus gros sont carnivores, les autres sont insectivores et granivores. Sauf les carnivores, tous les autres passereaux sont plutôt *utiles à l'agriculteur*, qui doit s'efforcer de les protéger à cause de la chasse acharnée qu'ils livrent aux insectes nuisibles. Les principales espèces sont : les *Corbeaux* (fig. 68), les *Pies*, les *Pies-Grièches*, les *Merles*, les *Grives*, les *Geais;* puis les espèces plus

Fig. 68. — **Corbeau.**

Fig. 69. — **Pinson.**

petites, comme le *Rossignol*, la *Fauvette*, le *Roitelet*, la *Bergeronnette*, les *Hirondelles*, les *Alouettes*, les *Moineaux*, les *Pinsons* (fig. 69), les *Serins*, les *Bouvreuils*, etc.

Enfin quelques espèces sont remarquables par la richesse de leur plumage : les *Oiseaux de Paradis*, originaires des Indes; les *Colibris* et les *Oiseaux-Mouches* (fig. 71), de l'Amérique méridionale; les *Martins-Pêcheurs*, qui vivent de poissons, sur le bord de nos rivières.

Fig. 71.
Oiseau-Mouche.

ORDRE DES GRIMPEURS.

On trouve, réunis dans ce même ordre des grimpeurs, les oiseaux à quatre doigts, dont deux sont dirigés en avant et deux en arrière, disposition qui permet à certains oiseaux de cet ordre de grimper et de se maintenir facilement aux branches des arbres. Les principales espèces sont : les *Toucans* (fig. 72), dont le bec est aussi long que le corps, mais de substance très légère ; les *Perroquets*, aux couleurs si brillantes, possédant un bec

Fig. 72. — Toucans.

Fig. 73. — Pic-vert.

court recourbé et une langue charnue qui permet à ces oiseaux de reproduire les paroles qu'ils entendent souvent ; le *Pic-Vert* ou *Pivert* (fig. 73), qui court si facilement sur les troncs d'arbres, à la recherche des larves d'insectes ; les *Coucous*, qui passent l'hiver en Afrique et qui n'apparaissent chez nous qu'au printemps pour partir à l'automne.

ORDRE DES GALLINACÉS.

Ces oiseaux sont ceux du genre *Poule* ; ils sont granivores, à vol lourd

Fig. 74. — Poule et pigeon.

Fig. 75. — Caille.

et peu étendu, sauf les *Pigeons*, et tous comestibles; c'est chez eux que le gésier est le plus charnu.

Les vrais *Gallinacés* sont : les *Dindons*, les *Paons*, au riche plumage; les *Pintades*, les *Poules* (fig. 74), les *Faisans*, les *Perdrix*, les *Cailles* (fig. 75).

Les *Pigeons*, au vol puissant, comprennent toutes les espèces de pigeons : le *Ramier*, la *Tourterelle*, etc.

ORDRE DES ÉCHASSIERS.

Ces oiseaux sont ainsi nommés parce que le grand développement de leurs tarses les fait paraître montés sur des échasses : ils ont le bec et le cou très allongés. Sauf l'autruche et quelques autres échassiers, ils vivent dans les lieux marécageux, où ils se

Fig. 76. — **Grue.**

Fig 77. — **Bécasse.**

nourrissent de mollusques, de reptiles ou de poissons. Tels sont les *Grues* (fig. 76) et les *Cigognes*, qui entreprennent de longs voyages; le *Flamant*, le *Héron*, l'*Ibis*, vénéré des anciens Égyptiens; le *Pluvier* et le *Vanneau*, qui paraissent dans nos plaines au printemps; la *Bécasse* (fig. 77), la *Poule d'eau*, les *Courlis*, les *Cheva-*

liers; les *Autruches* et le *Casoar*, dont les ailes ont un trop faible développement pour leur permettre le vol, mais qui les aident à courir : ce sont les plus gros oiseaux qui nous restent.

ORDRE DES PALMIPÈDES.

Ces oiseaux à pieds palmés ont les doigts réunis par une membrane (fig. 78), ce qui présente à l'eau une plus grande surface de résistance : ce sont surtout des animaux aquatiques; à terre, leur marche est lourde, surtout à cause de la position de leurs pattes situées à l'arrière du corps. Leur plumage très serré est enduit d'une

Fig. 78.
Pied palmé.

matière huileuse qui protège leur corps de l'atteinte de l'eau. Ils se nourrissent de poissons ou de matières végétales. Tels sont : le *Cygne* blanc ou noir, très bien acclimaté; les *Oies* sauvages ou domestiques, les *Canards* sauvages ou domestiques; l'*Eider*, habitant les régions polaires, et dont le corps est recouvert d'un duvet abondant, l'édredon; le *Pélican* (fig. 79), dont

Fig. 79. — Pélican.

le bec énorme supporte une poche lui servant de réservoir à poissons;

les *Cormorans*, qui plongent si facilement; les *Frégates*, dont le vol est le plus puissant; les *Albatros*, les *Mouettes* (fig. 80), les *Goélands*, tous oiseaux de mer

Fig. 80 bis. — Manchot.   Fig. 80. — Mouette.

au vol très soutenu; les *Manchots* (fig. 80 *bis*), tout à fait incapables de voler, à cause de la petitesse de leurs ailes, mais d'une agilité de poissons, dans l'eau.

QUESTIONNAIRE.

Donnez les caractères généraux des oiseaux : aspect extérieur, squelette, régime alimentaire, appareil digestif, circulation, système respiratoire, organes des sens. — En combien d'ordres est divisée cette classe? — Caractères généraux des rapaces, forme de leur bec. — En combien de familles les divise-t-on? nommer des espèces de chaque famille. — Indiquez des caractères généraux des passereaux et nommez des passereaux. — Quelle particularité présentent les doigts des grimpeurs? en nommer. — Nommez des gallinacés. — D'où vient ce nom donné aux échassiers? — N'ont-ils que les tarses très développés? — Nommez des échassiers. — Qu'entendez-vous par palmipèdes? — Nagent-ils seulement? — Nommez-en au vol très étendu. — Nommez-en d'autres qui ne volent pas.

CHAPITRE X

TROISIÈME CLASSE DES VERTÉBRÉS

REPTILES

Caractères généraux. — Les reptiles sont des vertébrés dont le corps est recouvert de pustules ou de lames cornées plus ou moins résistantes. Beaucoup d'espèces sont dépourvues de membres ; les autres, qui en ont quatre, sont bas sur pattes et paraissent toujours ramper. Leur gueule est ordinairement armée de dents pointues qui leur permettent de saisir facilement ; ils se nourrissent généralement de chair : peu d'espèces sont herbivores.

Le *squelette* des reptiles pourvus de membres présente avec celui des mammifères des différences peu considérables, cependant les côtes sont plus nombreuses.

Leur système de circulation diffère de celui des animaux précédents en ce que le cœur ne renferme que 3 loges : 2 oreillettes, mais un seul ventricule (fig. 81), dans lequel se trouvent mélangés et le sang veineux venant du corps, et le sang artériel de retour des poumons.

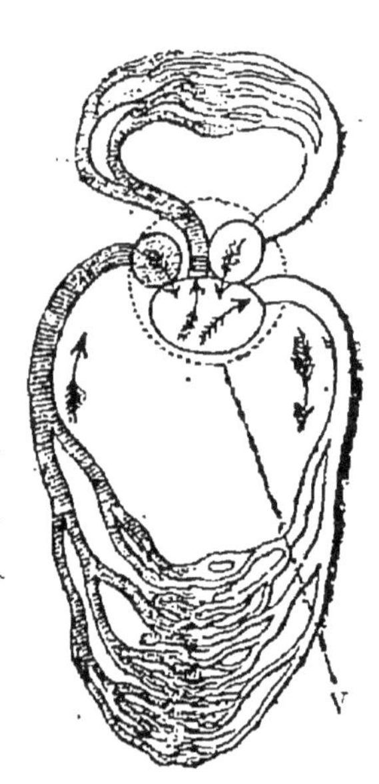

Fig. 81. — **Appareil circulatoire des reptiles**.
V. Ventricule.

La respiration des reptiles est peu active, et ne permet pas d'élever la température de leur corps, au-dessus de la température ambiante : on dit que ce sont des animaux à sang froid, ou mieux à sang de *température variable*, suivant les milieux dans lesquels ils se trouvent, et l'activité qu'ils déploient.

L'encéphale des reptiles (fig. 82) est très peu développé; les *hémisphères cérébraux, a,* sont lisses et de forme ovoïde, *les lobes optiques, b,* sont en arrière et assez volumineux; *le cervelet, c,* est très petit et sans circonvolutions; *la moelle épinière*, est assez développée, comparativement au cerveau. Les *organes des sens* sont généralement obtus, sauf pourtant pour l'ouïe.

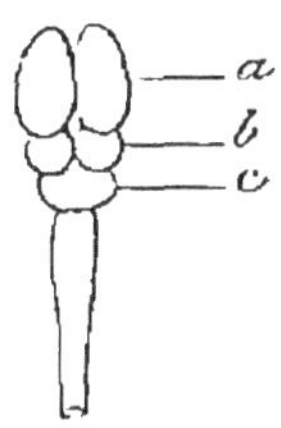

Fig. 82.
Cerveau
de reptile.

Les reptiles sont *ovipares;* mais ils ne couvent pas leurs œufs : ils les abandonnent habituellement en lieu sûr et, pour certaines espèces, les enfouissent dans le sable chaud.

Les reptiles se divisent en trois ordres : les *Chéloniens,* les *Sauriens* et les *Ophidiens.*

ORDRE DES CHÉLONIENS.

Les *Chéloniens* ou *Tortues* se distinguent par la cuirasse osseuse et cornée qui entoure leur corps, ne laissant d'ouvertures que pour la tête, les quatre pattes et la queue. La partie de la cuirasse qui recouvre le dos se nomme *carapace;* elle est formée de la réunion des vertèbres et des côtes soudées; la partie plane qui protège le ventre se désigne sous le nom de *plastron* qui n'est autre que le sternum très développé.

Leurs mâchoires, dépourvues de dents, sont formées de lames cornées. Les tortues se nourrissent de matières végétales, d'insectes ou de mollusques. Elles peuvent rester plusieurs mois sans prendre de nourriture, à la condition de somnoler.

Leurs habitudes varient suivant les espèces : les unes sont *terrestres* (fig. 83) : la *Tortue grecque*, qui peut

Fig. 83. — **Tortue de terre. — Tortue bourbeuse.**

rendre de grands services dans les jardins, qu'elle débarrasse des limaces et des insectes ; d'autres sont *fluviales* : la *Tortue bourbeuse d'Europe* ou *Cistude* ; d'autres enfin sont *marines* : la *Tortue franche* ou tortue verte, qui atteint jusqu'à 2 mètres de long et peut peser 800 kilogrammes : sa chair et ses œufs sont très estimés ; le *Caret* est utilisé surtout pour son écaille.

ORDRE DES SAURIENS.

Les *Sauriens* ou *Lézards* sont recouverts de fausses écailles parfois très dures. Ils ont le corps prolongé par une queue plus ou moins longue terminée en pointe.

Leurs doigts sont garnis de griffes et leurs mâchoires armées de dents pointues.

L'ordre des Sauriens se subdivise en trois familles : les *Crocodiliens*, les *Lacertiens* et l'*Orvet*.

Crocodiliens. — Les Crocodiliens ont la peau recouverte de lames cornées très résistantes : ils mar-

Fig. 84. — Crocodile.

chent difficilement à terre, mais sont d'une grande agilité dans l'eau. Leurs mâchoires sont d'une force considérable, ce qui rend certaines espèces redoutables même à l'homme. Ce sont : le *Crocodile* du Nil (fig. 84), les *Caïmans* ou *Alligators* de la Guyane, les *Gavials* du Gange.

Lacertiens. — Cette famille comprend les lézards : *Lézards gris* (fig. 85), *Lézards verts*, tous deux inoffensifs ; les *Iguanes* de l'Amérique méridionale, recherchés pour leur chair délicate ; le *Dragon*, originaire de l'Inde ; le *Caméléon* (fig. 86), qui habite les contrées chaudes, et dont la peau possède la propriété de changer de couleur, suivant que l'animal est calme ou en colère, à l'ombre ou au soleil.

Fig. 85. — **Lézard.**   Fig. 86. — **Caméléon.**

Orvet. — Cette famille ne comprend qu'un seul représentant : l'*Orvet* ou *Serpent de verre*, ainsi nommé à cause de la facilité avec laquelle il se brise lorsqu'on le saisit. Malgré son absence de membres, on ne le place pas dans l'ordre des serpents parce qu'il présente des rudiments de membres postérieurs et des vestiges de sternum.

ORDRE DES OPHIDIENS.

Les *Ophidiens* ou *Serpents* n'ont pas de membres; leur squelette se réduit alors à la colonne vertébrale et aux côtes qui ne se réunissent pas en avant ; ils n'ont pas de sternum et les côtes sont flottantes. Leur corps est cylindrique et se termine par une queue.

Leur bouche peut acquérir un développement considérable, et leurs mâchoires sont armées de dents pointues et recourbées. Chez quelques espèces, la mâchoire supérieure est munie de deux *crochets* creusés d'un canal (fig. 87). Ce canal, ouvert à une extrémité, communique d'autre part avec deux glandes situées en arrière de l'œil, qui sécrètent un liquide venimeux dont l'inoculation dans le sang, à la suite d'une morsure, amène généralement la mort.

Leur langue, très mobile et bifide, est molle et incapable de piquer.

Les ophidiens, tous carnassiers, recherchent les lieux obscurs et humides. Nous les diviserons en *Serpents venimeux* et *Serpents non venimeux*.

Serpents venimeux. — Les principales espèces sont : la *Vipère*, assez commune dans les bois de France et d'Europe, dont la piqûre est mortelle pour les petits animaux, mais qui cause rarement la mort de l'homme (on peut prévenir les suites dangereuses

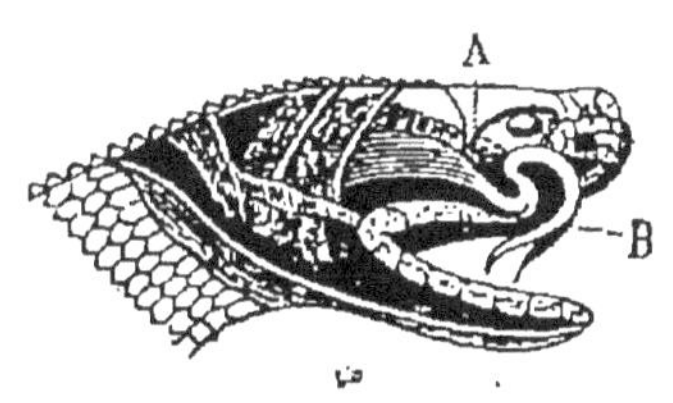

Fig. 87. — Tête de serpent venimeux.

A. Poche où s'emmagasine le venin. — B. Dent percée d'un canal par lequel s'écoule le venin.

Fig. 88.
Tête
de vipère.

Fig. 89.
Tête
de couleuvre.

de ses morsures en suçant vigoureusement la plaie et en la cautérisant, soit avec de la potasse, soit mieux au fer rouge); la *Vipère-Aspic*, également commune dans les forêts de France; le véritable *Aspic* d'Égypte; le *Trigonocéphale*, à tête triangulaire, très répandu aux Antilles; le *Crotale* ou *Serpent à sonnettes*, ainsi nommé parce qu'il porte à l'extrémité de la queue de petites écailles sèches, enroulées en forme de grelots et faisant entendre, lorsque le serpent rampe, un bruit de papier froissé.

Serpents non venimeux. — Les plus remarquables sont les *Couleuvres*, communes en France, où elles se nourrissent d'insectes, de limaces, de grenouilles, etc., ce sont des *animaux utiles;* le *Boa* (fig. 90), qui peut atteindre 15 mètres de long, redoutable surtout par sa force prodigieuse : on le rencontre dans les parties chaudes de l'Amérique; le *Python*, presque aussi grand que le boa, habitant les déserts d'Afrique.

Fig. 90. — Boa.

QUATRIÈME CLASSE DES VERTÉBRÉS

BATRACIENS

Caractères généraux. — Les Batraciens sont des animaux à peau nue et unie; ils ont quatre membres dépourvus d'ongles; ils n'ont pas de côtes, le sternum est très développé et se réunit aux os de l'épaule pour former une espèce de ceinture osseuse autour de la poitrine. Ils diffèrent surtout des reptiles par les transformations ou *métamorphoses* qu'il subissent, depuis le moment où ils sortent de l'œuf, jusqu'à ce qu'ils aient atteint leur complet développement. Suivons, par exemple, la grenouille au sortir de l'œuf : c'est un *têtard* à forte tête, prolongée par une queue, le tout dépourvu de membres ; il respire, à la façon des poissons, l'air dissous dans l'eau, au moyen de branchies. Bientôt les membres se développent, d'abord les pattes de derrière, puis les membres antérieurs ; enfin la queue se raccourcit pour disparaître bientôt : en même temps que des poumons se forment, les branchies s'atrophient, et l'animal devient aérien pour la respiration. Ainsi la grenouille a non seulement changé de forme, mais aussi d'organisation intérieure. Pour cette dernière raison, on voit les batraciens désignés encore sous le nom d'*Amphibiens:* car poissons dans leur jeune âge, ils sont amphibies à l'état adulte.

Tous les batraciens sont carnassiers.

Ils sont ovipares, et leurs œufs se trouvent réunis sous l'apparence d'une masse gélatineuse. On les divise en deux familles : les *Anoures* et les *Urodèles*.

Anoures. — Les anoures ont les métamorphoses complètes, c'est-à-dire qu'ils ne possèdent plus de queue à l'état parfait : telles sont les *Grenouilles* (fig. 91), habitant les marécages ; les *Rainettes* ou gre-

Fig. 91. — **Métamorphoses de la grenouille.**

nouilles d'arbres, qui guettent jusque dans les arbres les insectes dont elles se nourrissent. A cette famille appartient également le *Crapaud*, plus gros et plus massif que la grenouille, et dont le corps est recouvert de pustules qui laissent échapper un liquide légèrement venimeux, d'apparence laiteuse, capable de produire une inflammation passagère au contact de la peau excoriée : c'est un animal *très utile* dans les jardins, qu'il débarrasse des limaces et des insectes nuisibles.

Urodèles. — «Cette famille comprend les Batraciens qui conservent leur queue pendant toute leur vie. On y remarque les *Salamandres aquatiques* ou *Tritons*, et les *Salamandres terrestres* (fig. 92). On

Fig. 92. — Salamandres.

croyait, au moyen âge, que ces animaux étaient à l'épreuve du feu : la vérité est que, grâce à l'abondant mucus que sécrète leur peau, ils peuvent résister quelques instants à l'action d'un feu peu ardent. Le triton possède la propriété de réparer ses membres après qu'ils ont été mutilés.

Tous ces batraciens sont inoffensifs.

CHAPITRE XI

CINQUIÈME CLASSE DES VERTÉBRÉS

POISSONS

Caractères généraux. — Les poissons sont des animaux aquatiques ; ils ont le corps recouvert *d'écailles* qu'on peut détacher, ou d'une peau unie et lisse.

Leur forme se rapporte à 3 types : la forme en nacelle, la forme cylindrique et la forme aplatie.

Leurs membres sont transformés en nageoires (fig. 93);
celles qui remplacent les membres antérieurs se nomment *nageoires pectorales*,
celles qui rem-
placent les
membres pos-
térieurs sont
les *nageoires abdominales;*
il en est d'au-
tres qui, sui-

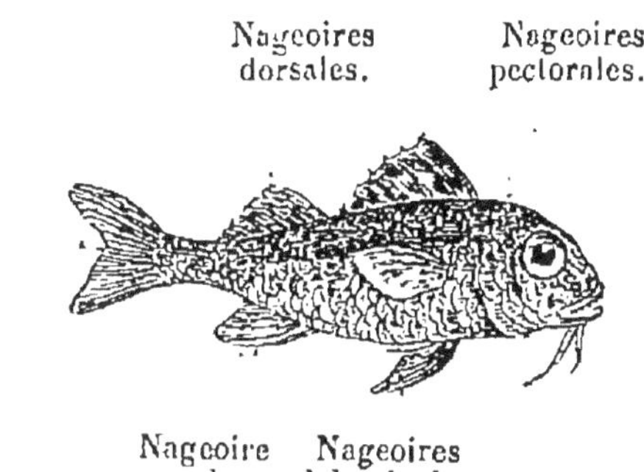

Fig. 93. — Nageoires du poisson.

vant leur position, se nomment : *dorsales* sur le dos,
anale à l'anus, *caudale* à la queue.

Le squelette des poissons est ou *osseux*, chez la
carpe; ou *carti-
lagineux*, comme
dans la raie.

Les poissons
sont très voraces;
ils se nourrissent
de matières végé-
tales, d'insectes,
de poissons, et
certains même
d'animaux de
tous genres :
le Requin par
exemple.

Le sang des
poissons est rou-

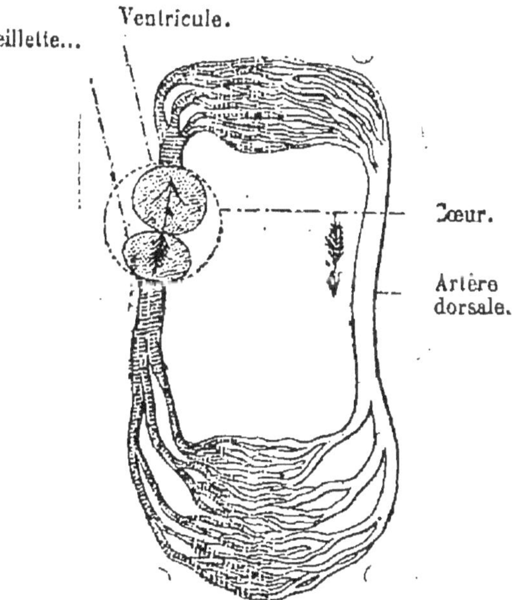

Fig. 94. — Circulation chez les poissons.

ge, et leur *cœur* ne comprend plus *qu'un seul ventricule et qu'une seule oreillette* (fig. 94); l'amphioxus,

cependant, n'a pas de cœur et pas de sang rouge. Le cœur du poisson ne reçoit que du sang veineux.

Ils respirent, par des *branchies* (fig. 95), l'air qu'ils trouvent dissous dans l'eau.

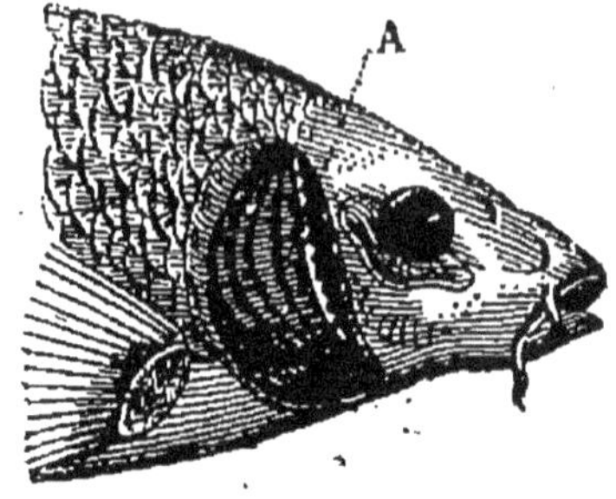

Fig. 95.
A. Branchies découvertes.

Les branchies, logées sous les ouïes ou joues du poisson, présentent généralement l'apparence de plusieurs rangées de franges. L'eau contenant de l'air en dissolution, entrant par la bouche, se tamise entre les effilés des branchies, et cède au sang qui les gorge, l'oxygène de l'air, en même temps que l'acide carbonique s'échappe. Leur respiration, peu active, fait des poissons des animaux à sang de *température variable.*

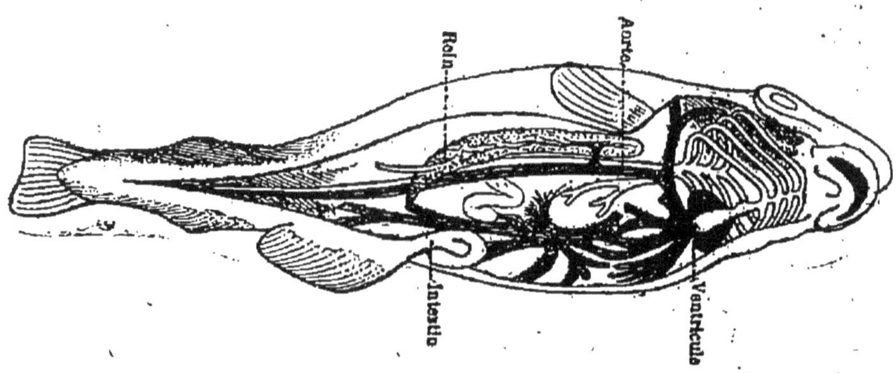

Fig. 96. — Poisson ouvert.

A l'intérieur de leur corps (fig. 96) se trouve un organe, la *vessie natatoire,* qui n'a de similaire chez aucun autre animal : c'est un véritable ballon rempli d'air que le poisson fait varier lentement de volume pour se maintenir sans effort à telle ou telle hauteur de la masse liquide dans laquelle il vit.

Le *cerveau* est très peu développé chez le poisson, on y distingue cependant encore des hémisphères cérébraux, des lobes optiques et un cervelet, puis des lobes appartenant à la moelle allongée.

L'intelligence du poisson est très obtuse; on remarque cependant chez certaines espèces, l'épinoche, par exemple, des nids très ingénieusement faits. Leurs organes des sens sont très imparfaits.

La fécondité des poissons est prodigieuse : on compte 9 à 10 millions d'œufs chez les esturgeons.

Presque toutes les espèces de poissons sont comestibles, et leur pêche est à peu près l'unique ressource des habitants du littoral de la France.

La classe des poissons est divisée en deux grandes sections : les *Poissons osseux* et les *Poissons cartilagineux*.

Poissons osseux. — Ces poissons comprennent la plus grande partie de toutes les espèces; ils sont eux-mêmes subdivisés en ordres, dont nous étudierons plus tard les caractères distinctifs. Les principales espèces de poissons osseux sont :

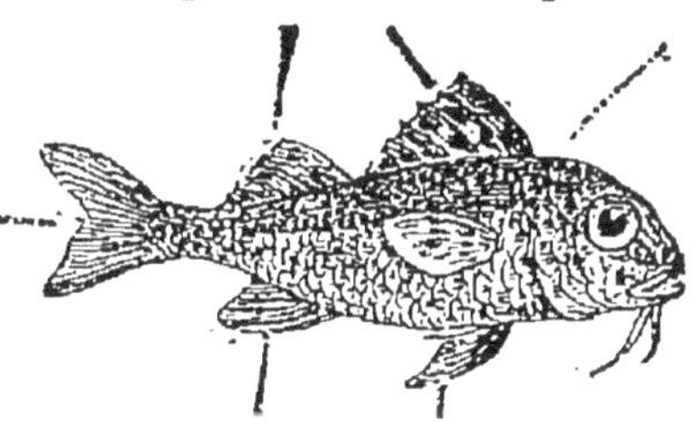

Fig. 97. — Rouget.

Le *Rouget* (fig. 97), le *Maquereau*, le *Thon*, la *Perche;* tous ces poissons ont la *nageoire dorsale épineuse;*

Le *Hareng*, la *Morue* (fig. 98), les *Sardines*, les *Éperlans*, les *Merlans*, les *Truites*, les *Saumons*, les *Limandes*, les *Turbots*,

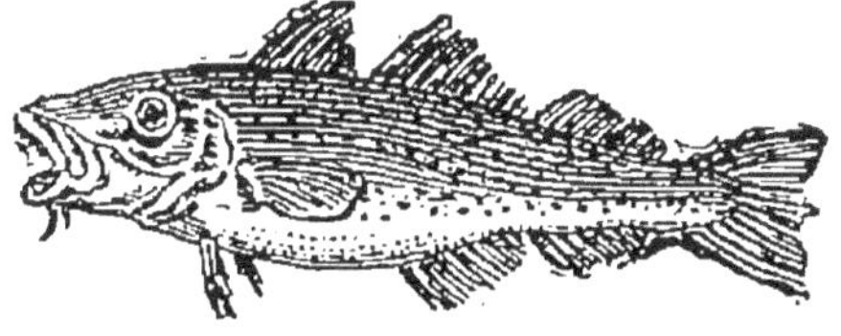

Fig. 98. — Morue.

les *Soles,* les *Brochets,* les *Ables,* le *Goujon,* la *Tanche,*

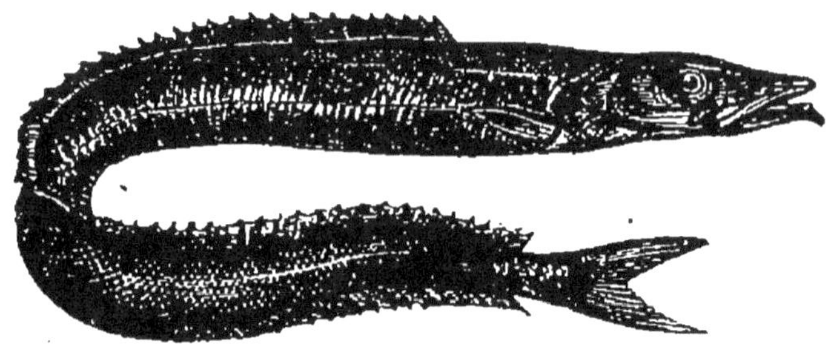

Fig. 99. — **Lançon.**

les *Carpes;* tous ces poissons ont la *nageoire dorsale molle;*

Les *Anguilles,* les *Congres,* le *Gymnote électrique,* les *Lançons* (fig. 99) ou *Équilles,* tous *dépourvus de nageoires abdominales;*

L'*Hippocampe* ou cheval marin (fig. 100), à tête rappelant celle du cheval; le *Syngnathe* dont le corps présente, ainsi que celui de l'*Hippocampe,* une série d'*anneaux osseux.*

Poissons cartilagineux. — Le premier ordre de cette division a pour type l'*Esturgeon* (fig. 101).

Fig. 100. **Hippocampe.**

Le second ordre renferme des poissons très voraces, de forte taille et souvent dangereux, même pour l'homme. Tels sont le *Requin,*

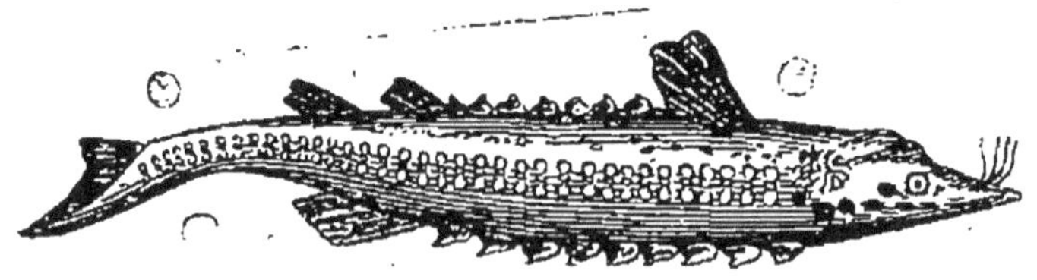

Fig. 101. — **Esturgeon.**

le tigre des mers, qui peut atteindre 10 mètres de lon-

gueur et dont la bouche (fig. 102), située sous le corps,
est armée de plusieurs rangées
de dents tranchantes et aiguës;
la *Scie*, à long museau garni de
dents; la *Raie* (fig. 103); la *Tor-*
pille, ainsi nommée à cause des
décharges électriques qu'elle
envoie à l'approche du danger ou de sa proie.

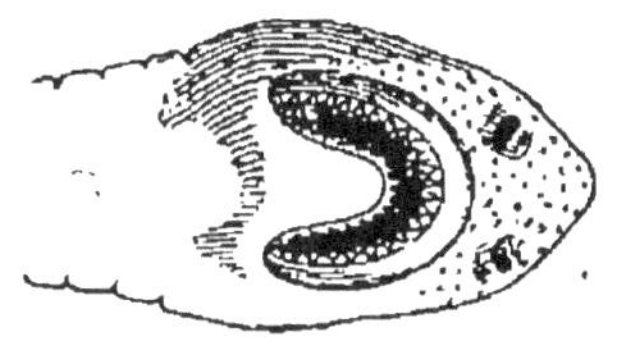

Fig. 102. — Tête de requin.

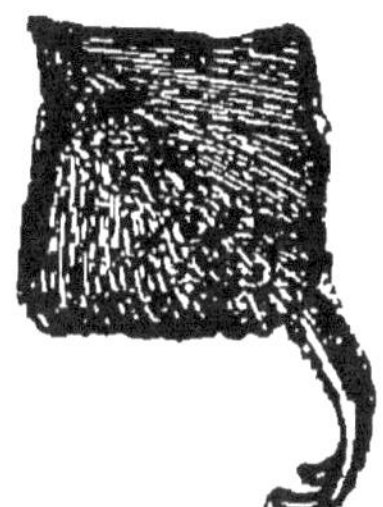

Fig. 103.
Raie.

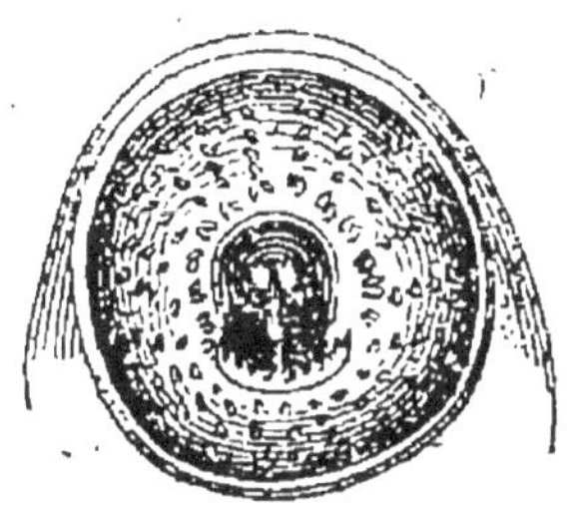

Fig. 101.
Suçoir de lamproie.

Les poissons *suceurs* tirent leur nom de la conformation de leur bouche circulaire (fig. 104); ils ne com-

Fig. 105. — Lamproie.

prennent que les *Lamproies* (fig. 105), de mer ou de
rivière.

QUESTIONNAIRE des CHAPITRES X et XI.

Indiquez les caractères généraux des reptiles : aspect extérieur,
dents, squelette, circulation, respiration, organes des sens. —
Les reptiles sont divisés en combien d'ordres? — Caractères des

tortues. — L'ordre des sauriens est divisé en combien de familles ? — Quels caractères différencient ces familles ? — Nommez des sauriens de chaque famille. — En quoi consiste l'appareil venimeux des serpents venimeux ? — Quelles particularités présentent les batraciens ? — Quels animaux sont-ils dans leur jeune âge ? — Que sont-ils à l'état adulte ? — Tous les batraciens subissent-ils les mêmes transformations ? — Vous les divisez en combien de familles ? — Nommez les caractères généraux des poissons : aspect extérieur, nageoires, squelette, circulation, respiration, vessie natatoire, organes des sens. — En combien de sections avons-nous divisé les poissons ? — Nommez des poissons de chaque groupe.

<hr>

CHAPITRE XII

EMBRANCHEMENT DES ANNELÉS

Caractères généraux. — Le corps de ces animaux, qu'il n'est jamais possible de confondre avec celui des animaux antérieurement étudiés, est divisé en segments ou *articles* et semble composé d'une série d'anneaux articulés les uns à la suite des autres.

Ils n'ont pas de squelette intérieur, mais leur peau, généralement dure et résistante, quelquefois même incrustée par une matière calcaire, constitue une espèce de squelette extérieur sur lequel peuvent s'attacher les muscles. Leurs pattes sont de nombre variable, suivant les espèces : ils en ont 3, 4, 5 ou 7 paires, quelquefois plusieurs centaines ; chez les vers, elles sont remplacées par des soies roides.

L'appareil digestif des Annelés est un tube quelquefois droit, commençant à la bouche pour se terminer à l'anus ; mais le plus souvent ce tube digestif est renflé en différents endroits (fig. 106), pour former, comme chez les oiseaux : un pharynx, un œsophage, un jabot, un gésier, un *ventricule chylifique* et des intestins.

Le sang des Annelés est généralement blanc, quelquefois rose ou verdâtre. Leur **appareil circulatoire** est très incomplet ; tantôt c'est un simple vaisseau dorsal qui se renfle quelquefois en une de ses parties; tantôt c'est en plusieurs points de l'appareil circulatoire que se manifestent des contractions régulières.

Leur **appareil respiratoire** diffère suivant leur genre de vie : les annelés aquatiques respirent par des branchies, comme les poissons; les annelés aériens respirent, soit par des poumons, soit par des *trachées*. Ces trachées sont des tubes très fins qui, partant de la peau où ils débouchent à l'air par des *stigmates*, pénètrent dans le corps de l'annelé en se ramifiant jusque

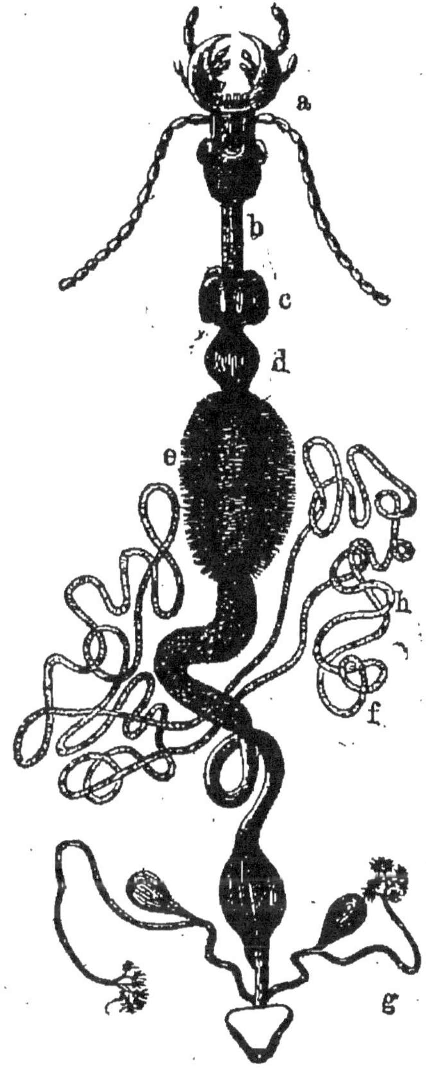

Fig. 106.

Appareil digestif compliqué d'un annelé (Carabe doré).

a. Tête. — *b.* Œsophage. — *c.* Jabot. — *d.* Gésier, suivi du ventricule chylifique. — *fh.* Tubes de Malpighi. — *g.* Organes sécréteurs.

dans la profondeur des tissus, pour y porter l'air nécessaire à la respiration. Ces animaux sont à sang de *température variable*.

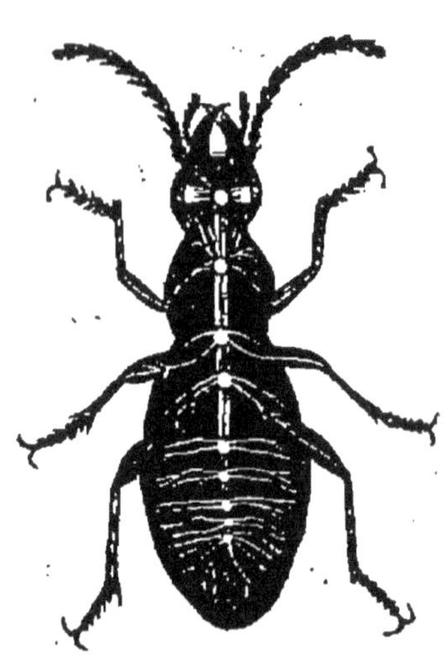

Fig. 107. — **Système nerveux des Annelés.**

Le **système nerveux** n'a pas de centre comme le cerveau des vertébrés; il se compose d'une série de *ganglions* (fig. 107) reliés entre eux par des cordons nerveux : ce sont autant de petits centres d'où s'échappent les nerfs.

Les **organes des sens**, ceux de la vue, de l'odorat et du toucher, paraissent développés.

L'embranchement des Annelés se divise en deux grands groupes : les *Articulés* ou *Arthropodes* et les *Vers*.

ARTICULÉS OU ARTHROPODES

Les Articulés comprennent les Annelés munis de membres articulés; on les divise en cinq classes : les *Insectes*, les *Myriapodes*, les *Arachnides*, les *Crustacés* et les *Cirrhopodes*.

PREMIÈRE CLASSE DES ARTICULÉS OU ARTHROPODES.

INSECTES

Caractères généraux. — Les insectes ont le corps divisé en trois parties bien distinctes : la *tête*, le *thorax* et l'*abdomen* (fig. 108).

La tête porte les yeux (fig. 109), les *antennes* et la bouche.

Les yeux ont habituellement une surface taillée en un nombre considérable de facettes, disposition qui leur permet de voir un grand nombre de fois le même objet.

Les *antennes*

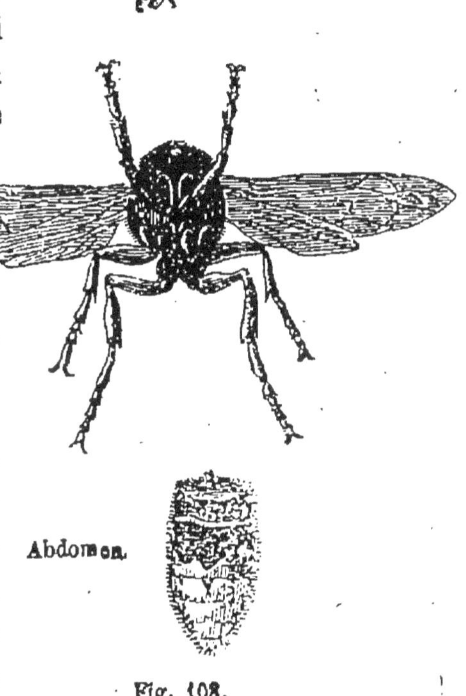

Fig. 108.

sont les organes articulés qui naissent de la partie antérieure de la tête, semblables à des cornes flexibles qui affectent des formes très variées, et sur l'usage desquelles on n'a que bien peu de données : elles doivent probablement être des organes de tact d'une exquise sensibilité.

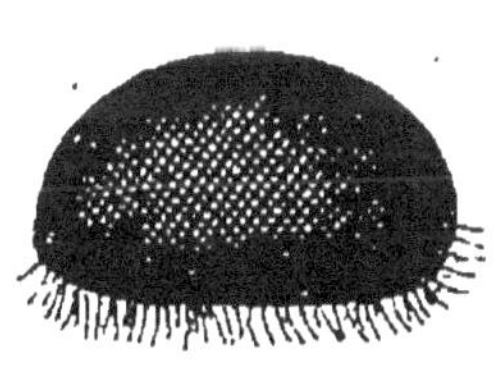
Fig. 109. — Œil à facettes des insectes.

La bouche varie de forme, suivant le genre de vie de l'insecte : elle est armée de solides *mandibules* chez les insectes broyeurs, et formée d'un tube allongé chez les suceurs.

Le thorax porte les organes du mouvement : les pattes, toujours au nombre de 3 paires, et les ailes en nombre variable.

L'abdomen, qui est la partie ordinairement la plus volumineuse de l'insecte, renferme les organes de la nutrition, et se trouve parfois terminé par un aiguillon.

Les insectes prélèvent leur nourriture, soit sur les animaux, soit surtout sur les végétaux.

Leur respiration est trachéenne ou branchiale, suivant qu'ils sont aériens ou aquatiques.

Tous les insectes sont ovipares.

La plupart des insectes subissent une série de *métamorphoses* avant d'atteindre leur forme définitive. La métamorphose complète comprend quatre phases : l'*œuf*, la *larve*, la *nymphe* et l'*insecte parfait*. Au sortir de l'œuf l'insecte est une *larve*; à cet état elle ressemble à un ver qu'on appelle *chenille* lorsqu'elle porte des pattes. Sous cette forme, la larve change de peau chaque fois que son corps augmente de volume sous l'action d'une nutrition très active, on dit qu'elle subit plusieurs mues.

Après être restée un certain temps, variable suivant les espèces, sous cette forme de larve, elle devient *nymphe* ou *chrysalide*. A cet état l'insecte cesse de prendre toute nourriture, et paraît plongé en un profond sommeil; et pour accomplir plus tranquillement la métamorphose qu'elle prépare avant de devenir insecte parfait, la chrysalide s'est enfermée au milieu d'une *coque* ou *cocon* fabriqué avec la soie qu'elle a tirée d'elle-même, ou bien elle s'est dissimulée dans quelque trou, ou bien encore elle a enroulé autour d'elle une feuille d'arbre.

Après un nouveau séjour sous cette forme, l'animal se ranime, perce son cocon et sort *insecte parfait*, qui, sous cet état, ne tardera pas à pondre et à placer ses œufs en lieu sûr avant de mourir.

La métamorphose incomplète ne consiste souvent

que dans le développement des ailes ou des pattes, dont la larve est dépourvue au sortir de l'œuf.

Comme la classe des insectes est la plus nombreuse du règne animal, il nous sera nécessaire, pour l'étudier plus facilement, de la diviser en plusieurs groupes :

1° Les insectes *tétraptères* ou à 4 ailes ;
2° — *diptères* ou à 2 ailes ;
3° — *aptères* dépourvus d'ailes.

Les Tétraptères sont eux-mêmes divisés en 6 ordres : les *Coléoptères*, les *Orthoptères*, les *Hémiptères*, les *Névroptères*, les *Hyménoptères* et les *Lépidoptères*.

ORDRE DES COLÉOPTÈRES.

Les *Coléoptères* (ailes à étui) ont 2 paires d'ailes superposées à l'état de repos : la première paire est dure, ce sont les *élytres*, organes de protection de la 2e paire;

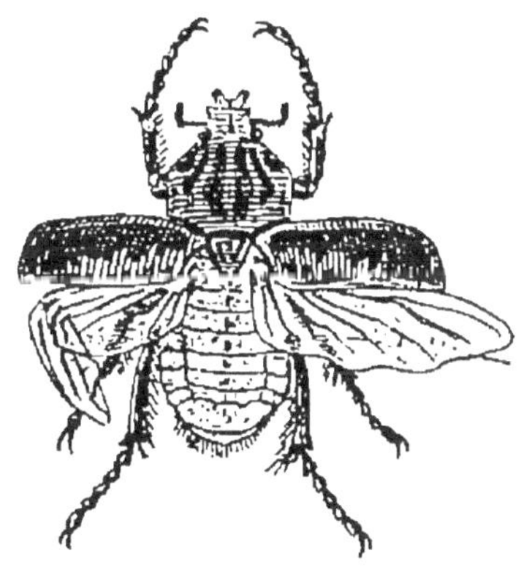

Fig. 110. — **Goliath.**

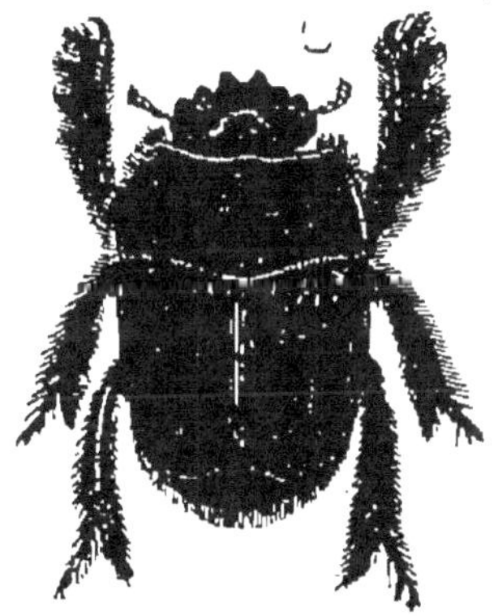

Fig. 111. — **Scarabée.**

l'autre est membraneuse, molle et transparente. La plupart des Coléoptères possèdent des couleurs brillantes. Ils subissent les métamorphoses complètes.

Les principales espèce sont :

Le *Hanneton*, très vorace à l'état parfait, mais don

la larve, le *ver blanc*, commet dans nos jardins des dégâts encore plus considérables ; le *Carabe doré* ou *Jardinière* qui s'attaque aux chenilles ; les *Hydrophiles* et les *Dytiques* qui habitent les eaux des

Fig. 112.
Cantharide femelle.

étangs et qui volent avec la même facilité qu'ils nagent ; les *Lucanes* ou *Cerfs-volants*, dont

Fig. 113. — Charançon et sa larve (très grossis).

les mandibules ont un si grand développement qu'on

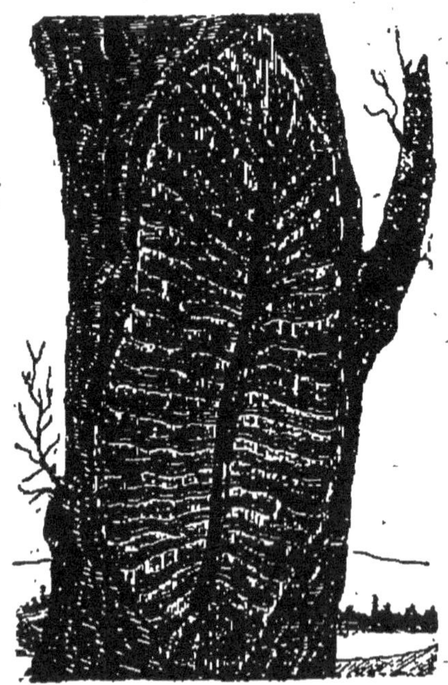

Fig. 114.
Galeries creusées par le scolyte.

les compare aux cornes des cerfs ; le *Goliath* d'Afrique (fig. 110), peut atteindre 15 centimètres de long ; les *Lampyres* ou *Vers luisants*, dont la femelle seule, dans notre pays, est dépourvue d'ailes, et est luisante ; les *Nécrophores*, qui se réunissent pour ensevelir les petits animaux morts, en leur creusant une fosse et en les recouvrant de terre ; les *Gyrins*, petits insectes qui courent avec une si grande facilité à la surface des eaux ; le *Bousier*,

qui recherche la bouse de vache ; les *Scarabées* noirs

(fig. 111) ou bruns; les *Cétoines*, parées des plus belles couleurs, se nourrissant de nectar et de pollen; les *Cantharides* (fig. 112), employées en médecine sous forme de poudre servant à faire des vésicatoires; les *Coccinelles* ou *Bêtes à bon Dieu*, qui s'attaquent aux pucerons qui rongent les végétaux; les *Charançons* (fig. 113), très petits insectes d'une prodigieuse fécondité, qui produisent des dégâts considérables dans les greniers à blé; le *Scolyte,* qui creuse dans l'écorce des arbres des galeries meurtrières pour l'arbre entier (fig. 114).

ORDRE DES ORTHOPTÈRES.

Les Orthoptères (à ailes droites) ont les ailes supérieures moins résistantes que celles des Coléoptères, et leurs ailes cachées sont plissées dans le sens de la longueur. Ils subissent des métamorphoses complètes.

Les principales espèces sont : la *Sauterelle* très répandue dans nos champs, qui vole et saute avec une égale facilité ; le *Criquet* (fig. 115), insecte semblable à la sauterelle, qui commet, en Afrique surtout, des ravages fréquents ; le *Grillon* ou *Cri-cri*, dont le bruit est produit par le frottement des ailes les unes contre les autres ; les *Cour-*

Fig. 115. — **Criquet**

tilières ou *Grillons-taupes*, qui, pour chercher les insectes, se creusent des galeries souterraines et coupent parfois les racines des plantes; les *Blattes*, si communes dans les fournils des boulangers et dans les cuisines; les *Forficules* ou *Perce-oreilles,* qui n'ont jamais, plus que les autres insectes, percé d'oreilles, mais dont l'abdomen porte une pince qui rappelle celle dont les orfèvres se servent pour percer le lobe de l'oreille qui doit recevoir les boucles d'oreilles.

ORDRE DES HÉMIPTÈRES.

La première paire d'ailes des Hémiptères (demi-ailes) est généralement membraneuse vers les extrémités. Leurs mandibules ne sont plus conformées pour la mastication mais sont plutôt des organes de succion, soies roides et pointues qui perforent les végétaux ou les animaux, dont les sucs sont aspirés. Les principales espèces d'hémiptères sont : la *Cigale* (fig. 116), qui se tient ordinairement sur les arbres pour en sucer la sève,

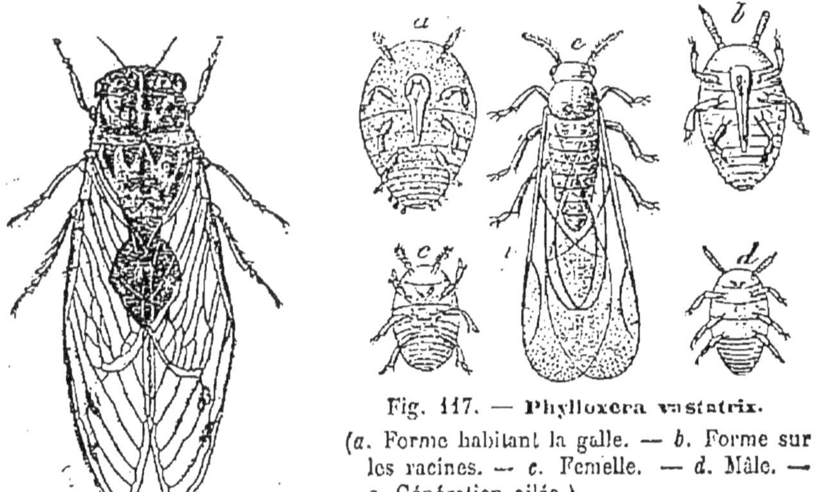

Fig. 117. — Phylloxera vastatrix.
(a. Forme habitant la galle. — b. Forme sur les racines. — c. Femelle. — d. Mâle. — e. Génération ailée.)

et fait entendre un chant strident ; la *Punaise des lits* ; la *Punaise des bois*, qui s'attaque aux plantes ; les *Pucerons*, qui vivent en troupes nombreuses sur les feuilles et les jeunes tiges des arbres, auxquels ils causent souvent de graves maladies; les *Cochenilles*, dont une espèce fournit par sa dépouille une matière colorante très estimée pour la teinture; le *Phylloxera vastatrix* (fig. 117), presque microscopique, dont l'apparition en France remonte à 1863, et qui a causé la ruine de la vigne.

ORDRE DES NÉVROPTÈRES

Les quatre ailes des Névroptères (ailes à nervures) sont membraneuses, transparentes, également utiles pour le vol; elles sont parcourues par des nervures longitudinales. La plupart subissent des métamorphoses complètes. Les principaux genres sont :

Les *Libellules* ou *Demoiselles* (fig. 118), qui volent sur le bord des rivières ou des étangs; les *Termites* ou *Four-*

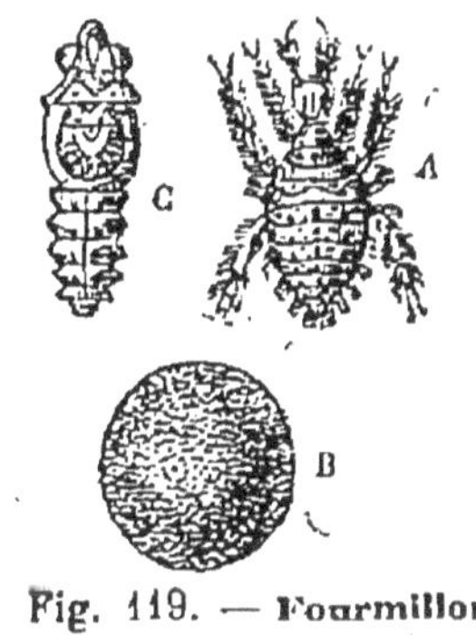
Fig. 119. — Fourmillon.
A. Sa larve. — B. Son cocon. — C. Sa nymphe.

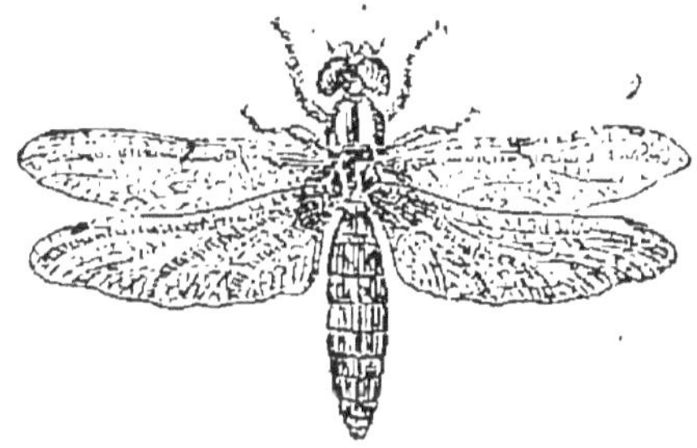
Fig. 118. — Libellule déprimée.

mis blanches, qui vivent en sociétés nombreuses et causent de grands ravages en rongeant le bois des chantiers de constructions navales; les *Éphémères*, à l'état d'insectes parfaits, ne vivent que quelques instants et meurent après avoir effectué leur ponte; le *Fourmillon* (fig. 119), très remarquable par la façon avec laquelle il s'empare des fourmis dont il fait sa nourriture.

ORDRE DES HYMÉNOPTÈRES.

Les Hyménoptères (ailes membraneuses) ont également les ailes membraneuses et à nervures longitudinales, mais les deux ailes inférieures sont plus petites que les deux supérieures. Ils possèdent à la fois des mandibules et une trompe flexible. L'abdomen est généralement réuni au thorax par un lien très grêle, et les femelles portent à l'extrémité de l'abdomen un aiguillon dont la blessure est plus ou moins venimeuse. Leurs métamorphoses sont complètes. Les principales espèces sont :

Les *Abeilles* (fig. 120), insectes qui vivent en sociétés nombreuses ; elles forment des *essaims* dont chacun se compose d'une femelle appelée *reine*, de sept à huit cents mâles ou *faux-bourdons*, et de quinze à vingt mille abeilles neutres ou *ouvrières*. Leurs mœurs sont fort curieuses et méritent une étude toute spéciale. Les produits que l'homme tire du travail des abeilles sont la *cire* et le *miel*.

Fig. 120. — Abeilles.
a. Mâle. — *b*. Ouvrière. — *c*. Femelle.

Les *Bourdons* vivent en société et reproduisent, mais moins parfaitement, les travaux des abeilles. Les *Guêpes* se réunissent également en colonies, et s'établissent tantôt sous la terre, tantôt dans le tronc creux d'un arbre ; elles font preuve d'une grande industrie et produisent un miel aussi bon que celui des abeilles. Leur piqûre est très douloureuse.

Les *Fourmis* (fig. 121) forment une société connue sous le nom de *fourmilière;* leurs mœurs sont bien intéressantes : elles causent des dégâts dans les jardins et même dans les maisons. Les *Cynips* déposent leurs œufs dans des entailles qu'ils pratiquent sur les tiges ou sur

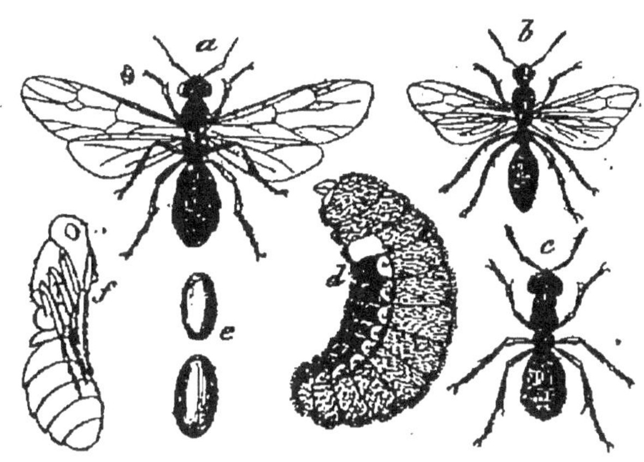

Fig. 121. — Fourmi.

(*a*. Femelle. — *b*. Mâle. — *c*. Ouvrière. — *d*. Larve. *e*. Cocon. — *f*. Larve.)

les feuilles des végétaux : cette piqûre produit bientôt une excroissance connue sous le nom de *galle* : telle est la galle du chêne qui entre dans la fabrication de l'encre.

ORDRE DES LÉPIDOPTÈRES.

Les Lépidoptères (ailes écailleuses) ont des ailes recouvertes de fines écailles microscopiques qui s'enlèvent au moindre contact. La bouche organisée chez la larve pour broyer, est conformée chez l'adulte pour sucer, à l'aide d'une trompe (fig. 122). A l'état de larves ou de chenilles, ils se nourissent de matières végétales, et sont souvent de véritables fléaux pour l'agriculture.

Fig. 122.

Tête de papillon.

Les Lépidoptères sont encore désignés sous le nom

de *Papillons*. On les divise en *Papillons diurnes*, *Papillons crépusculaires*, *Papillons nocturnes*.

Papillons diurnes. — Ces papillons comprennent ceux qui ne volent que pendant le jour ; leurs ailes sont verticales au repos; leurs couleurs sont généralement brillantes; leurs chrysalides sont nues. Tels sont : les *Danaïdes*; les *Argus*, présentant sur les ailes

Fig. 123. — Vanesse.

deux taches imitant des yeux|; les *Vanesses* (fig. 123), aux ailes dentelées ; le *Grand papillon du chou*, le *Paon du jour* ou *Vanesse-Io*, etc.

Papillons crépusculaires. — Ceux-ci ne volent généralement qu'à l'approche du soir ; au repos leurs ailes sont horizontales. Les principales espèces sont : le *Sphinx* au vol rapide, le *Sphinx à tête de mort* (fig. 124).

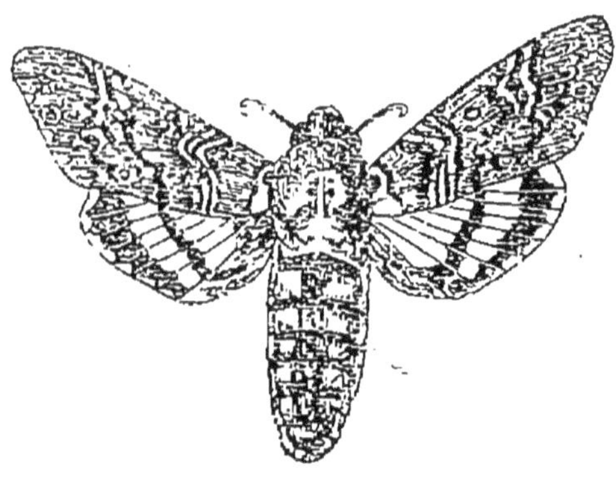

Fig. 124. — Sphinx à tête de mort.

Papillons nocturnes. — Ces papillons ne volent qu'après le coucher du soleil ; et, comme pour tous les animaux nocturnes, leur couleur est terne et cendrée; leurs chrysalides sont habituellement enfermées dans des *cocons*. Ce groupe, extrêmement nombreux, comprend les *Phalènes*, dont la chenille est très nuisible à nos arbres fruitiers ; les *Pyrales* de la vigne, les *Bombyx processionnaires*, dont les chenilles ne marchent qu'en colonnes serrées et s'attaquent surtout au chêne et au pin ; les *Teignes*, dont les larves mangent les fourrures, les draps et les tapisseries. La seule espèce utile est le *Bombyx du mûrier* (fig. 125), dont la chenille, nommée *Ver à soie*, s'enferme dans un cocon qui, dévidé, fournit la soie employée pour nos tissus de luxe.

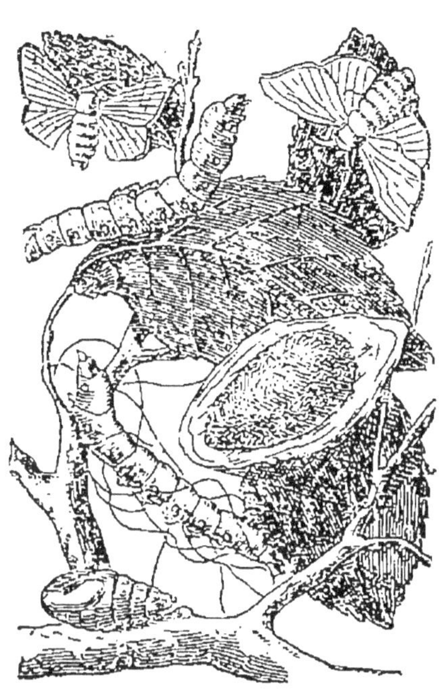

Fig. 125.

Ver à soie à ses divers états.

Cette culture du ver à soie est une industrie qui a été très prospère dans les régions de la France où croît le mûrier.

Des essais, malheureusement interrompus, ont été faits pour acclimater une espèce de bombyx qui fournit au Japon une soie très solide et très employée, ces tentatives, suivies de succès, ont été faites dans la Sologne [1] avec la chenille de l'*Attacus Yama-maï*, qui, se nourrissant de la feuille du chêne, serait une source de profits pour toutes les régions de la France.

---

1. Par M. Vote, instituteur à Romorantin.

ORDRE DES DIPTÈRES.

Comme nous l'avons vu précédemment, cet ordre comprend les insectes qui possèdent deux ailes. Leur bouche est munie d'une trompe. Ils subissent des métamorphoses complètes; leurs larves sont souvent appelées *Asticots*. Les principales espèces sont :

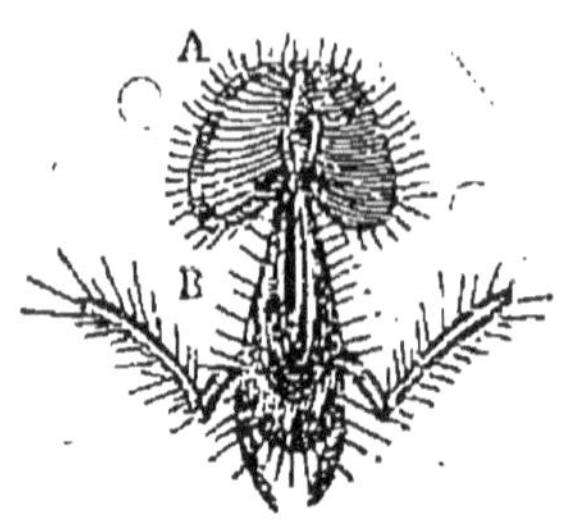

Fig. 126.

Trompe de la mouche.

A. Gaine du suçoir. —
C. Soie du suçoir.

Les *Mouches communes* et la *Mouche de la viande* (fig. 126), insectes très incommodes qui déposent leurs larves sur la viande, le fromage et sur presque tous nos aliments; les *Taons* qui sucent le sang des bêtes de somme et leur causent des piqûres très douloureuses; les *Cousins* (fig. 127) et les *Moustiques*, très avides de sang humain, qui sont très nombreux sur les bords des eaux, parce que leurs larves sont aquatiques.

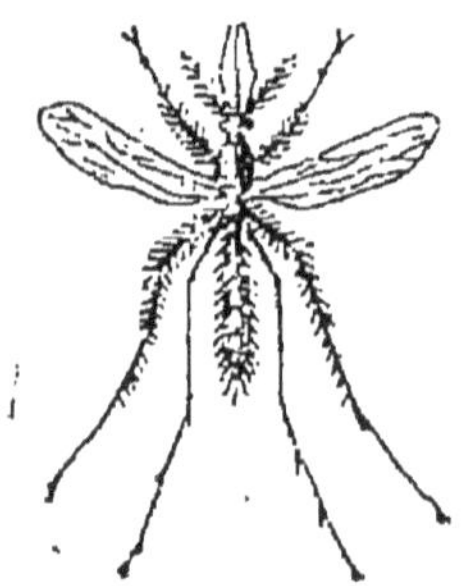

Fig. 127 — **Cousin.**

ORDRE DES APTÈRES.

Cet ordre comprend les insectes dépourvus d'ailes; ils sont tous *parasites;* leur bouche est disposée en suçoir et capable de percer. Sauf la *puce* (fig. 128), ils ne subissent pas de métamorphoses. Parmi les Aptères, nous citerons : le *Pou*, parasite de l'homme malpropre ; la présence du pou sur la tête des enfants est considérée, dans certaines campagnes, comme un

signe de santé : c'est un préjugé aussi absurde que
nuisible à la santé ; le *Ricin*, ou pou
des oiseaux ; la *Puce commune*, si
friande du sang de l'homme ; la
Puce du chien, la *Puce pénétrante*
ou *Chique* des pays chauds, qui,
s'introduisant sous la peau et de
préférence sous les ongles des orteils, s'y gonfle, et peut produire
une plaie assez grave et difficile à
guérir.

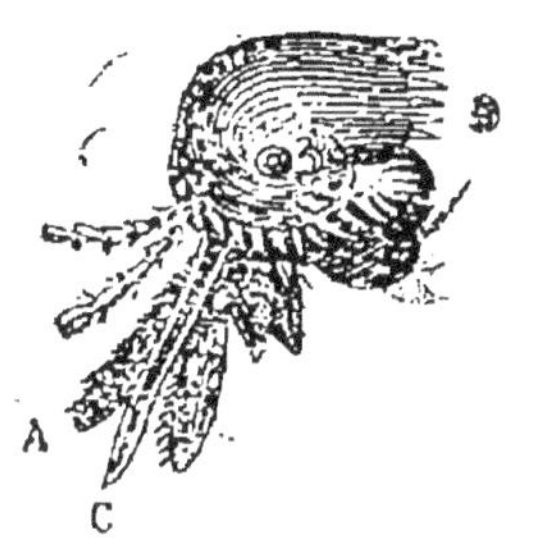

Fig. 128.
Tête de la puce.

A. Gaine du suçoir.
B. Soie du suçoir.

DEUXIÈME CLASSE DES ARTICULÉS.

MYRIAPODES.

Les Myriapodes ont le corps allongé ; ils tirent leur
nom du grand nombre de leurs pattes (toujours inférieur à dix mille, contrairement à ce que leur nom
semblerait indiquer), qui partent deux ou quatre à la
fois de chaque anneau de leur corps ; le premier anneau
porte les yeux, la bouche et les antennes.

Tous recherchent les lieux
humides et obscurs.

Leur respiration est tra-
chéenne.

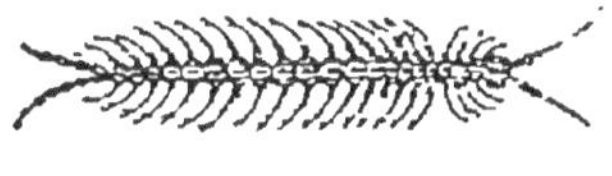

Fig. 129. — **Mille-pattes.**

A cette classe appartiennent
les *Mille-pattes* (fig. 129) ou *Scolopendres*, et les *Iules*,
dont le corps est cylindrique, et qui se roulent souvent
en spirale.

TROISIÈME CLASSE DES ARTICULÉS.

ARACHNIDES.

Les Annelés de cette classe ont pour type l'*Araignée* (fig. 130).

Ils n'ont plus, comme les insectes, le corps divisé en

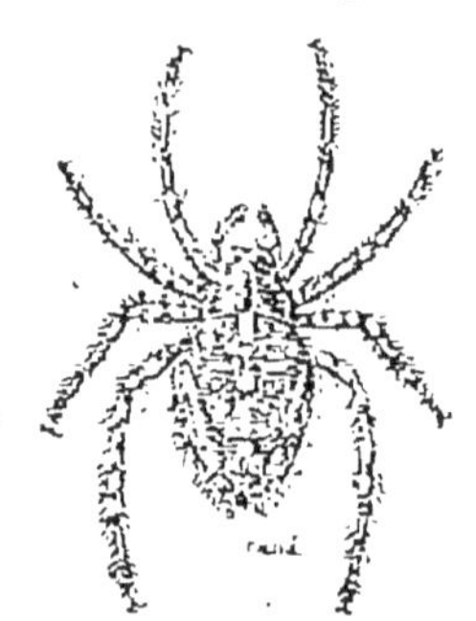

Fig. 130. **Araignée.**

trois parties distinctes : les araignées ont la tête confondue avec le thorax ; leur corps ne comprend donc que deux parties : le *céphalo-thorax*, et l'*abdomen*, qui peut être très développé et divisé en anneaux. Elles possèdent quatre paires de pattes fixées au céphalo-thorax (fig. 131), mais pas d'ailes et pas d'antennes, ces dernières sont transformées en *antennes-pinces*.

Elles sont presque toutes carnassières, et leur bouche est tantôt organisée pour broyer, tantôt pour sucer.

Leur respiration est trachéenne ou pulmonaire, suivant les espèces.

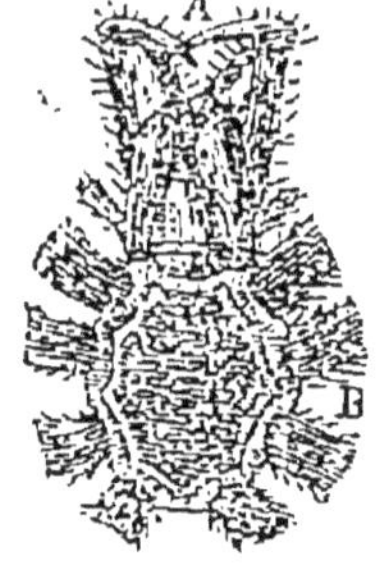

Fig. 131.

A. Crochets veni-
meux de l'araignée.
— B. Corselet d'où
partent les pattes.

Elles possèdent presque toutes, à l'extrémité de l'abdomen, quatre ou six mamelons appelés *filières*, d'où s'échappe un liquide gluant qui se solidifie à l'air pour constituer des fils d'une extrême ténuité. C'est avec cette soie qu'elles tendent des pièges à leur proie ; elles l'attendent, blotties dans une retraite tissée vers une extrémité de leur toile, se précipitent sur elle, la garrottent de leur fil et l'engourdissent de leurs morsures.

Les « fils de la vierge » que l'on observe en si grande abondance à l'automne ne sont autres que des filaments tissés par de jeunes araignées qui grâce à eux sont emportées par le vent dans des endroits abrités pour y passer l'hiver.

Arachnides pulmonaires. — Ces arachnides comprennent la *Mygale d'Amérique*, couverte de poils, aussi grosse que le pouce, qui attaque les petits oiseaux ; l'*Araignée maçonne* (fig. 132), qui se creuse des galeries qu'elle tapisse de soie et dont elle ferme l'entrée par une porte à charnière de même na-

Fig. 132. — Araignée maçonne.

ture ; la *Tarentule* de l'Italie, dont la piqûre passe à tort pour causer la fureur de la danse ; l'*Araignée aquatique*, qui nage grâce à une bulle d'air qu'elle fixe à son abdomen, et qui se construit une très ingénieuse cloche à air au fond de l'eau ; les *Araignées domestiques*, qui

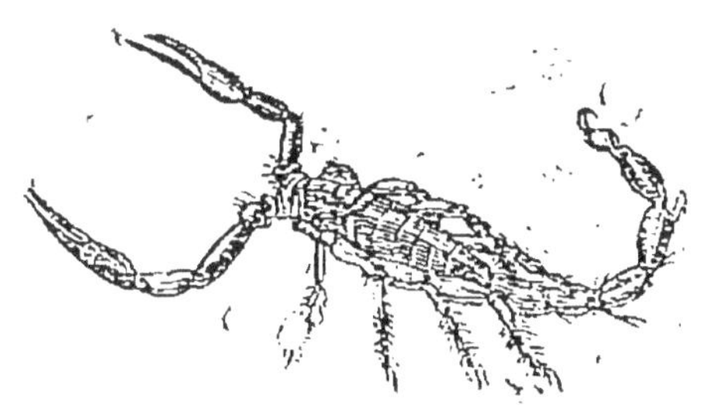

Fig. 133. — Scorpion.

font une guerre si acharnée aux mouches.

Le *Scorpion* (fig. 133), au corps allongé et terminé par un crochet venimeux, dont la piqûre est souvent dangereuse dans les pays chauds, a la tête munie de fortes pinces. Le scorpion habite les lieux humides et se nourrit d'insectes.

Arachnides trachéennes. — Parmi ces araignées, les *Faucheux* ou *Faucheurs* sont remarquables par leurs longues pattes ; puis les microscopiques espèces comme les *Mites ;* les *Tiques*, qui se fixent sur les chiens et se gonflent de leur sang ; le *Lepte automnal* ou *Rouget* ou *Bête rouge*, qui, à l'automne, s'introduit sous la peau et y produit de vives démangeaisons ; le *Sarcopte de la gale* (fig. 134), qui creuse des galeries dans l'épiderme de l'homme et y cause la maladie de la gale.

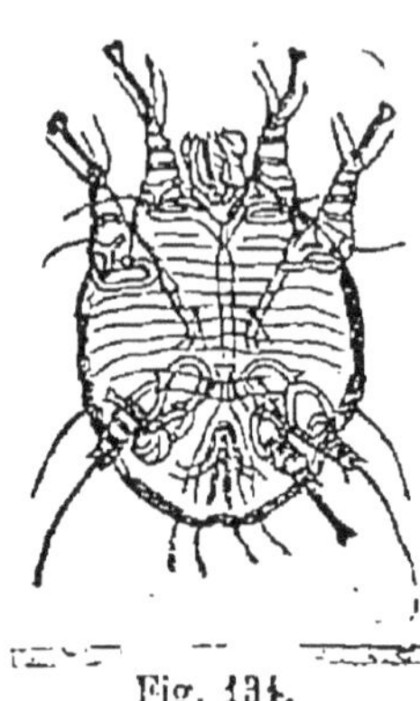

Fig. 134.

Sarcopte de la gale
(très grossi).

QUATRIÈME CLASSE DES ARTICULÉS.

CRUSTACÉS

Les Crustacés sont des annelés à pattes articulées, qui se distinguent des autres annelés en ce qu'ils sont généralement recouverts d'une enveloppe calcaire qui les incruste.

La tête réunie au corselet porte les **antennes**, les yeux et la bouche, qui offre plusieurs paires de mâchoires.

Ils sont carnassiers et recherchent surtout les matières animales en décomposition.

Ils ont de cinq à sept paires de pattes.

Le **canal digestif** s'étend en général en ligne droite, de la bouche à l'anus.

Leur **système circulatoire** est plus compliqué que celui des autres annelés ; ils ont un cœur, mais formé d'une seule loge et traversé par le sang revivifié dans les branchies.

Comme ils vivent ordinairement dans l'eau, leur respiration est branchiale.

A cette classe appartiennent :

Les *Écrevisses*, les seuls gros crustacés d'eau douce : elles ont les premières pattes terminées par de fortes pinces (fig. 135) ; les *Homards* (fig. 136), assez semblables aux écrevisses, mais beaucoup plus gros qu'elles ; les *Lan-*

Fig. 135.
Homard. — Écrevisse. — Crabe.

goustes, dépourvues de pinces ; les *Crabes*, dont l'abdomen très court est replié sous le thorax ; leurs

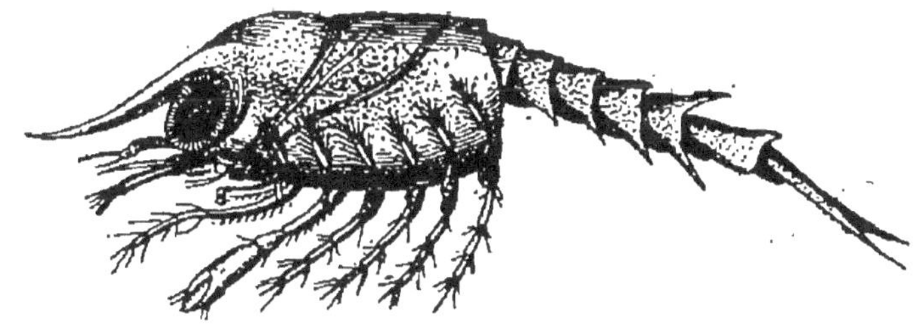

Fig 136. — **Larve de homard**

espèces sont très nombreuses : le *Tourteau*, le *Crabe ordinaire*, l'*Étrille*, espèces comestibles ; le *Pagure* (fig. 137) ou *Bernard-l'ermite*, qui, pour se protéger,

Fig. 137.

Pagure.

loge la partie postérieure molle de son corps dans un coquillage vide; les *Crevettes*, très abondantes sur les côtes de France.

Dans cette classe on trouve le *Cloporte*, petit crustacé qui vit dans les lieux humides et obscurs; les *Cypris* et les *Daphnies* ou *Puces d'eau*, qu'on trouve dans les eaux dormantes.

CINQUIÈME CLASSE DES ARTICULÉS.

CIRROPODES OU CIRRHIPÈDES.

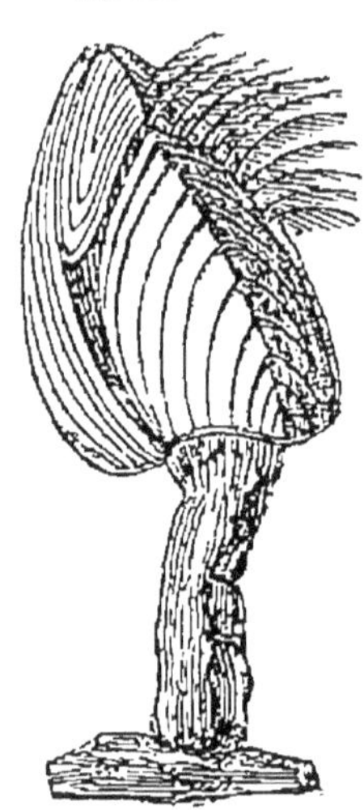

Fig. 138.

Anatife.

Cette classe ne renferme que très peu de représentants; ils peuvent servir de transition entre les Annelés et les Mollusques; ils sont entourés d'un test formé de plusieurs pièces, et sont toujours fixés par un pied plus ou moins long.

Ces animaux vivent dans les mers; tels sont : les *Balanes* ou *Glands de mer*; les *Lépadides* ou *Anatifes* (fig. 138); on les trouve fixés à des crustacés, à des coquilles d'acéphales; sur la peau des baleines, aux rochers ou aux autres corps sous-marins.

VERS

Ce groupe des Annelés comprend ceux dont le corps est dépourvu de pattes articulées ou qui en présentent à l'état tout rudimentaire, et souvent remplacées par des soies roides. Leur peau est coriace, et la tête n'est pas généralement distincte du corps.

Ils sont carnassiers.

Leur respiration est variable, suivant les espèces.

Les vers sont divisés en 3 classes : les *Annélides*, les *Helminthes* et les *Rotateurs*.

Fig. 139.

Suçoir
d'une sangsue.

PREMIÈRE CLASSE DES VERS

ANNÉLIDES.

Les Annélides ont le corps cylindrique ; leur respiration est branchiale, et, sauf les vers de terre, ils sont tous aquatiques. Les principales espèces sont : le *Lombric* ou *Ver de terre*, qui recherche les terres humides et grasses ; il paraît rendre quelques services à l'agriculture en permettant à l'air et à l'eau de pénétrer dans la terre par les galeries qu'il creuse ; les *Sangsues*, qui portent à chaque extrémité du corps une ventouse leur permettant de se déplacer ou de

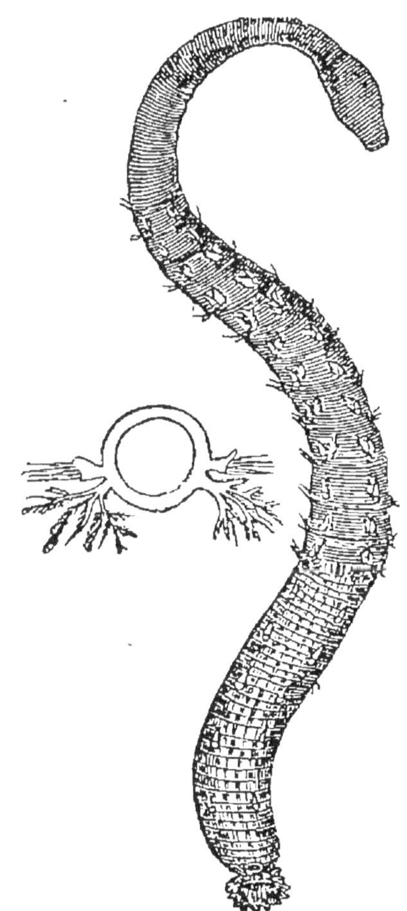

Fig. 140. — Arénicole.

se fixer solidement ; leur bouche est armée de 3 mâchoires triangulaires (fig. 139) qui leur servent à couper la peau des animaux dont ils peuvent sucer le sang; la

Fig. 141. — Serpules.

Sangsue médicinale est employée par la médecine pour provoquer des saignées.

Les *Arénicoles* (fig. 140) vivent dans les sables des bords de la mer; ils servent d'appât pour la pêche, ainsi que les *Néréides* qu'on trouve dans la vase ou dans les pierres rocheuses.

Les *Tubicoles* s'enferment dans des tubes calcaires qu'ils sécrètent eux-mêmes; il en est de même des *Serpules* (fig. 141).

DEUXIÈME CLASSE DES VERS

HELMINTES

Les Helminthes ou *Vers intestinaux* présentent assez de ressemblance avec les Annélides; ils ont le corps tantôt cilyndrique, tantôt aplati; ils vivent en parasites à l'intérieur de l'homme et des autres animaux. Ces vers sont dépourvus de tout appareil digestif : car, vivant au sein d'aliments tout dissous, en étant baignés de toutes parts, ils les absorbent par toute la surface de leur corps. Les principales espèces sont :

L'*Ascaride lombric,* semblable au ver de terre mais blanc; il vit dans l'intestin de l'homme, du cheval et du bœuf.

Le *Ténia* ou *Ver solitaire* (fig. 142) a le corps aplati

et peut atteindre 5 mètres de longueur; sa tête est armée de crochets qu'il fixe solidement aux parois de l'intestin, et son corps est formé d'une série d'anneaux accolés les uns à la suite des autres.

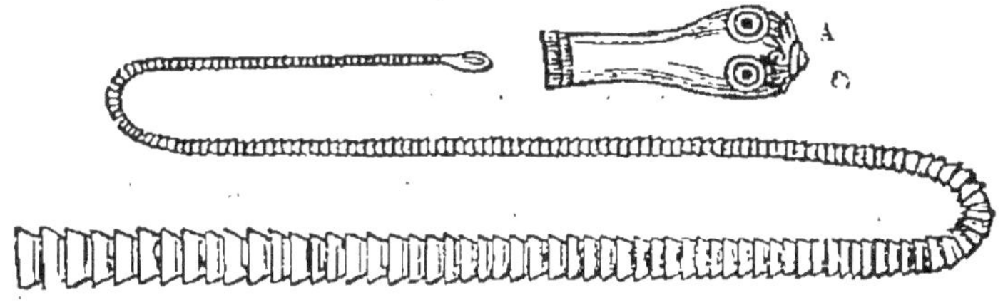

Fig. 142. — **Ténia.** — A. Sa tête (très grossie).

L'histoire du développement de cet animal est très curieuse: les anneaux dont se compose son corps peuvent se détacher lorsque les œufs qu'ils contiennent sont mûrs; ils sont alors expulsés au dehors avec les déjections, et dispersés de tous côtés. Si alors un lapin, un mouton et surtout un porc, en mangeant l'herbe ou tout autre aliment, vient à introduire dans son estomac

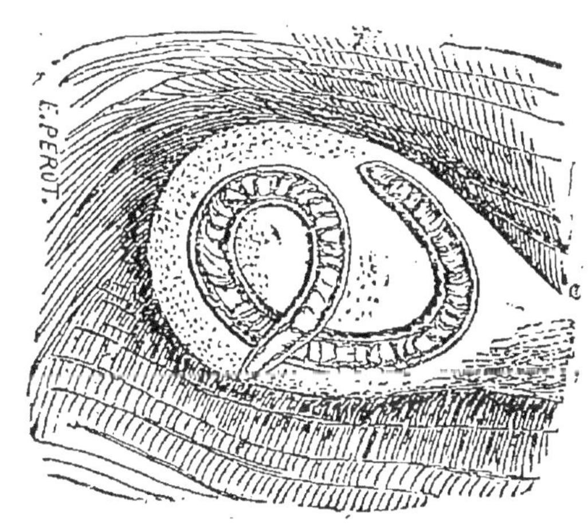

Fig. 143. — **Trichine (très grossie).**

un de ces œufs, celui-ci y éclôt bientôt et donne naissance à un petit ver à grosse tête. Si à son tour le porc, maintenant atteint de la *ladrerie* (maladie causée par la présence de ce ver éclos de l'œuf du ténia) vient à être mangé par l'homme, le ver se développe dans

7

l'intestin et devient un ténia qui peut encore, à cause de l'abondance de ses œufs, communiquer la maladie à de très nombreux sujets. On se mettra en garde contre cette invasion en évitant de manger du porc insuffisamment cuit; car une cuisson complète suffira pour tuer le Ténia dans sa première forme.

La *Trichine* (fig. 143), autre helminthe qui nous vient du porc, est un animalcule microscopique, qui peut être introduit dans notre intestin en même temps que la viande du porc trichinée et incomplètement cuite ; elle pond alors dans notre intestin une quantité d'œufs d'où sortent de petits vers qui traversent les membranes, se répandent dans les muscles et peuvent occasionner des accidents mortels.

TROISIÈME CLASSE DES VERS

ROTATEURS.

Cette classe comprend des animalcules à peine visibles à l'œil nu et qu'on rencontre ordinairement dans les eaux stagnantes.

Leur bouche est entourée de cils qu'ils font mouvoir avec une grande rapidité. Les rotateurs (fig. 144) possèdent un appareil digestif; mais ils n'ont ni appareil circulatoire, ni

Fig. 144. — Rotifères vus au microscope

appareil respiratoire et leur respiration est cutanée; ils vivent généralement dans l'eau douce. Ces animaux possèdent la singulière propriété de suspendre pour ainsi dire leur vie lorsqu'ils sont dans un milieu complètement desséché, et de reprendre toute leur vitalité lorsqu'on vient à les humecter. Parmi les rotateurs on cite les *Hydatines* qui vivent toujours dans l'eau; les *Floscularieus*, qui restent attachés aux plantes aquatiques; les *Gastrotriques* en forme de fiole; d'autres enfin qui sont parasites des vers de terre, des limaces, etc.

QUESTIONNAIRE.

Indiquez les caractères généraux des annelés : membres, appareil digestif, sang, circulation, respiration, système nerveux, organes des sens. — Nommez les 2 groupes d'annelés. — En combien de classes se divisent les arthropodes? — les nommer. — Caractères généraux des insectes : aspect, métamorphoses, division en 3 groupes. — Nommez les 6 ordres des tétraptères et désignez au moins 3 individus de chaque ordre. — Quels sont les caractères qui les différencient surtout? — Nommez des diptères, des aptères. — Quels sont les annelés qu'on trouve dans la classe des myriapodes? — Nommez des arachnides. — Que présente de particulier l'abdomen de l'araignée? — Nommez des arachnides trachéennes? — Quels animaux renferme la classe des crustacés? — D'où vient leur nom? — Où vivent-ils? exemple. — Nommez des cirrhopodes. — Quels animaux sont placés dans le groupe des vers? — En combien de classes sont-ils divisés? — Nommez des annélides. — Où vivent les helminthes? — Indiquez les migrations du ténia. — Nommez des rotateurs; où vivent-ils?

CHAPITRE XIII

EMBRANCHEMENT DES MOLLUSQUES

Les animaux de cet embranchement ont le corps mou, ils n'ont plus d'apparence de squelette ni intérieur ni extérieur; la plupart d'entre eux peuvent s'abriter dans une coquille pierreuse. Quand la coquille n'est formée que d'une seule pièce, on l'appelle *univalve;* elle prend le nom de *bivalve* quand elle est composée de 2 parties.

Les mollusques n'ont *plus de mémbres articulés* et certains sont complètement dépourvus de membres.

Leur *aparpeil digestif* se simplifie : c'est habituellement un tube recourbé en forme d'anse, et dont les 2 orifices sont très voisins l'un de l'autre; ainsi la bouche et l'anus se touchent presque.

Ils ont un *cœur* artériel qui reçoit le sang à son retour des organes respiratoires.

La *respiration est branchiale* pour presque tous les mollusques aquatiques: elle est pulmonaire pour les aériens.

Les *organes des sens*, sauf ceux du toucher, sont peu développés et certains nuls.

Nous diviserons l'embranchement des Mollusques en 3 classes principales : les *Céphalopodes*, les *Gastéropodes* et les *Acéphales*.

CLASSE DES CÉPHALOPODES.

Les Céphalopodes (qui ont des pieds à la tête) ont la tête couronnée de longs bras ou *tentacules* garnis de

ventouses; ils possèdent un squelette cartilagineux
interne; ils habitent la mer. Les principales espèces
sont :

Les *Poulpes* ou *Pieuvres* (fig. 145), étranges et
hideuses bêtes qui étendent leurs 8 tentacules autour
de leur bouche armée d'un bec noir semblable à celui

Fig. 145. — Poulpe.

du perroquet; à leur tête fait suite un sac contenant
les organes de la digestion, de la circulation et de la
respiration. Ces mollusques sont abondants sur nos
côtes. Ils peuvent atteindre des dimensions considérables qui leur permettent d'enlacer un homme, de para-
lyser ses mouvements dans l'eau, et de causer sa mort.
A l'approche d'un danger, les poulpes laissent échapper
une matière colorante brune qui trouble fortement l'eau
et protège leur fuite.

Les *Seiches* (fig. 146) portent 5 paires de tentacules;
elles ont aussi un bec corné; elles portent sur le dos

une coquille ovale qui, sous le nom d'*os de seiche*, sert à polir l'ivoire, et qu'on suspend dans les cages pour aiguiser le bec des oiseaux. Les seiches réunissent leurs œufs sous forme de grappe absolument semblable à une grappe de raisin noir que le flot rejette souvent sur le rivage. C'est de la seiche qu'on retire la *Sépia*, couleur brune employée en peinture.

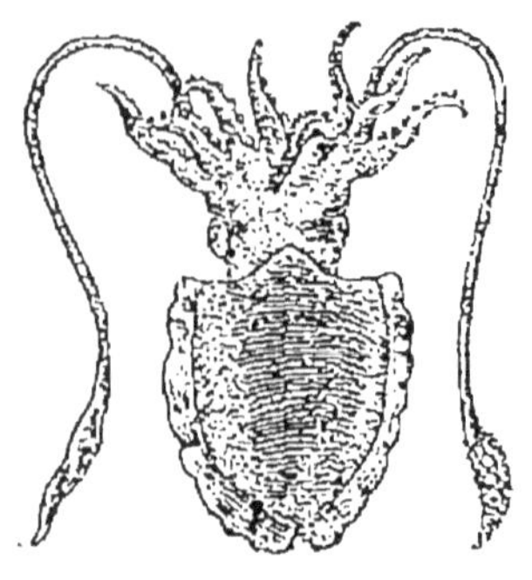

Fig. 146. — Seiche.

Le *Calmar* possède aussi des tentacules; il a la même organisation que les poulpes et les seiches.

Fig. 148. — Argonaute.

L'*Argonaute* (fig. 148) femelle seule habite une coquille mince et fragile qu'elle peut abandonner à son gré; elle en laisse sortir ses tentacules qui font l'office de voiles; l'argonaute mâle est beaucoup plus petit.

Le *Nautile* est également enfermé dans une coquille et présente des tentacules extérieurs.

CLASSE DES GASTÉROPODES.

Ces Mollusques rampent ou marchent grâce à un disque charnu placé sous leur corps, et leur servant de pied. Ils ont généralement une coquille roulée en spirale ou allongée en cône.

Leur tête porte des tentacules, et souvent les yeux se trouvent placés à l'extrémité de ces tentacules.

Les principales espèces sont :

La *Limace* (fig. 149), mollusque à peau visqueuse rouge ou blanche : c'est un *animal très nuisible* dans nos jardins; le *Limaçon* ou *Escargot*, enfermé dans une coquille, qui est aussi *nuisible* que la limace, mais il a sur elle l'avantage d'être comestible;

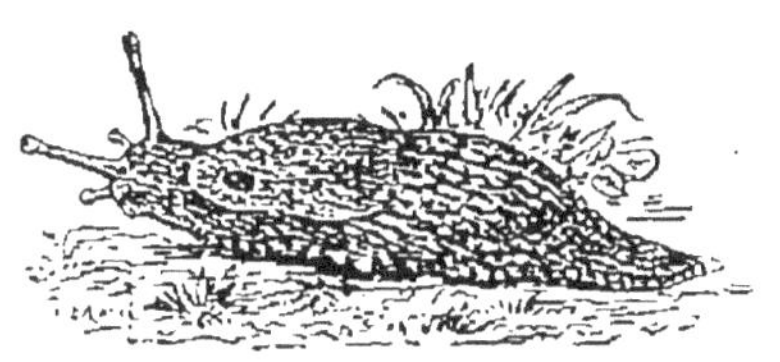

Fig. 149. — Limace.

Fig. 150.—Porcelaine.

les *Lymnées* et les *Planorbes*, vivant dans les eaux stagnantes. Puis viennent un grand nombre de gastéropodes, recherchés pour la variété des formes et des couleurs de leurs coquilles : les *Porcelaines* (fig. 150), les *Sabots*, les *Casques*, les *Carinaires*, les *Haliotides*, les *Buccins* (fig. 152), les *Murex*, la *Toupie* (fig. 153), la *Scalaire* (fig. 154), tous gastéropodes marins.

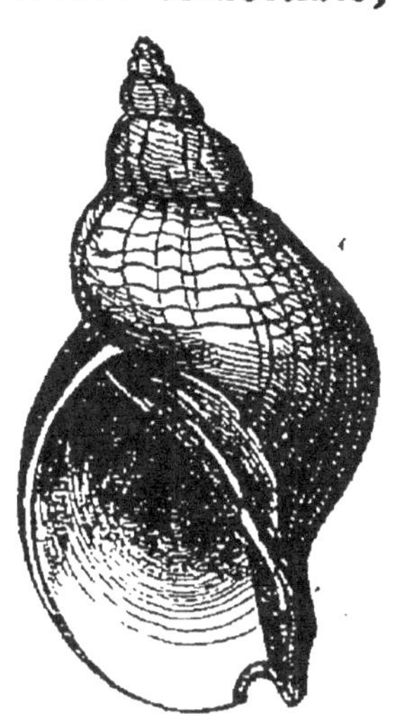

Fig. 152. — Buccin.

Fig. 153. — Toupie

Fig. 154. — Scalaire.

CLASSE DES ACÉPHALES

Les Acéphales tirent leur nom de ce que, n'ayant pas d'organes des sens, ils paraissent ne pas avoir de tête; en effet, leur tête n'est pas distincte du reste du corps, et celui-ci est souvent prolongé par une languette charnue qui sert à l'animal d'appareil locomoteur. A cause de la structure de leurs branchies, les acéphales sont encore nommés *lamellibranches*.

Leur bouche est cachée au fond d'un *manteau* membraneux. Ils ont un cœur à 3 loges : 2 oreillettes et un ventricule.

Ils sont tous aquatiques, et leur coquille est bivalve Les espèces principales sont :

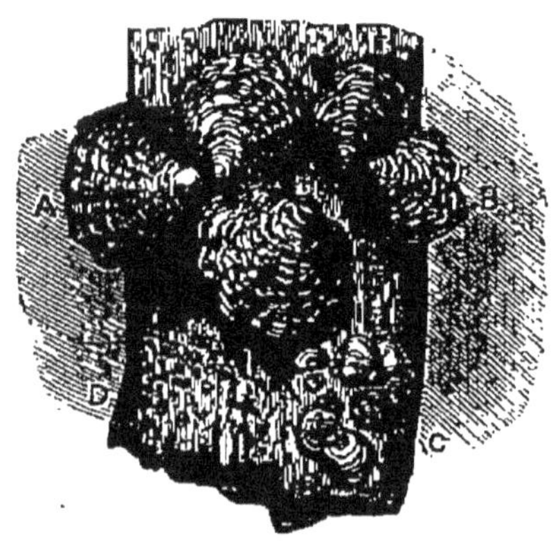

Fig. 155. — Huîtres.

Les *Huîtres* (fig. 155), qui vivent dans la mer en *bancs* souvent immenses. Une fois fixée au sol rocheux, l'huître est incapable de se déplacer. Les *Arondes* ou *Huîtres perlières* sont remarquables par la beauté de la nacre qui revêt l'intérieur de leurs coquilles, et par les perles nacrées qu'on y trouve enfermées; on pêche ces huîtres sur les côtes de Ceylan, dans le golfe Persique et dans le golfe du Mexique; les *Moules*, très communes sur les rochers de nos côtes, et dont certaines espèces habitent les eaux douces; les *Pectens* ou *Coquilles de Saint-Jacques*, à valves rouge corail; les *Bénitiers*, qui peuvent atteindre un développement considérable; le *Solen* ou *Manche de couteau*, à coquille très allongée, qui se réfugie souvent dans le sable non submergé; le *Taret* (fig. 155) qui, à l'aide de sa petite co-quille, peut creuser des galeries dans les bois

Fig. 155. — **Taret.**

des navires et des jetées, et y causer des ravages sou-vent considérables; les *Pholades*, qui, comme les ta-rets, se percent des galeries dans les bois de construc-tions navales et surtout dans les roches.

Dans l'embranchement des mollusques on remarque encore les *Ascidies* ou *Outres de mer*, dépourvues de coquilles, qui restent fixées aux roches et lancent un jet d'eau à l'approche du danger; les *Pyrosomes*, animalcules dont plusieurs espèces sont phosphores-centes.

EMBRANCHEMENT DES ZOOPHYTES

Les Zoophytes comprennent des animaux inférieurs, dont la simplicité d'organisation fait qu'ils se rappro-chent des végétaux. Leurs formes sont très variées. On les désigne encore quelquefois sous le nom de *Rayonnés*, parce qu'ils ont l'apparence, pour la plupart, d'un noyau central d'où s'échappent des rayons en tous sens.

7.

Dans ces animaux, *plus de tête apparente, plus de membres articulés*.

Chez les plus simples des Zoophytes, et surtout chez les **protozoaires**, on ne trouve *pas de canal digestif :* ils prennent au passage les corpuscules dont ils font leur nourriture, « les amenant lentement jusqu'à la surface de leur corps, qui se déprime dans ce point pour les loger comme dans une fossette. La cavité ainsi formée devient peu à peu plus profonde et bientôt se referme sur le corps étranger qui s'y trouve logé... L'espèce de bourse ainsi formée, après s'être fermée sur sa proie, s'enfonce graduellement vers la partie centrale, et le corps étranger emprisonné de la sorte est peu à peu digéré et absorbé[1] ».

Chez les Éponges se voit une cavité, mais qui sert à la fois pour la digestion et la respiration. Chez les Zoophytes plus perfectionnés, les Polypes et les Méduses, on trouve un tube digestif distinct, mais terminé en cul-de-sac : un seul orifice sert à l'entrée des aliments et à la sortie des matières non utilisées. Enfin, chez les Oursins et les Étoiles de mer, l'appareil digestif a 2 ouvertures, l'une servant à l'entrée des aliments, l'autre à la sortie des matières inutiles ; on rencontre même chez l'Oursin un appareil de mastication très complet.

Les *sens* sont nuls, sauf, peut-être, le toucher.

Nous diviserons cet embranchement en 3 classes principales : les *Echinodermes* (peau hérissée de piquants), les *Polypes* (à plusieurs pieds) et les *Spongiaires* (semblables à des éponges).

---

1. Beauregard, *Zoologie générale.*

CLASSE DES ÉCHINODERMES.

Dans cette classe, dont on fait souvent un embranchement à part, à cause de la supériorité d'organisation que les échinodermes présentent sur les autres zoophytes, nous placerons les Zoophytes à peau coriace et quelquefois même calcaire. Ils vivent dans la mer. Nous citerons :

Les *Astéries* ou *Étoiles de mer* (fig. 156), qui ressem-

Fig. 156. — Étoile de mer.

blent à une étoile à 5 branches : elles se servent des nombreux tentacules qui garnissent leur corps, soit pour la marche, soit pour la préhension de leurs proies ; les *Oursins* (fig. 157) ou *Hérissons*, ou *Châtaignes de mer* ont tout à fait l'apparence de châtaignes garnies de leurs piquants : leur enveloppe calcaire est en effet hérissée d'épines. Leur bouche, située sous le corps, est garnie de dents pointues.

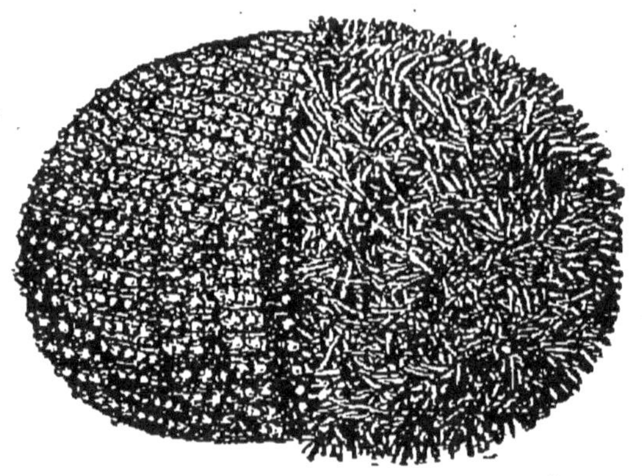

Fig. 157. — **Oursin.**
(La partie gauche a été dépouillée de ses épines.)

Lorsque l'oursin est dépouillé de ses piquants on voit apparaître une demi-sphère un peu allongée, calcaire, rayée de 5 bandes partant du pôle et régulièrement percées de trous. Tous les piquants de l'Oursin ne traversaient donc pas le test ; seuls les trous des 5 bandes laissaient passer des *tubes* nommés *ambulacraires* qui servaient de pieds à l'Oursin.

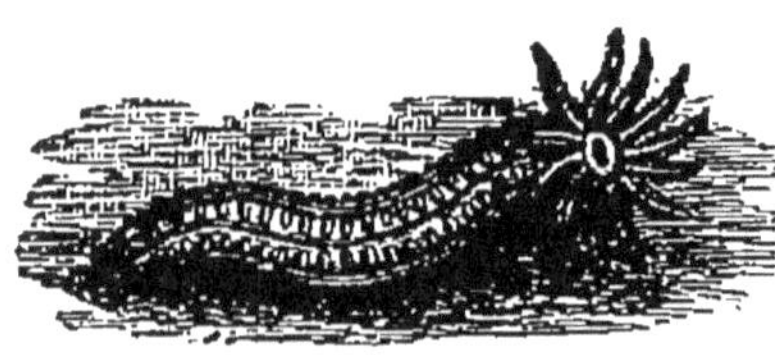

Fig. 158. — **Holothurie.**

C'est encore dans cette classe que nous placerons les *Holothuries* (fig. 158), sortes de vers cylindriques vivant au fond de la mer. Une holothurie, connue sous le nom de Trépang, constitue un mets recherché par les Chinois.

CLASSE DES POLYPES

Les animaux de cette classe tirent leur nom des nombreux tentacules qui entourent leur orifice digestif. Ce sont des corps d'apparence gélatineuse, dont certaines espèces vivent en colonies nombreuses. Nous

citerons : la *Méduse* (fig. 159), qui flotte dans la mer,
grosse masse gélatineuse en
forme de champignon, dont
le bord peut être garni d'un
liséré rouge ou bleu ; les *Anémones de mer* ou *Actinies*, formées d'un cylindre charnu
d'où s'échappe une collerette
de tentacules aux couleurs
les plus brillantes : elles restent fixées aux rochers du littoral ; les *Hydres* ou *Polypes
d'eau douce* (fig. 160), très
nombreux dans les eaux stagnantes, sont de très petits
animaux au corps visqueux,
allongé et terminé par 6 ou
8 bras ; leur organisation est si simple qu'on peut les

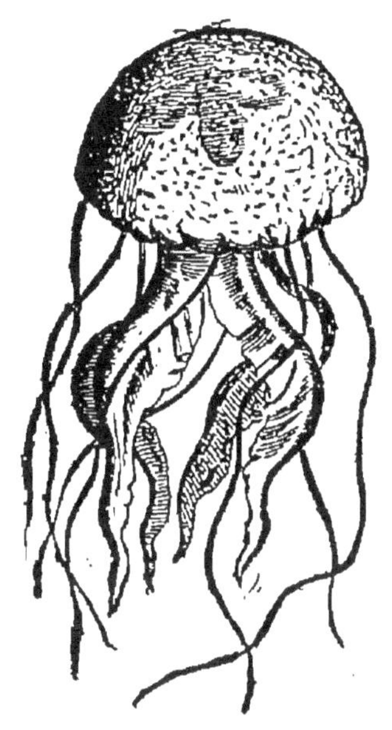

Fig. 159. — Méduse

retourner comme un
gant sans qu'ils ces-
sent de vivre ; si on
les coupe en mor-
ceaux, chaque tron-
çon ainsi formé de-
viendra bientôt un
être complet.

Les *Polypes du co-
rail* (fig. 161) pré-
sentent, par leur
réunion, une couche
gélatineuse envelop-
pant un arbre de

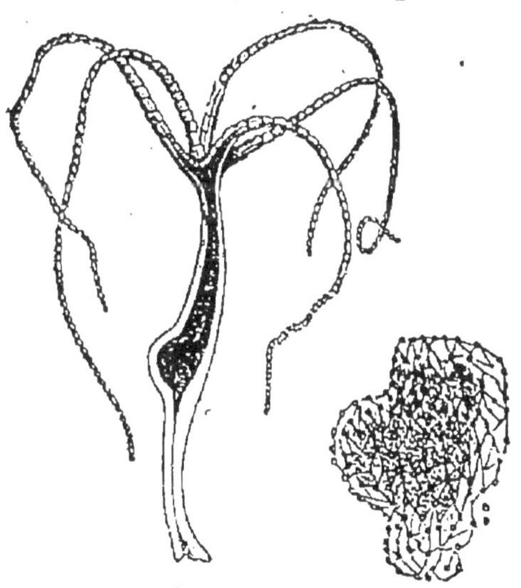

Fig. 160. — Hydre d'eau douce (très grossi).

pierre ou de corne, d'où s'épanouissent de loin en loin

de petits corps semblables aux anémones à pétales déliés. Cette couche visqueuse est une association ani-male où chaque être vit pour la communauté, et la masse pier-reuse qui leur sert de support est le produit de leurs concré-tions. Leurs sup-ports sont de formes très va-riables, suivant les polypes : pour le corail, c'est un petit arbre dé-pouillé de ses

Fig. 161. — **Corail et son polype (grossis).**

feuilles dont le centre est d'un beau rouge vif. Ces Polypes sont si nombreux qu'ils arrivent à former en mer des récifs dangereux pour la navigation ; et un grand nombre des îles d'Océanie ont pour origine des travaux de polypes.

Le corail est pêché sur les côtes de l'Algérie et de la Sicile.

CLASSE DES SPONGIAIRES.

Les Éponges (fig. 162) présentent bien peu des carac-tères animaux ; ce sont des êtres dont l'organisation est encore inférieure à celle des polypes.

Comme les polypes, elles sont formées d'une masse gélatineuse, mais supportées par une concrétion plus

ou moins molle, tantôt siliceuse, tantôt calcaire, tantôt
cornée. Ainsi l'éponge que nous connaissons bien, et
que nous employons aux
usages de la toilette, n'est
pas l'animal lui-même
mais le support corné sé-
crété par la colonie ani-
male tout entière, comme
le corail est la concrétion
pierreuse du polype.

Fig. 162. — Éponge.

Le support de l'éponge
peut affecter des formes très diverses, telles sont, par
exemple, les éponges arborescentes à rameaux extrêmement nombreux, semblables à une feuille ne conservant plus que ses nervures.

Les éponges de toilette sont pêchées dans la Méditerranée et dans la mer des Antilles; on a essayé, mais
sans succès jusqu'alors, de les cultiver sur les bords
de l'Océan, en France.

EMBRANCHEMENT DES PROTOZOAIRES

Les protozoaires sont des êtres presque tous microscopiques dont l'organisation est la limite extrême de la
simplicité. Chez eux il n'y a plus apparence d'organes :
c'est, ou bien une seule cellule, ou bien la réunion de
plusieurs cellules semblables entre elles.

Nous rappelons qu'on a placé dans cet embranchement tous les êtres qu'on n'a pas pu placer ailleurs et les
êtres de transition entre les végétaux et les animaux.

La substance qui constitue la cellule prend le nom
de *protoplasme.*

Tantôt le protoplasme est assez résistant pour que la cellule quoique flexible conserve une forme particulière à chaque être; tantôt, au contraire, le protoplasme, sans consistance propre, peut se diviser en filaments et former par l'union de ceux-ci un réseau à mailles variant sans cesse de forme.

De là la division des protozoaires en 2 classes : les *Infusoires* et les *Rhizopodes*.

CLASSE DES INFUSOIRES

Les *Infusoires* (fig. 163) sont les protozoaires dont le protoplasme affecte une forme définie pour chaque être.

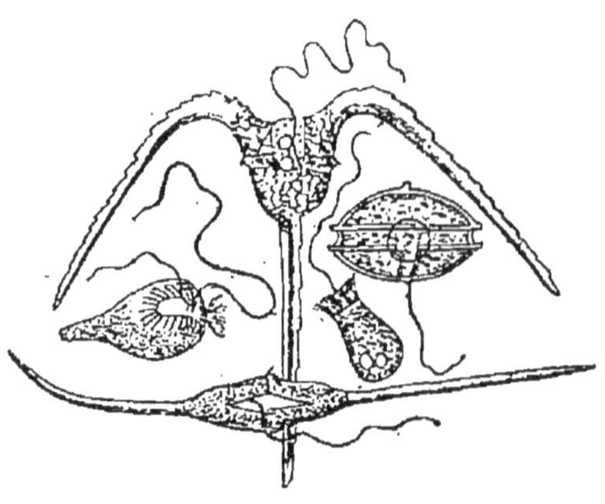

Fig. 163. — **Infusoires.**

Ces animalcules microscopiques se multiplient avec une extrême rapidité dans les infusions des substances animales et végétales : d'où leur présence dans toutes les eaux stagnantes et même dans l'eau des vases à bouquets. Leurs formes sont des plus variées ; mais le même être se rencontre toujours dans la même infusion. Comme les rotifères, ils peuvent, desséchés, suspendre leur vie et la reprendre lorsqu'une cause quelconque les transporte en un milieu propice à leur développement.

Presque tous les infusoires ont la membrane extérieure plus ou moins couverte de cils vibratiles leur servant soit pour marcher, soit pour nager, soit pour établir dans l'eau un courant capable de faire venir la proie à portée de leur corps. La classe des Infusoires présente des êtres qui ont de grands rapports avec les algues et les champignons. Parmi les infusoires nous citerons : les *Vorticelles clochettes* (fig. 164); le *Bursaire*, en forme de bourse; les *Monadines* (fig. 165), qu'il est difficile de dis-

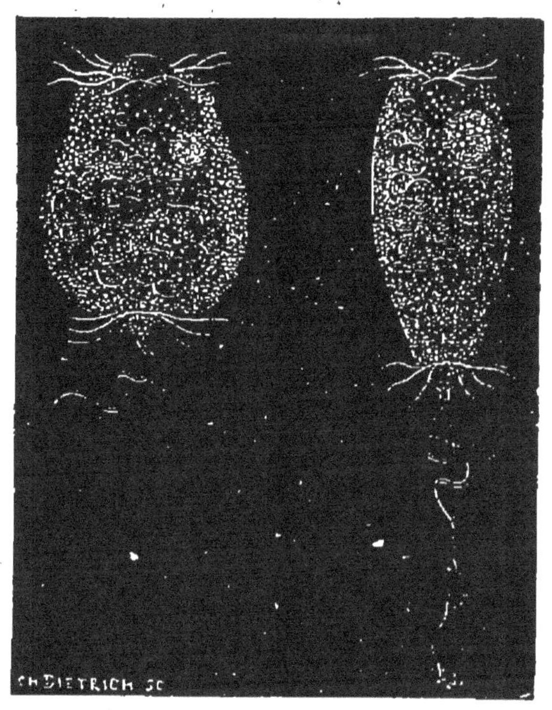

Fig. 164. — Vorticelles clochettes.

tinguer des Monades que l'on considère fréquemment comme des champignons; les *Volvocines*, très semblables à des algues; puis les *Noctiluques*. Ces derniers infusoires, phosphorescents, sont de la grosseur d'un petit grain de millet possédant une espèce de tentacule. Ils nagent dans la mer, en bancs d'une étendue considérable; et

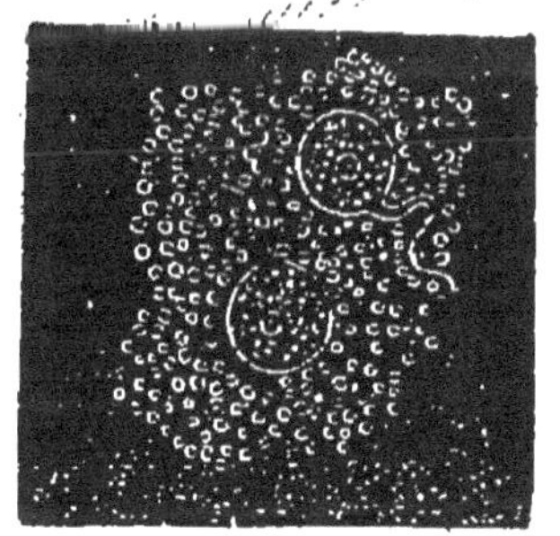

Fig. 165. — Monadines.

leur présence donne à l'eau, la nuit, l'apparence d'un vaste incendie à flamme de punch d'un aspect saisissant.

CLASSE DES RHIZOPODES

Les rhizopodes, avons-nous dit plus haut, comprennent les animalcules microscopiques dont le protoplasme est capable de se contracter, de se diviser, de se séparer en fils pouvant, par leur union, former des mailles de formes variables.

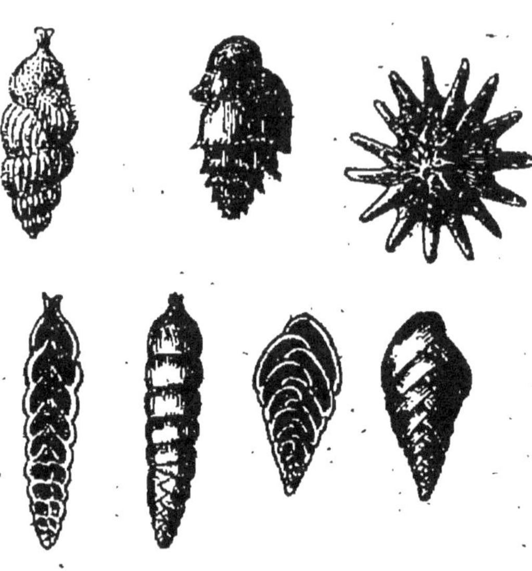

Fig. 166. — **Foraminifères.**

Tous ces êtres sont aquatiques; quelques-uns ont leur protoplasme enfermé dans une coquille calcaire : les *Foraminifères* (fig. 166), par exemple; d'autres, comme les *Radiolaires* (fig. 167), ont le protoplasme soutenu seulement par une espèce de squelette siliceux d'où s'échappent de longs rayons; d'autres enfin, comme la *Lieberkuhnie* (fig. 168),

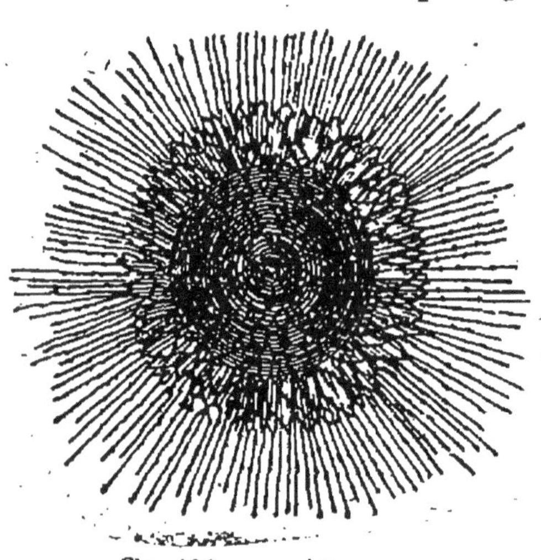

Fig. 167. — **Radiolaires.**

sont dépourvus totalement de coquille : c'est une goutte informe, gluante, capable cependant de se mouvoir,

de se nourrir, de respirer, de vivre enfin! C'est l'extrême limite de la vie animale.

L'accumulation des coquilles microscopiques de rhizopodes contribue puissamment à la formation du sable de la mer et des dépôts d'assises épaisses qu'on trouve dans différentes formations géologiques même fort anciennes.

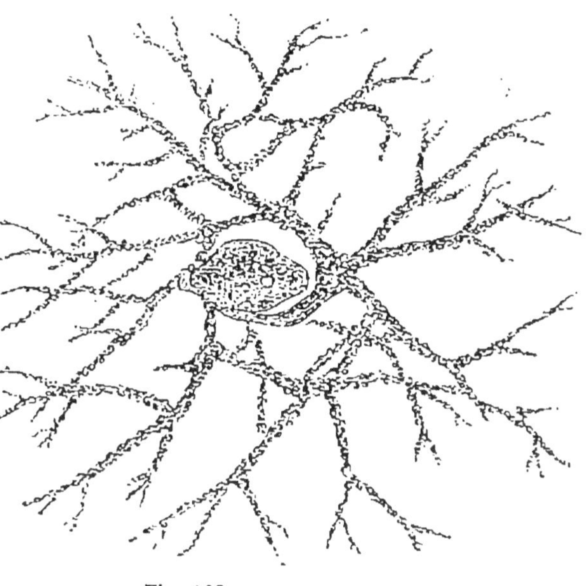

Fig. 168. — Lieberkuhnie.

QUESTIONNAIRE.

Caractères généraux des mollusques : membres, appareil digestif, respiration, organes des sens. — En combien de classes sont-ils divisés? — Décrivez les céphalopodes : tentacules, sépia. — Nommez des gastéropodes. — Pourquoi les acéphales sont-ils ainsi nommés? — Nommez des acéphales. — Caractères généraux des zoophytes : appareil digestif, sens. — En combien de classes sont-ils divisés? — Nommez des échinodermes. — Décrivez l'oursin. — Citez des polypes. — La branche de corail est-elle un animal? — Aspect des éponges. — L'éponge de toilette est-elle l'animal? — Quels sont les êtres qu'on a classés dans l'embranchement des protozoaires? — Comment appelle-t-on la substance qui constitue la cellule animale? — En combien de classes sont divisés les protozoaires? — Citez des animaux de chaque classe. — Comment appelez-vous l'animal uniquement formé de protoplasme déformable?

HISTOIRE NATURELLE

3 Règnes.

Animal — Végétal — Minéral

RÈGNE ANIMAL — 5 embranchements

Vertébrés — Annelés — Mollusques — Zoophytes — Protozoaires

EMBRANCHEMENT DES VERTÉBRÉS. — 5 Classes.

Mammifères — Oiseaux — Reptiles — Batraciens — Poissons

CLASSE DES MAMMIFÈRES — 13 ordres

- Bimanes. . . . . HOMME.
- Quadrumanes. . . . . SINGES : Gorilles, Orangs, Macaques, Ouistitis.
- Carnivores. . . . . . .
  - DIGITIGRADES. . . . . .
    - *Chat :* Chat, Tigre, Lion.
    - *Chien :* Chien, Loup, Renard.
    - *Hyène :* Hyènes.
    - *Marte :* Martes, Fouines, Belettes, Furets.
    - *Civette :* Civette.
  - PLANTIGRADES : Ours, Blaireau.
- Pachydermes. . . . .
  - PROBOSCIDIENS : Éléphants.
  - ORDINAIRES. . . . . . .
    - *Fissipèdes :* Hippopotame, Sanglier, Porc.
    - *Solipèdes :* Cheval, Ane.
- Ruminants : Bœuf, Chameau, Girafe, Mouton, Renne
- Rongeurs : Écureuil, Marmotte, Rats, Lièvre, Lapins, Castor.

CLASSE DES MAMMIFÈRES (Suite).

- Insectivores : Hérisson, Musaraigne, Taupe.
- Chiroptères : Chauve-souris, Vampire.
- Édentés : Paresseux, Tatou, Fourmilier.
- Amphibies. . . . . . .
  - PHOQUES : Veau marin, Otaries.
  - MORSES : Vaches marines.
- Cétacés. . . . .
  - HERBIVORES : Lamantins, Dugongs.
  - ICHTYOPHAGES : Dauphins, Marsouins Baleine, Cachalot
- Marsupiaux : Sarigue, Kangourou.
- Monotrèmes : Ornithorynque, Echidné.

CLASSE DES OISEAUX — 6 ordres.

- Rapaces. . . . .
  - DIURNES : Aigle, Vautours, Milans.
  - NOCTURNES : Hibou, Chouette, Effraie.
- Passereaux : Corbeaux, Fauvette, Rossignol, Martin-Pêcheur, Oiseau-Mouche.
- Grimpeurs : Toucan, Perroquets, Pic-Vert.
- Gallinacés : Paons, Poules, Faisans.
- Échassiers : Grues, Cigognes, Autruche, Bécasse.
- Palmipèdes : Cygne, Canard, Mouette.

CLASSE DES REPTILES — 3 ordres

- Chéloniens : Tortues.
- Sauriens. . . . . . .
  - CROCODILIENS : Crocodile, Caïman, Gavial.
  - LACERTIENS : Lézards, Iguane, Caméléon.
  - ORVETS : Orvet.
- Ophidiens. . . . . .
  - NON VENIMEUX : Couleuvre, Boa, Python.
  - VENIMEUX : Vipère, Aspic, Crotale.

Classe des batraciens — 2 ordres

- Anoures : Grenouilles, Crapaud.
- Urodèles : Salamandres.

CLASSE DES POISSONS

- Osseux : Perche, Harengs, Carpes, Anguilles.
- Cartilagineux : Esturgeon, Raie, Lamproie.

EMBRANCHEMENT DES ANNELÉS

2 Sous-embranchements.

Articulés   Vers

sous-embranchement DES ARTICULÉS 5 classes.

Insectes :

- TÉTRAPTÈRES :
  - *Coléoptères* : Hanneton, Ver luisant, Nécrophore, Scarabée.
  - *Orthoptères* : Sauterelles, Forficule.
  - *Hémiptères* : Cigale, Punaise, Phylloxera.
  - *Névroptères* : Libellules, Éphémères.
  - *Hyménoptères* : Abeilles, Guêpes, Fourmis.
  - *Lépidoptères* : Papillons.
  - DIPTÈRES : Mouches, Taons, Cousins.
  - APTÈRES : Pou, Puce.
- **Myriapodes** : Scolopendres, Iules.
- **Arachnides** :
  - PULMONAIRES : Mygale, Araignée domestique.
  - TRACHÉENNES : Faucheurs, Sarcopte de la gale.
- **Crustacés** : Écrevisses, Langouste, Cloporte, Cypris.
- **Cyrrhopodes** : Balanes, Anatifes.

sous-embranchement DES VERS 3 classes.

- **Annélides** : Lombric, Sangsue, Arénicoles, Tubicoles.
- **Helminthes** : Ascaric-Lombric, Tœnia, Trichine.
- **Rotateurs** : Rotifères, Flosculariens.

EMBRANCHEMENT DES MOLLUSQUES

EMBRANCHEMENT DES MOLLUSQUES 3 classes.

- **Céphalopodes** : Poule, Seiche, Argonaute.
- **Gastéropodes** : Limace, Limaçon, Murex, Buccin.
- **Acéphales** : Huîtres, Moules, Taret.

EMBRANCHEMENT DES ZOOPHYTES

EMBRANCHEMENT DES ZOOPHYTES 3 classes.

- **Échinodermes** : Astéries, Oursins.
- **Polypes** : Méduse, Anémones, Corail.
- **Spongiaires** : Éponges siliceuses, cornées.

EMBRANCHEMENT DES PROTOZOAIRES

EMBRANCHEMENT des Protozoaires 2 classes.

- **Infusoires** : Vorticelles, Monadines.
- **Rhizopodes** : Foraminifères, Radiolaires,

LIVRE II

BOTANIQUE

CHAPITRE PREMIER

La Botanique est la science qui étudie les *Végétaux;* et, par végétaux, nous avons entendu les êtres doués de vie, qui croissent et meurent, mais dont la généralité est dénuée de mouvements volontaires, et qui paraissent être dépourvus de sensibilité.

Tout végétal naît d'un petit corps (à forme très variable suivant les espèces) nommé *Graine*, qui provient d'une plante semblable à celle qu'elle va reproduire.

Mais si l'on dépose dans la terre humide un *gland de chêne* et un *grain de blé*, tous deux des graines, l'une du chêne, l'autre du blé, on apercevra au bout d'un certain temps les deux graines se gonfler et laisser échapper chacune deux petits appendices : l'un se dirigeant vers la surface du sol, l'autre tendant à plonger dans la terre ; puis on verra bientôt la graine du chêne se partager en *deux* masses charnues, tandis que le grain de blé ne cessera pas de rester à l'état de masse *unique* (fig. 169).

Ces deux organes en lesquels le gland du chêne s'est séparé dans la germination, sont les *cotylédons* de la graine. Cette particularité de la graine, d'offrir deux cotylédons, ou un seul, ou pas de cotylédon, a servi de caractère distinctif pour la classification des végétaux en embranchements.

Le règne végétal a été divisé en .trois embranchements :

1º Les *Dicotylédones* (fig. 170), qui comprennent les plantes dont la graine a deux cotylédons : chêne, haricot;

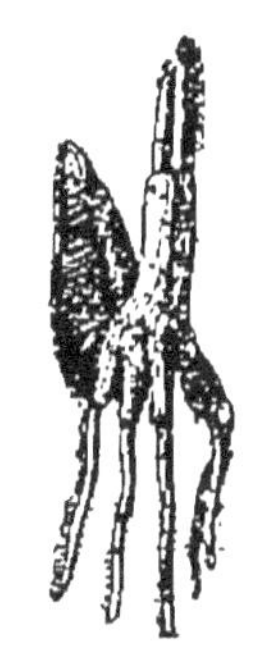

Fig. 169.

Germination du grain de blé (monocotylédone).

Fig. 170.

Dicotylédones.

2º Les *Monocotylédones*, plantes dont la graine n'offre qu'un seul cotylédon : palmier, blé;

Les plantes de ces deux embranchements sont dites *phanérogames*.

3º Les *Acotylédones*, qui renferment les plantes qui, n'ayant pas de fleurs, et par conséquent de graines proprement dites, ne peuvent pas avoir de cotylédon : champignons, lichen, fougère.

Les plantes de cet embranchement sont encore désignées sous le nom de *cryptogames*.

Pour plus de facilité dans l'étude, nous allons examiner les *organes* qu'on rencontre à la fois chez les Dicotylédones et chez les Monocotylédones, c'est-à-dire chez les plantes à fleurs; puis quand viendra l'étude des Acotylédones, nous signalerons les plus grandes différences.

Les *organes* de la plante ont pour but son accroissement ou sa reproduction : nous les diviserons donc en *organes de nutrition* et en *organes de reproduction*.

Les organes de nutrition sont les *racines*, les *tiges* et les *feuilles*;

Les organes de reproduction sont les *fleurs* et les *fruits*.

La mère commune de tous ces organes est la *Graine*.

GRAINE

La graine, qui va donner naissance à un végétal tout entier, qui est, pour ainsi dire, l'œuf du végétal, se trouvait enfermée au milieu du fruit.

Elle est formée d'une enveloppe extérieure, l'*épisperme* ou *tégument*, et de l'*amande*.

Si l'on ouvre une graine de dicotylédone (fig. 171)

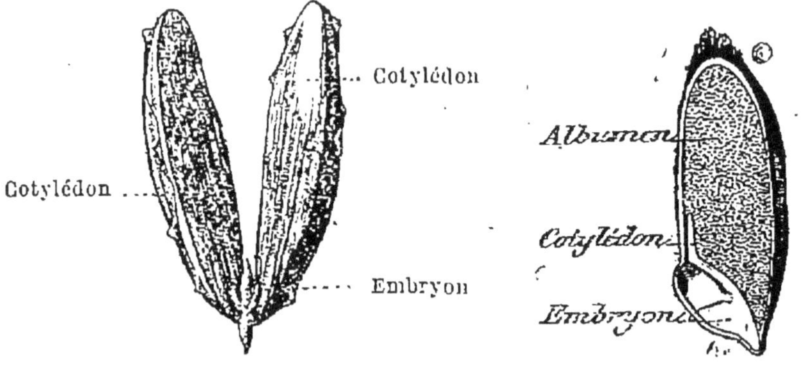

Fig. 171. — Germination du haricot (dicotylédone).

Fig. 172. — Coupe d'une graine de monocotylédone.

dépourvue de son épisperme, on trouve au sein de l'amande un petit germe, l'*embryon*, qu'on voit déjà composé d'une petite tige qu'on nomme *tigelle*, surmontée d'un petit bourgeon ou *gemmule*, et d'un rudiment de racine qui prend le nom de *radicule ;* le tout enveloppé de la masse cotylédonaire.

Lorsque la graine se trouvera placée dans les conditions propices à sa *germination*, elle se gonflera : la tigelle traversera l'épisperme en se dirigeant vers la lumière ; la radicule s'enfoncera dans la terre ; la gemmule, à sa sortie du sol, s'épanouira en développant de petites feuilles. Le jeune végétal commencera sa vie aérienne, en tirant ses premiers aliments du corps cotylédonaire, jusqu'à ce que, celui-ci épuisé, la plante continue à vivre en cherchant en dehors d'elle-même les principes utiles à sa nutrition.

La disposition intérieure des organes du grain de blé (fig. 172) est différente de celle du haricot : la masse cotylédonaire, au lieu de former la totalité presque de la graine, est ici très réduite : la provision de nourriture du jeune végétal n'est plus enfermée dans les cotylédons mais est extérieure à l'embryon, on lui donne le nom d'*albumen;* enfin le cotylédon est unique.

Les conditions nécessaires à la germination sont : l'*air*, l'*eau* et la *chaleur*.

Parti qu'on tire des graines. — Certaines graines, fraîches ou sèches, sont directement utilisées, après cuisson, pour notre *alimentation* : les pois, haricots, lentilles, riz, etc. ; d'autres fournissent, après mouture, des *farines alimentaires* : le blé, le seigle, etc. ; la compression de certaines autres produit des *huiles* : l'œillette, le colza, la navette et même le ricin ; la graine du cacaoyer est employée à la fabrication du *chocolat;* celle du caféier, grillée, nous fournit, par infusion, la boisson tonique le *café,* etc.

QUESTIONNAIRE.

Qu'étudie-t-on en botanique? — Qu'appelez-vous cotylédons? — En combien d'embranchements le règne végétal est-il divisé? Nommez-les? — Quels caractères les différencient? — Nommez les organes de nutrition des plantes; leurs organes de reproduction. — De quelles parties est formée la graine? — Que comprend l'embryon?—Que se passe-t-il pendant la germination? — D'où le germe végétal tire-t-il d'abord sa nourriture? — Quelles sont les conditions nécessaires à la germination? — Quelles sont les graines utilisées pour l'alimentation, et sous quelles formes?

CHAPITRE II

ORGANES DE NUTRITION

RACINE

La racine est la partie du végétal qui, généralement, croît et plonge dans le sol; c'est le développement de la radicule de l'embryon.

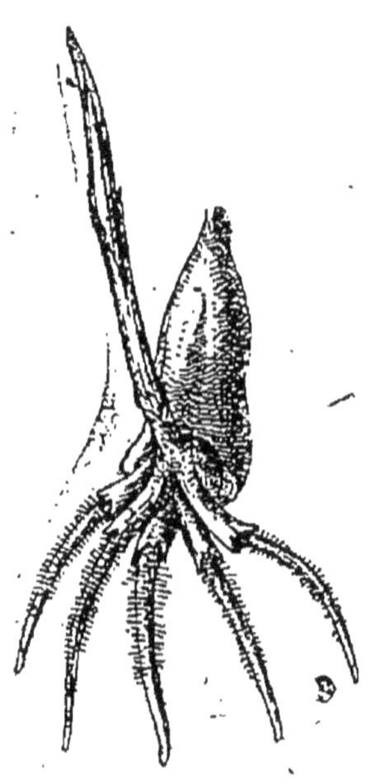

Fig. 173. — **Radicelles portant les poils absorbants très grossis.**

La racine comprend ordinairement trois parties distinctes : le *corps*, partie la plus volumineuse de la racine, celle que prolonge la tige; les *radicelles* ou *chevelu*, qui sont des filaments dont l'ensemble rappelle une chevelure en désordre et qui sont terminés en pointe; enfin le *collet* ou *nœud-vital*, ligne de démarcation entre la racine et la tige.

Lorsqu'on examine à la loupe les radicelles de la racine, on voit près de leur extrémité et sur une longueur de 2 à 3 centimètres, une espèce de duvet formé par une grande quantité de poils qu'on a nommés *poils absorbants* (fig. 173), à cause de leurs fonctions que nous étudierons plus loin.

Les racines, quant à leurs formes, peuvent être ramenées à trois types principaux. Elles sont :

1º *Pivotantes* (fig. 174), lorsque le corps s'enfonce

verticalement dans le sol, sans ramification : le navet, la betterave; ou bien encore lorsque du pivot central se détachent des rameaux : le chêne, le poirier; sous

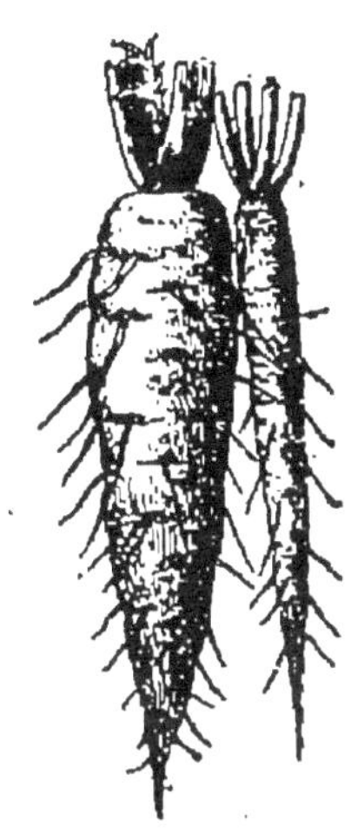

Fig. 174.
**Carotte,
racine pivotante.**

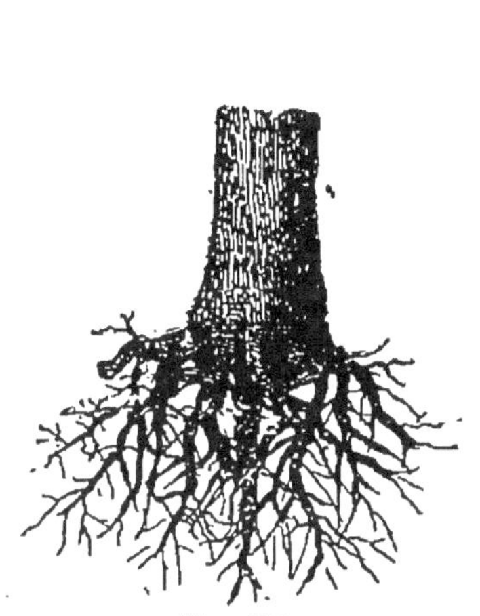

Fig. 175.
**Racine pivotante
rameuse.**

Fig. 176.
Racine fibreuse.

cette dernière forme on nomme encore ces racines *pivotantes rameuses* (fig. 175);

2º *Fibreuses* (fig. 176), lorsque du collet ne part qu'une grosse masse chevelue formée de fibres : le blé, le palmier, et généralement les plantes monocotylédones;

3º *Tubériformes* (fig. 177), lorsqu'elles offrent des renflements plus ou moins volumineux et nombreux : dahlia, pivoine.

On ne devra pas confondre ces racines tubériformes avec les *tubercules*, qui ne sont autres que des

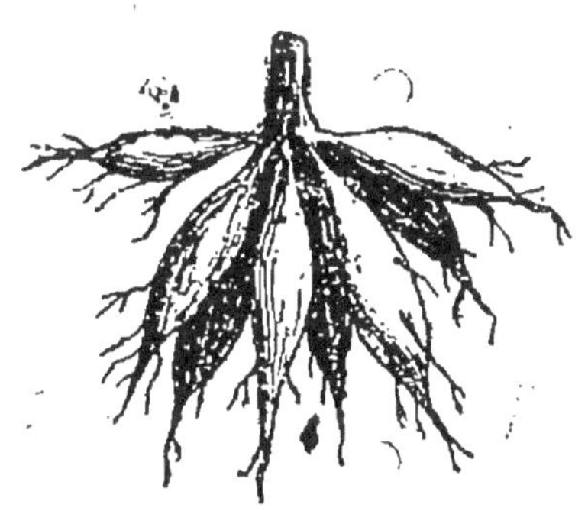

Fig. 177.
Racine tubériforme.

renflements de rameaux souterrains échappés de la tige, comme chez la pomme de terre.

Sous le rapport de la *durée*, les racines et par conséquent les plantes elles-mêmes, sont dites *annuelles, bisannuelles* ou *vivaces*.

Elles sont annuelles lorsqu'elles ne peuvent vivre qu'une année, comme celles du blé; bisannuelles, lorsqu'elles vivent deux années : dans ce cas les plantes auxquelles elles appartiennent ne produisent des fleurs et des graines que dans la deuxième année : la carotte; enfin les racines sont vivaces lorsque leur durée dépasse deux ans et peut se prolonger pendant un temps très long.

On désigne sous le nom de *racines adventives* des racines qui naissent de la tige : dans nos climats, nous les remarquons sur les plantes dites grimpantes; elles servent alors à fixer la tige à son support, comme pour le lierre (fig. 178); mais sur certains gros végétaux exotiques, ces racines retombent au sol, dans lequel elles s'enfoncent pour servir de véritables racines supplémentaires : par exemple, le manglier.

Fig. 178. — Racines adventives du lierre.

Le jardinage tire un grand usage de cette propriété qu'ont les tiges et les branches d'émettre, lorsqu'elles sont placées dans de certaines conditions, des racines dventives, pour faire des *boutures* et des *marcottes,* procédés de reproduction des plantes que nous étudierons plus loin, dans l'horticulture.

Parti qu'on tire des racines. — Certaines racines, à cause des sucs qu'elles renferment, sont utilisées par l'homme pour son *alimentation*, telles sont : les *carottes*, les *navets*, les *salsifis*, les *radis;* la *betterave*, dont on tire du sucre ; d'autres, desséchées ou fraîches, sont utilisées par la médecine : la *rhubarbe*, l'*ipécacuanha*, etc. ; d'autres enfin fournissent des principes colorants employés dans la teinture : la *garance* à principe colorant rouge, le *curcuma* jaune, etc.

TIGE

La tige est la partie du végétal qui ordinairement s'élève dans l'air et qui se prolonge par des *branches*, des *rameaux* et des *ramuscules*. Elle est *ligneuse* lorsqu'elle est formée de bois, comme dans le chêne, le lilas ; elle est *herbacée*, c'est-à-dire tendre et verte, chez toutes les plantes que nous appelons herbes.

Formes. — Les tiges portent différents noms, suivant leurs formes ; elles s'appellent :

Troncs, quand elles sont en forme de troncs de cône plus ou moins ramifiés : chêne, poirier, sapin et tous les arbres de nos climats ;

Stipes, lorsque, cylindriques, elles sont presque aussi grosses au sommet qu'à la base ; elles ne sont pas ramifiées ordinairement et se terminent par un bouquet de feuilles : le palmier et les monocotylédones ligneux ;

Chaume, quand la tige est cylindrique et creuse, renforcée de distance en distance par des nœuds : le blé et toutes les graminées ;

Hampe, qui n'est véritablement que le pédoncule de la fleur partant du collet : tulipe, jacinthe, etc.

Tige proprement dite, qui s'applique aux formes non indiquées plus haut, et qui appartient surtout à des plantes herbacées telles que la giroflée, le réséda, l'œillet.

Structure d'une tige de dicotylédone. — Si l'on coupe horizontalement un tronc d'arbre appartenant à l'embranchement des dicotylédones, un poirier, par exemple, on trouve une surface qui n'a ni même aspect ni même consistance dans toute son étendue (fig. 179). Les différentes parties dont se compose cette surface prennent le nom, en allant du centre à la circonférence : de *moelle, cœur, aubier, écorce.*

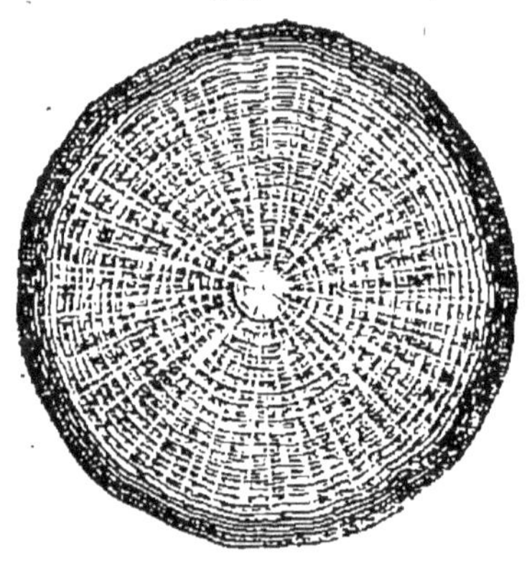

Fig. 179.
Coupe horizontale d'une tige de dicotylédone.

La moelle est la partie centrale de la tige; elle est aqueuse chez les jeunes arbres, mais sèche dans les vieux troncs; elle n'augmente pas de volume à mesure que croît le tronc.

Le cœur, qu'on désigne encore sous le nom de bois parfait, entoure la moelle : c'est du bois très compact et chez lequel la sève a cessé de circuler.

L'aubier, ou bois imparfait, fait suite au cœur; c'est lui qui est traversé par les liquides nourriciers de la plante; il est d'autant plus poreux qu'il s'éloigne du cœur, et sa couleur est plus pâle que celle du bois parfait : il deviendra de proche en proche semblable au cœur. Enfin l'écorce est l'enveloppe extérieure de la tige; elle est tantôt lisse, tantôt rugueuse, et varie d'épaisseur suivant la nature des végétaux.

Le cœur et l'aubier sont constitués par une succession de couronnes ligneuses qui marquent chacune une année de l'arbre. En effet, les dicotylédones s'accroissent à la fois en hauteur et en largeur, et l'accroissement en largeur se manifeste chaque année

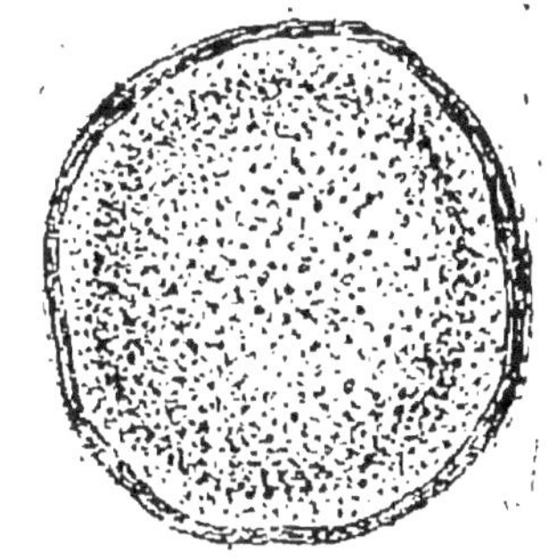

Fig. 180.

Coupe horizontale d'une tige de monocotylédone.

par l'addition d'une couronne d'aubier. Par conséquent, pour connaître l'âge d'un tronc ou d'une branche, il suffira de compter le nombre de leurs couronnes ligneuses.

Structure d'une tige de monocotylédone. — Si l'on coupe horizontalement (fig. 180) une tige de monocotylédone, un palmier, par exemple, nous ne voyons qu'une masse spongieuse parsemée de points d'autant plus rapprochés que nous nous éloignons du centre; mais plus de couronnes concentriques et plus de moelle.

Si maintenant nous coupons une partie de tige dans le sens vertical (fig. 181), nous apercevons une grande quantité de fibres ligneuses disséminées sans ordre, et d'autant plus compactes, sans jamais se toucher, qu'elles s'approchent de l'écorce. C'étaient ces fibres ligneuses dont les extrémités coupées ponctuaient la section horizontale que nous avons faite précédemment.

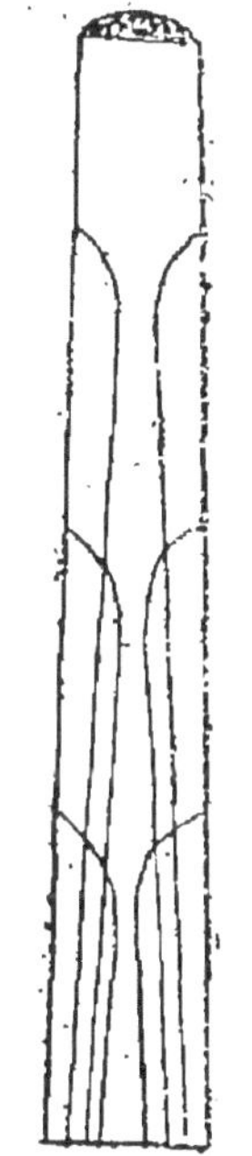

Fig. 181.

Coupe verticale d'une tige de monocotylédone.

8.

L'écorce de ces végétaux est tantôt lisse, comme dans le bambou; tantôt couverte de feuilles engainées les unes dans les autres, comme dans le blé; tantôt elle présente l'apparence d'une bourre épaisse, le palmier, par exemple.

Ces monocotylédones croissent surtout dans le sens de la hauteur, leur diamètre varie relativement peu pendant leur accroissement; mais comme ils ne portent de feuilles qu'à leur sommet, et que chaque année celles-ci se renouvellent, les feuilles tombées laissent autour du tronc l'empreinte de leur ancienne attache, et chaque étage de ces empreintes indique une année de l'arbre.

TIGES SOUTERRAINES

Il existe encore des tiges qui ne se développent pas dans l'atmosphère, qui croissent horizontalement dans le sol : ce sont des *tiges souterraines*. Elles portent des bourgeons d'où s'échappent, chaque année, des rameaux aériens. Ces tiges sont généralement désignées sous le nom de *souches* ou *rhyzomes* : telles sont celles de l'iris, de l'anémone des bois, du sceau de Salomon.

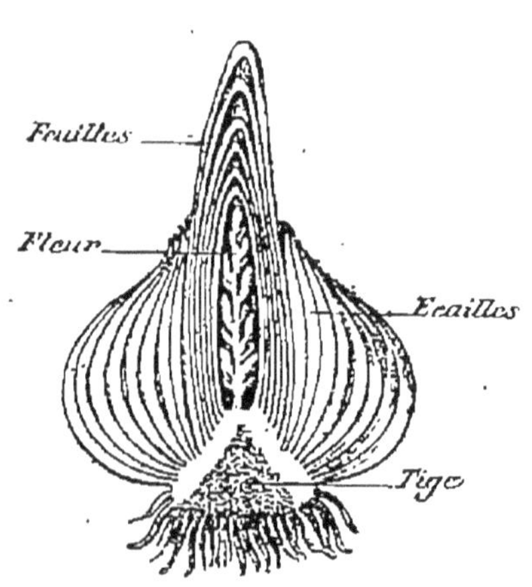

Fig. 182. — Oignon de jacinthe.

Les *tubercules* sont également des tiges souterraines, capables d'émettre des bourgeons; telles sont: la pomme de terre, le topinambour, etc.

Enfin, il existe des tiges souterraines très courtes mais d'une grande épaisseur, dont la surface est enveloppée de feuilles desséchées, elles se nomment *bulbes* (fig. 182); on les rencontre dans le safran ou crocus, les glaïeuls, les jacinthes.

Parti qu'on tire des tiges. — Les tiges fournissent à l'homme des produits de la plus grande utilité; ce sont des tiges et des branches du chêne, du pin, du hêtre, etc., dont on tire le *bois de chauffage* et *de construction ;* le noyer, l'acajou, l'ébène, le palissandre cèdent leur bois à l'ébénisterie qui en fait *des meubles ;* les tiges du lin, du chanvre, de l'ortie blanche de Chine fournissent une *matière fibreuse* qu'on peut tisser pour produire la toile; les tiges souterraines que nous avons appelées tubercules sont généralement *comestibles :* la pomme de terre, l'oignon; c'est la tige d'un roseau qui, par compression, laisse échapper un liquide sucré d'où l'on tire le *sucre de canne.*

FEUILLES

Les feuilles sont généralement des lames minces et membraneuses qui se trouvent fixées, soit à la tige, soit aux rameaux par leurs *pétioles.* Leur couleur est ordinairement verte au printemps; elles prennent à l'automne des colorations diverses où tous les tons des jaunes et des rouges sont représentés.

Leur surface ou *limbe* est très variée de formes : c'est tantôt un cœur, un cercle, un ovale, un fer de lance, un triangle très allongé.

Tantôt le contour du limbe est uni, tantôt il est dentelé, crénelé, etc.

La disposition des feuilles sur la tige est également

variable. On dit que les feuilles sont *opposées* lorsque, deux à deux, elles partent de la même hauteur de la tige, l'une dans un sens, l'autre dans un sens opposé (fig. 183); on les dit *verticillées* lorsque plusieurs partent du même point, en des directions différentes (fig. 184); enfin on les nomme *alternes* lorsqu'elles sont

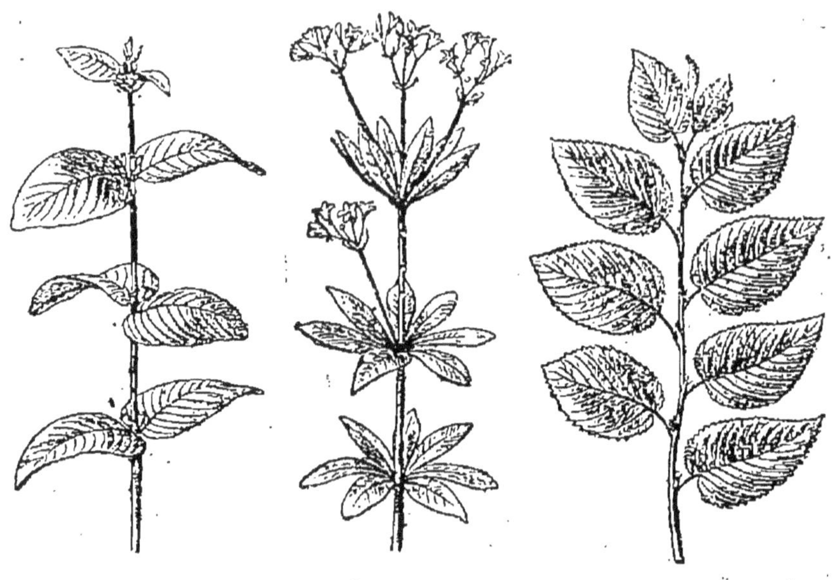

<table>
<tr><td>Fig. 183.</td><td>Fig. 184.</td><td>Fig. 185.</td></tr>
<tr><td>Feuilles opposées.</td><td>Feuilles verticillées.</td><td>Feuilles alternes.</td></tr>
</table>

situées de part et d'autre de la tige, mais une à une, à des hauteurs différentes (fig. 185).

Parfois encore le limbe de la feuille est d'une seule pièce, comme celui du lilas, du chêne : on l'appelle alors feuille *simple* (fig. 186); mais souvent aussi du pétiole unique se détachent des petites feuilles ou *folioles*, dont l'ensemble ne constitue cependant qu'une feuille, telle est celle de l'acacia, du marronnier d'Inde : c'est la feuille *composée* (fig. 187).

Mais, quelle que soit la forme de la feuille, elle est

toujours formée de *nervures*, du tissu cellulaire ou *parenchyme*, et de l'*épiderme*.

La feuille présente, en effet, dans le sens de sa longueur, du pétiole à la pointe, une grosse nervure centrale qui se ramifie à droite et à gauche, et dont les fibres deviennent de plus en plus minces. L'intervalle

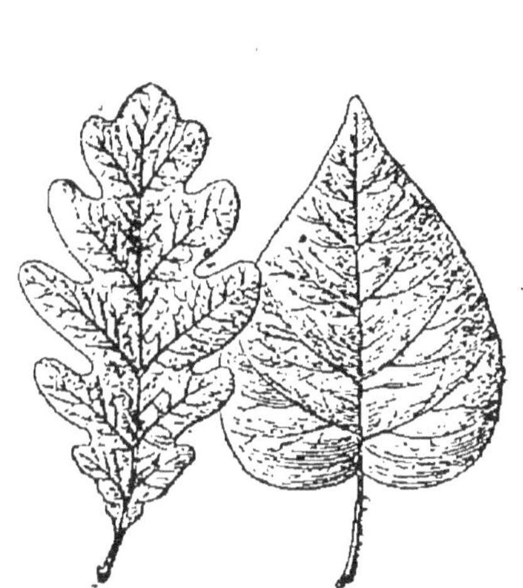

Fig. 186.

**Feuilles simples
du Chêne, du Lilas.**

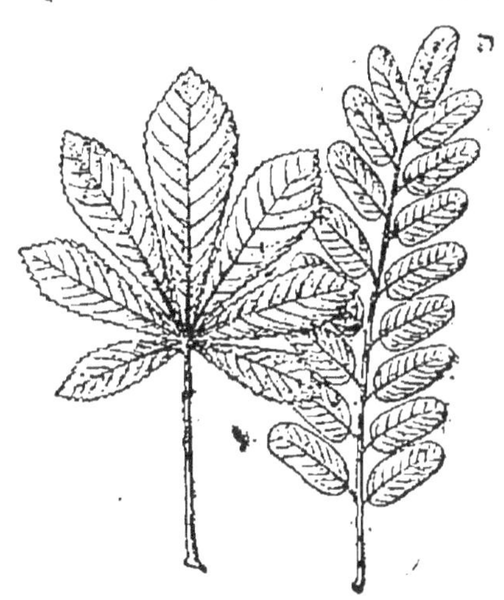

Fig. 187.

**Feuilles composées
du Marronnier, de l'Acacia.**

compris entre les nervures est rempli par le parenchyme, agglomération de cellules aux formes variées. L'épiderme est une pellicule transparente qui recouvre la feuille dans toute son étendue ; elle est percée de petits trous appelés *stomates,* qui sont autant de bouches qui absorbent ou qui laissent échapper les gaz dans la digestion des plantes.

Parti qu'on tire des feuilles. — Certaines feuilles sont utilisées par l'homme pour son *alimentation* : l'épinard, la chicorée, les salades ; d'autres fournissent par *infusion* des liquides aux propriétés diverses : le thé, la bourrache ; la feuille de l'indigotier donne une belle *matière colorante* bleue, l'indigo, etc.

BOURGEONS

Les bourgeons sont des petits corps en forme d'œuf qu'on trouve, soit à l'*aisselle* des feuilles, soit à l'extrémité des rameaux. Ils sont généralement formés d'écailles qui se recouvrent l'une l'autre, et se trouvent enduits d'une matière résineuse (fig. 188), puis garnis intérieurement d'une espèce de bourre plus ou moins fournie qui protège le bourgeon contre l'action du froid.

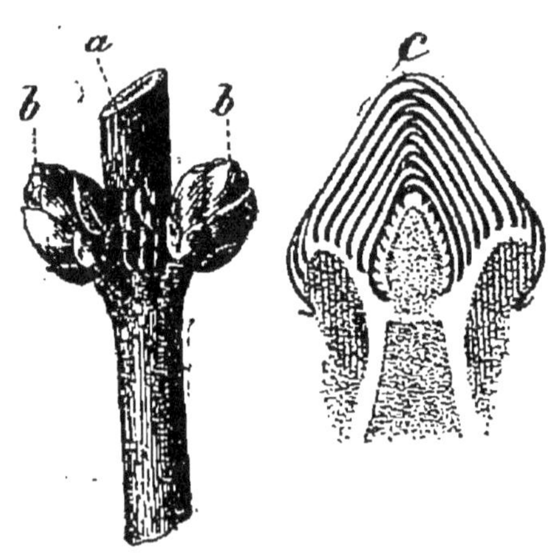

Fig. 188. — **Bourgeons.**
a. A feuilles. — *b.* A fruits. — *c.* Coupe.

Les bourgeons contiennent, à l'état rudimentaire, les branches, les feuilles et les fruits qu'ils vont produire plus tard, après leur développement.

Il est cependant des bourgeons qui ne produiront que des rameaux et des feuilles et d'autres qui donneront naissance à des fleurs et des fruits; les premiers ont une forme allongée, tandis que les seconds sont sphériques et sont désignés par les jardiniers sous le nom de *bosses à fruits*.

Les bourgeons, détachés avec les précautions que nous indiquerons en horticulture, et transportés sur un autre végétal, pourront s'y développer et donner naissance, sur cette nouvelle mère d'adoption, à des fleurs et des fruits semblables à ceux qu'ils auraient produits sur le sujet dont on les a détachés :

ce qui montre bien que le bourgeon contenait déjà à
l'état rudimentaire les fleurs de son espèce.

FONCTIONS DE LA NUTRITION CHEZ LES VÉGÉTAUX.

Les différentes fonctions de la nutrition des plantes
sont : la *digestion,* l'*absorption,* la *circulation* et la *respiration.* Nous voyons que ces opérations sont les
mêmes que celles de la nutrition des animaux. Nous
avons, d'ailleurs, déjà appelé ces fonctions fonctions de
la vie végétative.

Digestion. — Les organes de la digestion sont
les *parties vertes* des plantes.

Sous l'influence des rayons solaires, les parties vertes
des plantes décomposent l'acide carbonique de l'atmosphère en carbone qu'elles absorbent pour former le
bois, et en oxygène qui est restitué à l'air.

Dans l'obscurité, aucune action de digestion ne se
produit.

Cette opération, que nous désignons sous le nom de
digestion, présente bien, en effet, tous les caractères de
cette fonction : ne voyons-nous pas ici une *séparation,*
un choix fait entre la partie utile à la plante, le carbone, et celles dont elle n'a que faire. Le végétal ne
profite-t-il pas de cette séparation? Est-ce qu'il ne
s'accroît pas aux dépens de ce carbone dont il va faire
du bois? (Car le bois sec contient la moitié de son poids
de charbon.)

Nous avons bien là les deux buts de toute digestion :
séparation des aliments utiles de ceux qui ne le sont
pas, accroissement de l'être aux dépens de la partie
utile.

Cette fonction, que nous venons d'appeler digestion,

se trouve encore désignée sous le nom de *fonction chlo-rophyllienne*, parce que c'est par la partie verte ou chlorophylle des végétaux qu'elle s'effectue.

Ce phénomène reçoit encore le nom d'*assimilation du carbone*.

Absorption. — En dehors du carbone que la plante tire de l'atmosphère par ses feuilles vertes, elle trouve dans le sol l'eau chargée des principes nutritifs utiles. Ces corps en dissolution dans l'eau et qui servent d'aliments au végétal sont : des sels minéraux, tels que les azotate et phosphate de chaux, carbonates de chaux et de potasse, des silicates, et des sucres, des gommes, de l'albumine, etc. De là l'utilité de rendre aux terrains épuisés par la culture les éléments nutritifs qui leur ont été enlevés, par conséquent de les *fumer* et de les *amender*; de là résulte aussi la nécessité d'arroser le sol pour permettre aux éléments solubles de se dissoudre et d'être ainsi facilement absorbables.

Ces aliments, tout dissous dans l'eau, sont *absorbés*, par endosmose, par les poils absorbants qui garnissent les radicelles des racines, et portés, sous le nom de *sève*, dans toutes les parties du végétal. C'est avec grand soin que la racine cherche dans le sol ses principes nutritifs, et, — j'allais dire l'instinct, — l'opiniâtreté avec laquelle elle se dirige n'a-t-elle pas lieu de nous étonner parfois? Nous la voyons, en effet, se plier à toutes les exigences d'un sol ingrat à toute végétation, sans jamais se rebuter; nous la surprenons à profiter des fissures naturelles des pierres et des rochers, et même à en provoquer pour trouver au delà des matériaux qui lui serviront à soutenir plus longtemps l'éternelle lutte pour l'existence. L'ascension de la sève jusque dans les parties les plus élevées de la plante est

due à divers phénomènes physiques, et, entre autres,
à la capillarité des vaisseaux qui renferment la sève, et
à l'aspiration produite par l'évaporation de l'eau à la
surface des feuilles. Ce mouvement constitue la circulation.

Circulation. — La circulation de la sève s'effectue par deux mouvements inverses : l'un qui l'élève
des racines vers les feuilles, l'autre qui la ramène
des feuilles aux racines. Dans son mouvement ascen-
dant, la sève se nomme *sève ascendante;* dans le mouvement inverse, on la désigne sous le nom de *sève descendante.*

La sève ascendante s'élève en suivant la partie interne
du tronc et des rameaux, dans la région ligneuse, entre
le cœur et l'aubier; elle se rend jusque dans les feuilles
en dissolvant en route divers produits qui proviennent
d'une végétation antérieure, et transforme peu à peu
l'aubier en cœur. Parvenue dans les feuilles, la sève
subit une nouvelle modification au contact de la lumière
et de l'air, qui a pour effet de la rendre réellement
capable de nourrir le végétal. En même temps que cette
élaboration se produit, la sève laisse échapper par les
stomates des feuilles tous ses résidus : l'eau en excès et
diverses substances devenues inutiles. On désigne sous
le nom de transpiration, ou mieux d'*exhalaison*, cet
acte de salubrité interne.

La sève descendante revient vers le sol en longeant la
surface interne de l'écorce; elle dépose, au fur et à
mesure de sa descente, les principes nutritifs dont elle
est chargée, pour former une couronne d'une substance
qui deviendra aubier, et qui s'ajoutera ainsi d'année en
année à l'aubier antérieurement formé.

Le mouvement de la sève commence a 1 printemps ; il

devient de plus en plus actif, pour décroître à l'automne et cesser presque complètement en hiver.

Respiration. — La respiration des végétaux ne se produit par aucun organe spécial : le végétal tout entier respire par sa surface, même par ses parties vertes.

La plante tout entière laisse échapper l'acide carbonique et absorbe l'oxygène de l'air.

Elle respire donc véritablement comme les animaux ; mais comme sa respiration est très lente, et qu'au contraire sa fonction chlorophyllienne est très active sous l'influence des rayons solaires, les végétaux doivent être considérés comme des agents très actifs de salubrité, puisque le résultat de ces deux phénomènes : respiration et fonction chlorophyllienne, est encore la restitution à l'air d'oxygène vivifiant.

SÉCRÉTIONS.

Les végétaux produisent, comme certains organes animaux, des matières qu'ils laissent échapper au dehors où elles se condensent sur l'écorce, ou bien des produits dont on provoque l'écoulement par des incisions faites dans la tige de la plante, ou surtout des corps qu'on trouve accumulés dans leurs tissus.

Les principales sécrétions végétales sont : les *Gommes*, les *Résines*, qui coulent sur l'écorce ; le *Caoutchouc* qu'on recueille après incision de la tige ; le *Sucre*, la *Fécule*, les *Huiles*, les *Matières colorantes* que déjà nous avons trouvées dans les tissus qui constituent les racines, les tiges, les tubercules, les graines, les feuilles.

Gommes. — Les principales espèces de gommes sont : la *gomme arabique*, recueillie sur différentes espèces d'acacias d'Arabie ; la *gomme du pays*, qu'on trouve parfois sur certains de nos arbres fruitiers : le cerisier, l'abricotier, le pêcher, etc.

Résines. — Les résines découlent, naturellement ou après incisions, des arbres de la famille du pin ; les principales espèces de résines sont le goudron, la poix, la colophane.

Cire. — La cire végétale, exactement semblable à celle des abeilles, se trouve à la surface des tiges, feuilles ou fruits de certaines plantes ; elle y forme toujours une couche d'une très faible épaisseur : ainsi, sur les prunes, sur les feuilles du chou et surtout sur le fruit du cirier.

Caoutchouc. — Le caoutchouc découle, après incision profonde, de la tige de l'hévéa ou du figuier élastique ; d'apparence laiteuse, ce suc, reçu dans des moules en forme de poire, est desséché au feu, puis livré au commerce.

QUESTIONNAIRE.

Qu'appelez-vous racine ? — De quoi se compose-t-elle ? — Quels organes trouve-t-on à l'extrémité des radicelles ? — Quels noms portent les racines suivant leurs formes ? Exemple. — Les racines sont-elles toujours souterraines ? — Exemples de racines adventives ? — Quel parti tire-t-on des racines en alimentation, en médecine, en teinture ? — Définissez la tige. — Quels sont les noms des tiges suivant leurs formes ? — Quel est l'aspect de la section d'une tige de dicotylédone ? — Comment nomme-t-on les différentes régions qu'on y rencontre ? — Comment s'accroit une tige de dicotylédone, et comment compte-t-on son âge ? — Quelle est la structure d'une tige de monocotylédone ? — Comment s'accroît sa tige et comment se compte son âge ? — Nommez des tiges souterraines. — Quel parti tire-t-on des tiges en alimentation, dans la construction, dans l'ébénisterie, dans l'industrie textile ? — Décrivez la feuille. — Comment peuvent-elles être disposées sur la tige ? — Qu'entendez-vous par feuilles simples, composées ? Exemples. — Quelles sont les parties qui constituent une feuille ? — Quels sont les usages des feuilles en alimentation, en médecine, en teinture? — Quel est l'aspect d'un bourgeon? — Que contient-il en embryon? — Il en existe de combien d'espèces? — Qu'entendez-vous par fonction chlorophyllienne? — Quand s'effectue-t-elle et par quels organes? — Quels sont les principaux organes de l'absorption? — Qu'entendez-vous par circulation chez les végétaux? — Quel liquide circule? — Dans quelles parties du végétal? — Par quels organes s'effectue la respiration? — Quelle est son action? — Nommez des matières sécrétées par les végétaux. — Comment sont-elles recueillies?

CHAPITRE III

ORGANES DE REPRODUCTION

Nous avons vu que les organes de la reproduction des végétaux sont : la *fleur*, le *fruit* et la *graine*. Mais ces deux derniers organes ne sont que des parties de la fleur : c'est en effet celle-ci qui donne naissance au fruit, et c'est dans le fruit qu'on trouve la graine.

FLEUR.

La fleur est la partie du végétal qui renferme les organes propres à sa reproduction; elle est habituellement recherchée pour la richesse de ses couleurs ou pour la beauté de sa forme. Mais il se fait que, précisément les parties les plus brillantes de la fleur sont celles qui ont le moins d'utilité pour le but que la fleur doit atteindre : la perpétuation de l'espèce.

Fleur complète. — Les différentes parties qui constituent une fleur chez laquelle tous les organes existent, la rose sauvage par exemple, sont, en allant de l'extérieur vers l'intérieur : les *sépales*, dont l'ensemble constitue le *calice ;* les *pétales*, dont la réunion s'appelle *corolle ;* les *étamines*, qui sont les pièces détachées de l'*androcé* ; et les *carpelles* dont l'ensemble forme le *pistil* (fig. 189).

La fleur est ordinairement reliée au

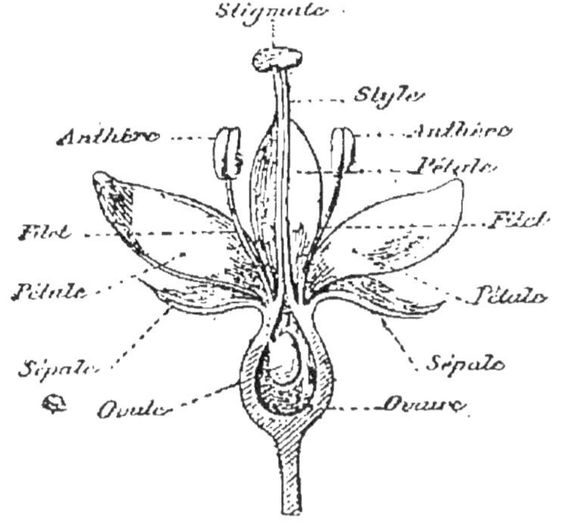

Fig. 189.
Fleur théorique.

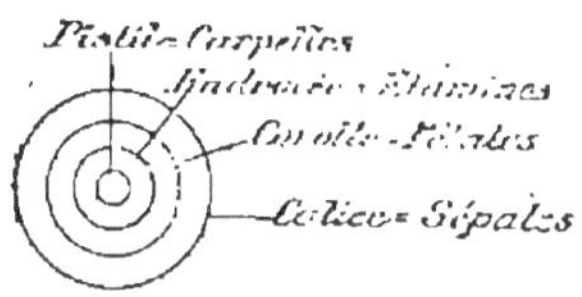

Fig. 190.
Verticilles de la fleur.

rameau par la queue, désignée sous le nom de *pédoncule.*

Les enveloppes de la fleur sont appelées ses *verticilles* (fig. 190) : ainsi la fleur complète présente quatre verticilles : le calice, la corolle, l'androcé et le pistil.

Le pistil est encore désigné sous le nom de *gynécée.*

Calice. — Le *calice* est l'enveloppe extérieure de la fleur, il se trouve à l'extrémité du pédoncule ; ses formes sont très variées ; sa couleur est généralement verte ; cependant c'est l'enveloppe extérieure nommée *périanthe* qui est colorée différemment chez la tulipe, le lis, la jacinthe.

Le calice est formé par l'ensemble de petits organes assez semblables à des feuilles : les *sépales*. Quand les sépales sont tous soudés ensemble à partir de la base, on dit que le calice est *gamosépale* : l'œillet ; il est *polysépale* quand les sépales sont séparés : la giroflée.

Corolle. — La *corolle* est intérieure au calice; c'est la partie la plus brillante de la fleur, c'est celle dont le tissu est le plus délicat, celle qui sécrète et exhale ses parfums embaumés, grâce à des organes spéciaux appelés *nectaires*.

La corolle est l'ensemble des *pétales*.

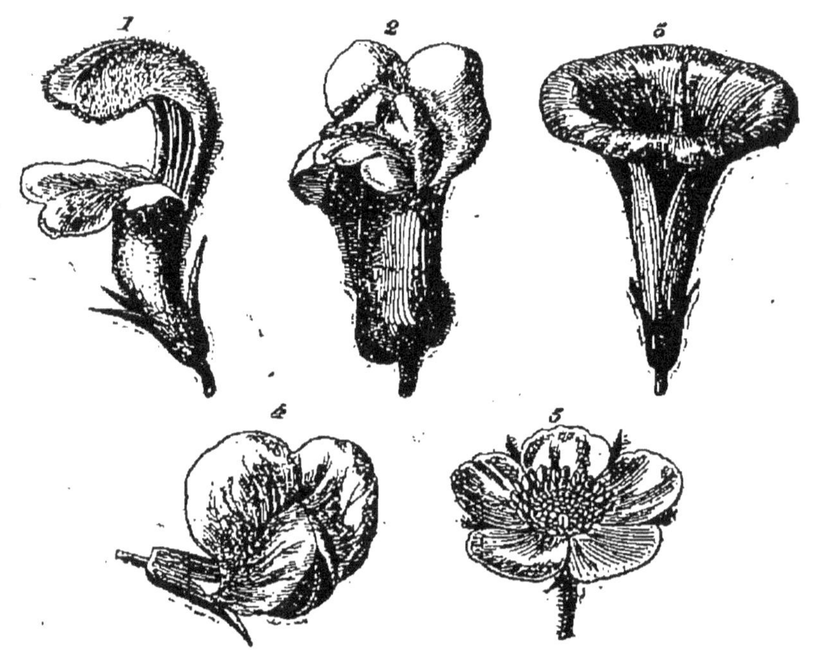

Fig. 191.

. Corolle labiée. — 2. Corolle personnée. — 3. Corolle campanulacée.
4. Corolle papilionacée. — Corolle rosacée.

Comme nous venons déjà de le remarquer pour le calice, la corolle peut avoir ses pétales soudés ensemble sur toute ou partie de sa longueur; on dit alors que la corolle est *gamopétale* ou monopétale : le tabac, la primevère; dans le cas où les pétales sont libres à partir de la base, la corolle est *polypétale* ou dialypétale : la giroflée, la rose, l'œillet, et, alors, le nombre des pétales est très variable (fig. 191).

Les différentes formes de corolles sont fort nombreuses : la corolle est *labiée* (n° 1), quand elle est divisée en deux lèvres : la sauge ; *personnée* (n° 2), quand elle a l'apparence du masque d'un animal : la gueule-de-loup, la linaire ; *campanulacée* (n° 3), en forme de cloche : le liseron ; *papilionacée* (n° 4), quand elle ressemble aux ailes d'un papillon : le haricot, le pois ; *rosacée* (n° 5), en forme de rosace : la rose, le pommier, etc.

Androcé. — L'androcé est l'ensemble des *étamines*. Les *étamines* sont des filaments situés entre les pétales et le pistil, et qui sont fixés, soit au-dessous de l'ovaire, soit attachés au calice, soit autour de l'ovaire lui-même. La façon dont sont *insérées* les étamines est assez importante, car elle est un des éléments utilisés dans les classifications des plantes.

Le nombre des étamines est très variable : certaines fleurs n'en renferment qu'une seule : le saule ; d'autres en contiennent plusieurs centaines : le pavot, la pivoine.

Chaque étamine est formée de 2 parties : le *filet* et l'*anthère*.

Le filet n'est que le support de l'anthère ; c'est ordinairement un filament cylindrique ou parfois conique. Il n'est pas rare cependant de voir le filet se transformer en pétale, soit naturellement, soit par un procédé de culture ; la fleur est dite alors *fleur double*, car elle renferme, en outre de ses pétales naturels, ceux qui proviennent de la transformation des étamines : telles sont les fleurs doubles du rosier, du pavot, de l'œillet, etc.

L'*anthère* est un petit sac à une ou 2 loges qu'on trouve fixé à l'extrémité du filet. Il contient une poussière très fine, généralement jaune, appelée *pollen*, dont nous allons voir plus loin la grande utilité.

Pistil. — Le pistil se trouve au milieu des étamines : c'est la partie centrale de la fleur ; il est la réunion des *carpelles*. Quelquefois le pistil est simple, c'est-à-dire constitué par un seul carpelle : le haricot ; plus souvent on le trouve formé de plusieurs carpelles libres ou soudés.

Chaque carpelle est formé, en commençant par le haut : du *stigmate*, du *style* et de l'*ovaire*.

Le *stigmate* est une petite glande de forme variable qu'on trouve à l'extrémité du style, ou qui, en l'absence du style, repose directement sur l'ovaire ; sa surface se recouvre d'un enduit visqueux à l'époque de la fécondation.

Le *style* est une petite tige cylindrique et creuse qui prolonge l'ovaire et qui soutient le stigmate.

L'*ovaire* est la partie renflée que prolonge le style. C'est une cavité à une ou plusieurs loges, dont chacune renferme un ou plusieurs petits corps nommés *ovules* ; elle offre généralement autant de loges que le pistil a de carpelles. C'est l'ovaire qui, par son accroissement, va devenir le fruit.

FLEURS INCOMPLÈTES.

Il existe des fleurs complètement *dépourvues de corolle ;* dans ce cas, celle-ci est remplacée par le périanthe diversement coloré qui tient lieu de corolle et de calice ; il en est ainsi pour toutes les plantes monocotylédones : le lis, la jacinthe, la tulipe, etc. ; et pour certaines plantes dicotylédones : l'ortie, le peuplier, etc.

Nous avons vu que les fleurs doubles ont le plus grand nombre de leurs étamines, parfois toutes, transformées en pétales. Mais aucune plante capable de reproduire ne peut être complètement dépourvue de pistil ni d'étamines : ces deux organes sont indispensables au développement de la graine ;

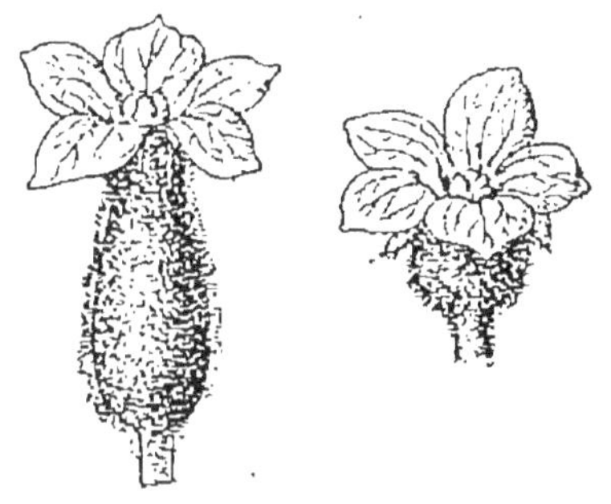

Fig. 192. — Fleurs de Melon.
(A pistil, à étamines.)

Fig. 193. — Fleurs du Noisetier.
(A gauche : fleurs à pistil; à droite : fleurs à étamines.)

les autres parties de la fleur n'ont qu'un but de protection ou d'ornementation.

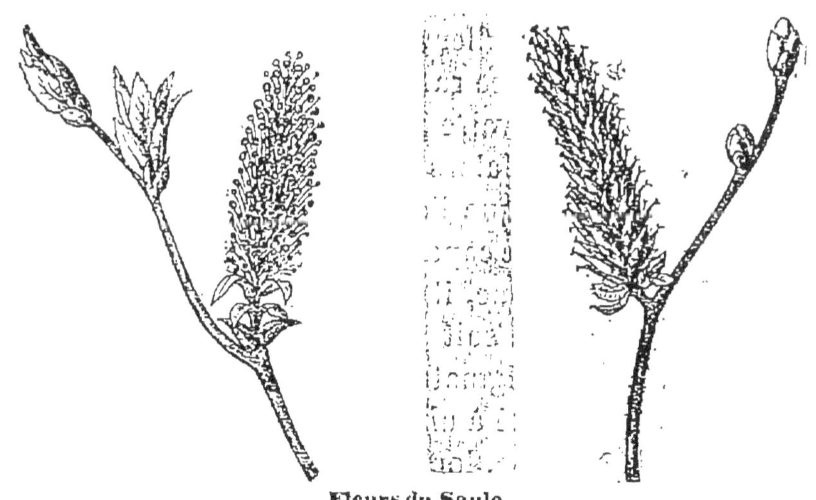

Fleurs du Saule.

Fig. 194.
Fleurs à étamines.

Fig. 195.
Fleurs à pistil.

Cependant, s'il est fréquent que la même fleur renferme à la fois ses étamines et son pistil, on trouve souvent aussi sur un même pied végétal des fleurs qui ne portent que les étamines et d'autres qui n'ont que le pistil : il en est ainsi pour le melon (fig. 192), le noisetier (fig. 193), etc...

Tantôt encore, ce sont deux pieds différents, dont l'un porte des fleurs à étamines et l'autre des fleurs à pistil qui forment à eux deux un végétal complet pour la reproduction : tels le chanvre, le saule (fig. 194 et 195).

FONCTIONS DES ÉTAMINES ET DU PISTIL.

Quand la fleur est complètement épanouie, les pétales développés et le pistil élevé au milieu des étamines, les anthères gorgées s'ouvrent de toutes parts, pour laisser échapper leur pollen sur le stigmate, qui retient avidement cette poussière fécondante.

Chaque grain de pollen, en contact avec la surface humide du stigmate, se ramollit et s'allonge en un tube qui s'engage dans l'ovaire en suivant le style. Il se fixe à un ovule qui prend alors le nom de graine.

Ainsi donc, pour que l'ovule devienne une graine, c'est-à-dire un organe capable de reproduire le végétal qui l'a formé lui-même, il est indispensable que cette série d'opérations se soit produite : que le pollen se trouve porté sur le stigmate du pistil, qu'il ait traversé le style, et se soit fixé à un ovule.

On conçoit bien que, lorsque la même fleur contient à la fois les étamines et le pistil, le passage du pollen sur le stigmate puisse se faire aisément : le moindre mouvement de l'air suffira pour effectuer ce transport auquel, d'ailleurs, les organes de la fleur se prêtent merveilleusement.

Mais lorsque ces deux organes : pistil et étamines, appartiennent à deux fleurs différentes situées, soit sur le même pied comme pour le melon, soit surtout sur deux plantes éloignées, le chanvre par exemple, l'opération sera plus difficile : le stigmate devra saisir au passage les grains de pollen que le vent dirigera vers lui, ou les soustraire aux insectes qui se poseront sur lui après avoir butiné sur une fleur à étamines. Et le stigmate ne transformera que le pollen qui lui convient ; il n'arrivera jamais au pistil d'une fleur de pommier de transformer le pollen échappé de la rose ; tout au plus consentira-t-il à laisser pénétrer le pollen d'une variété de fleur de la même espèce.

Mais si le pollen ne rencontre pas le pistil, ou s'il n'est pas conduit dans l'ovaire, on dit que la fleur *coule*, rien ne se produit : pas de graine, pas de *fruit* ; la fleur se flétrit et tombe au sol sans rien laisser d'utile, après un séjour peut-être brillant mais dont le souvenir cesse avec son parfum. Telles sont les belles fleurs doubles de nos parterres, que pour faire plus belles on a rendues stériles, puisque leurs étamines sont transformées en pétales.

FRUIT.

Dès que l'ovule a été fécondé pour devenir *graine*, l'ovaire tout entier se développe alors ; il s'allonge, il grossit, devient quelquefois une masse gorgée de sucs : c'est le *fruit* (fig. 196).

Le fruit est donc l'ovaire développé ; il renferme les graines qui portent elles-mêmes l'embryon. Ce n'est pas seulement le produit de la fleur bon à manger qu'on désigne sous le nom de fruit, mais bien tout *organe qui renferme les graines* (fig. 197). Ainsi, c'est bien le fruit que nous mangeons dans le pommier, le cerisier; mais c'est la graine que nous utilisons dans le pois : la gousse est le fruit; c'est le fruit de l'érable qui semble avoir des ailes et que le vent emporte, etc.

Le fruit porte différents noms suivant sa forme (fig. 198 et 199), il s'appelle

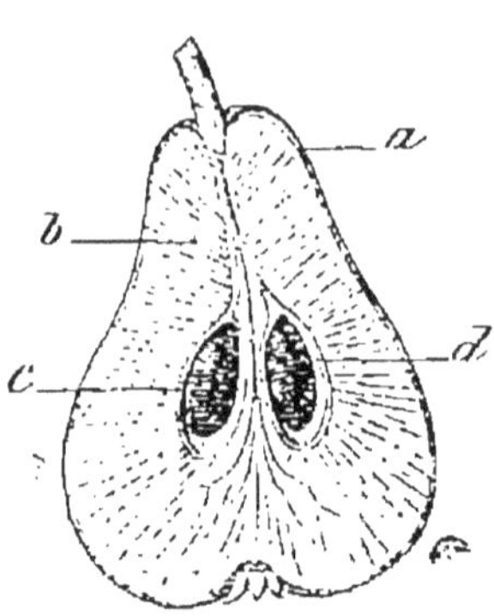

Fig. 196.

Coupe d'une poire.

A. Épicarpe.
B. Mésocarpe.
D. Endocarpe.
C. Graines.

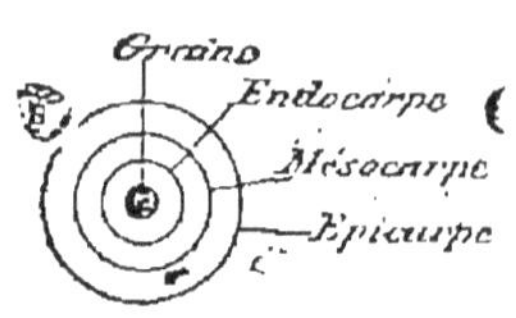

Fig. 197.

Fruit théorique.

drupe chez la cerise; *baie* dans la groseille, le raisin; *capsule* dans le fruit sec du pavot; *gousse* chez le

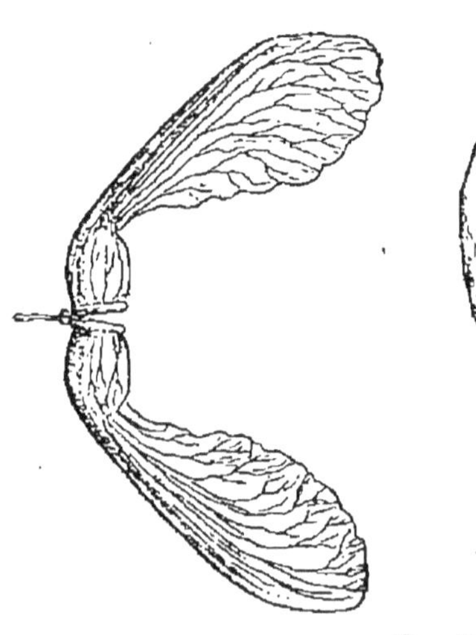

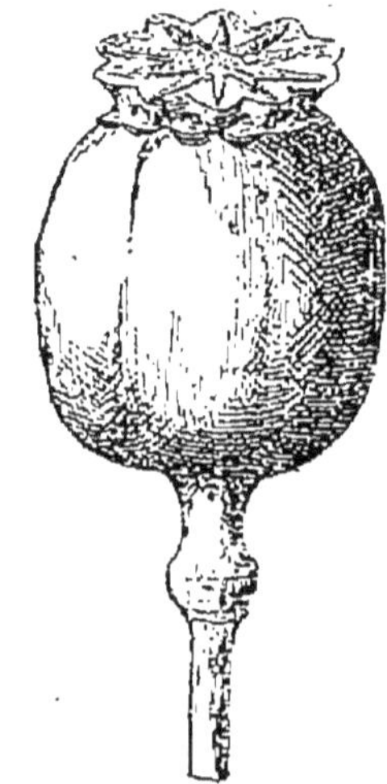

Fig. 198. — Fruits.

Fruit sec de l'Erable.   Capsule du Pavot.   Akène de la Renoncule.

haricot, le pois; *silique* chez la giroflée; *akène* dans la carotte, le sarrasin, la renoncule, etc.

Les fruits affectent donc des formes et des dispositions des plus variables, mais tous comprennent l'*épicarpe*, le *mésocarpe*, l'*endocarpe* dont l'ensemble s'appelle *péricarpe*, et enfin la *graine*.

L'*épicarpe* est la peau, l'enveloppe extérieure du fruit, celle qu'on enlève avant de manger le fruit comestible.

Le *mésocarpe* est la partie charnue du fruit, celle qu'on mange dans la pomme, la poire, etc. ; c'est la pulpe verte, le brou, qui entoure la noix fraîche.

L'*endocarpe* est la partie centrale du fruit, celle qui avoisine immédiatement la graine : ce sont les lames qui entourent le pépin de la pomme, c'est le bois qui forme le noyau de la cerise, le bois qui enferme la graine comestible du noyer, l'enveloppe transparente des quartiers de l'orange.

La *graine*, nous la connaissons bien, nous l'avons décrite précédemment. Elle est ordinairement logée au sein d'une enveloppe plus ou moins résistante, ligneuse chez les fruits à noyau, molle dans les fruits à pépins.

Nous avons maintenant suivi la plante dans tous ses accroissements ; nous l'avons prise à l'état d'embryon, dans la graine, et nous venons de la laisser au moment où elle vient de former des graines à embryon.

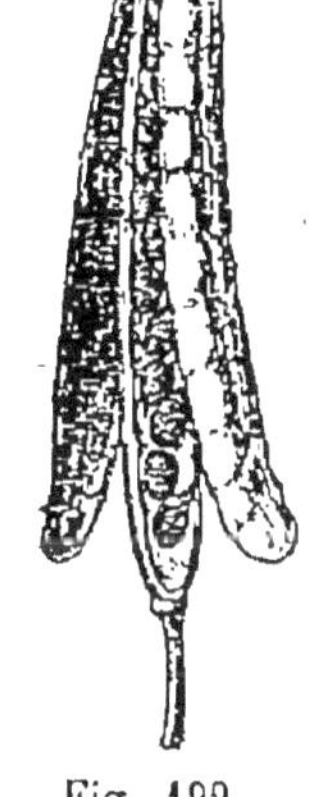

Fig. 199. — Silique de la Giroflée.

Parti qu'on tire des fleurs et des fruits. — En dehors du parti que le jardinier tire des fleurs pour l'ornementation et le plaisir des yeux, la médecine en utilise un grand nombre : le *Tilleul*, la *Camomille*, la *Mauve*, la *Fleur d'oranger*, la *Rose de Provins*, etc. ; la parfumerie emploie les essences odorantes qu'on extrait de la *Rose*, du *Jasmin*, de l'*Héliotrope* ; d'autres fournissent des matières colorantes, le *Safran*, le *Carthame;* c'est dans les fleurs que viennent puiser les éléments du miel les abeilles et les guêpes.

De nombreux fruits sont comestibles : *Pommes, Poires, Pêches*, etc., etc...; des liquides sucrés qu'on en extrait, on prépare, après fermentation, du *vin* ou du *cidre*, puis de l'*alcool*. Nous n'oublierons ni les pruneaux, ni les confitures de tous genres.

QUESTIONNAIRE.

Nommez les organes servant à la reproduction des végétaux. — Quelles sont les parties constitutives d'une fleur complète? — Parlez du calice. Comment s'appelle-t-il lorsque les sépales sont soudés? — De quoi est formée la corolle? — Quels noms prend-elle suivant sa forme? — Comment appelez-vous l'ensemble des étamines? — De quoi se compose une étamine? — Qu'est-ce que le pollen? — Où se trouve le pistil? — De quoi est formé un carpelle? — Qu'entendez-vous par fleurs incomplètes? — Citez des plantes à fleurs incomplètes différentes sur un même pied, différentes sur deux pieds. — Décrivez les fonctions des étamines et du pistil. — Quand l'ovule devient-il graine? — Les fleurs doubles portent-elles des graines? — D'où provient le fruit? — De quelles parties est-il formé? — Citez des exemples de chacune de ces parties? — Quelle utilité tire-t-on des fleurs et des fruits en alimentation, en médecine, en parfumerie, en teinture, en ornementation?

<hr>

CHAPITRE IV

CLASSIFICATION VÉGÉTALE

Au début de la Botanique, nous avons divisé les être du règne végétal en trois embranchements : les plantes *Dicotylédones*, les *Monocotylédones* et les *Acotylédones*.

Les embranchements sont eux-mêmes divisés en *classes* et les classes en *familles*.

Cette année, nous ne nous occuperons que des familles, et encore ne citerons-nous que celles qui auront pour nous un intérêt plus immédiat.

On trouve placées dans la même famille les plantes dont les *fleurs* ont un grand degré de ressemblance, et chez lesquelles les *étamines sont insérées* de la même façon : car ces caractères semblables amènent la quasi-similitude des graines et des fruits.

EMBRANCHEMENT DES DYCOTYLÉDONES

Nous rappellerons brièvement que les plantes Dico-tylédones sont celles dont la graine possède deux cotylédons ; elles ont leurs racines soit pivotantes ou pivotantes rameuses, soit fibreuses ; leurs tiges sont tronconiques et leur section horizontale présente une suite de circonférences concentriques. Elles portent des fleurs.

Nous distinguerons 3 sous-embranchements dans les Dicotylédones : les *Polypétales*, ou plantes dont les fleurs ont les pétales séparés ; les *Gamopétales* à fleurs dont les pétales sont soudés, et les *Apétales* ou plantes à fleurs sans pétales.

DICOTYLÉDONES.

POLYPÉTALES.

Les principales familles des Dicotylédones polypé-tales sont :

Les *Rosacées*.	Les *Ombellifères*.
Les *Légumineuses*.	Les *Cucurbitacées*.
Les *Crucifères*.	Les *Papavéracées*.

FAMILLE DES ROSACÉES.

La famille des Rosacées, qui a pour type la fleur du

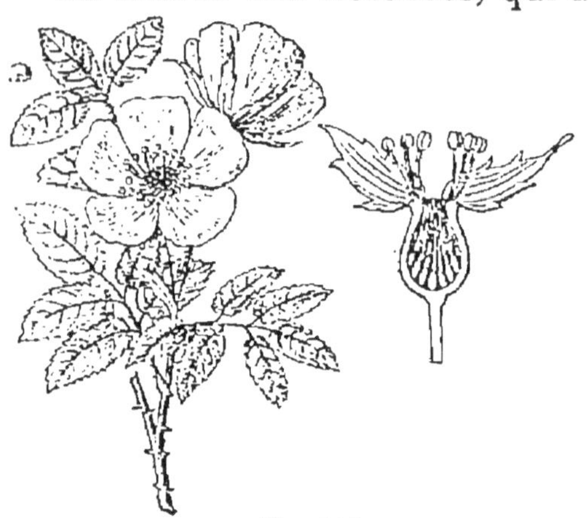

Fig. 200.
Églantier et sa fleur dépourvue de pétales.

rosier sauvage ou *Églantier*, comprend des végétaux ligneux ou herbacés. Leurs fleurs ont le calice gamosépale, mais divisé à la partie supérieure en 5 sépales ; leur corolle a 5 pétales, les étamines sont très nombreuses et insérées sur le calice.

Les espèces principales de cette famille sont : l'*Églantier* (fig. 200), commun dans nos haies ; toutes les variétés de *Rosiers* cultivés dans nos jardins pour la beauté et le parfum de leurs fleurs ; la plupart de nos arbres fruitiers : *Poirier*, *Pommier* (fig. 201), *Abricotier*, *Cerisier*, *Prunier*, *Pêcher*, *Néflier*,

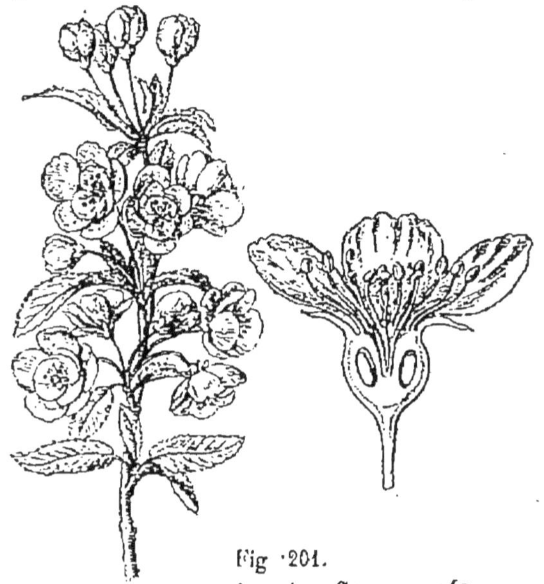

Fig. 201.
Fleurs du Pommier et sa fleur coupée.

le *Framboisier*, le *Fraisier*, les arbrisseaux de nos haies l'*Aubépine*, la *Ronce*, le *Prunelier*.

FAMILLE DES LÉGUMINEUSES.

Cette famille très nombreuse, dont le type est la fleur du *Pois*, renferme beaucoup de comestibles.

Les végétaux de cette famille sont ligneux ou herbacés, arbustes ou arbres ; leurs feuilles sont composées. Leurs fleurs ont la corolle papilionacée (fig. 202), plus ou moins profondément soudée : le pétale qui se trouve

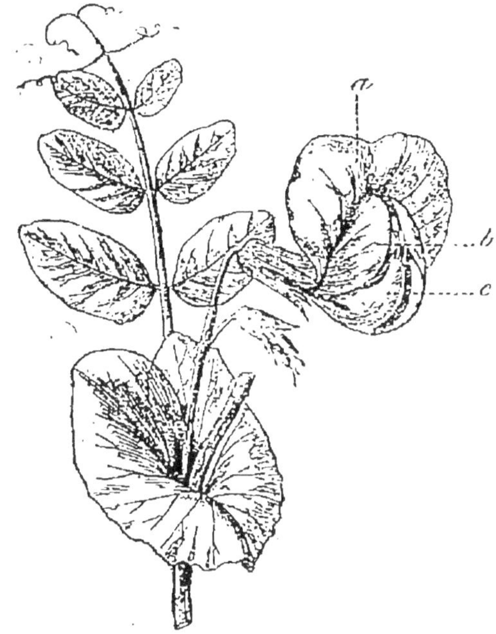

Fig. 202. — **Fleur papilionacée du Haricot.**
a. étendard. — *b*. ailes. — *c*. carène.

à la partie supérieure de la fleur, celui qui s'élève, s'appelle *étendard*, les 2 qui sont situés de chaque côté se nomment *ailes*, et les 2 derniers, qui ressemblent à la coque d'un navire, forment la *carène*. Le fruit est une *gousse* (fig. 203).

Les principales espèces sont : le *Pois*, le *Haricot*, la *Fève*, la *Lentille*, dont les

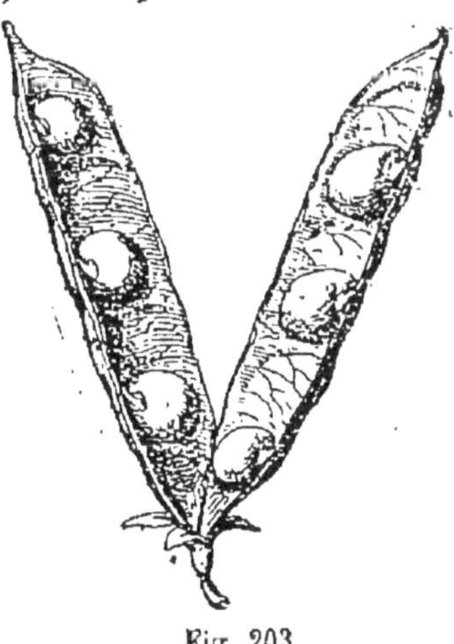

Fig. 203
Gousse des Légumineuses.

9.

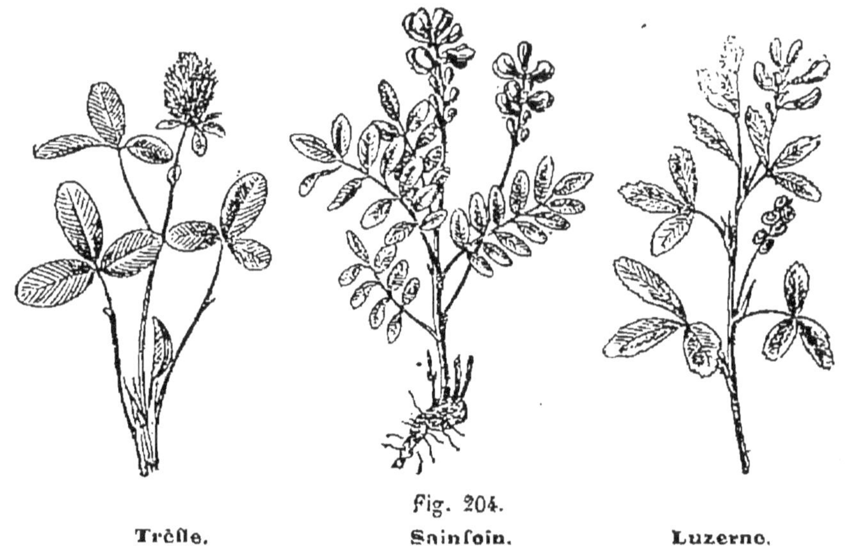

Fig. 204.

Trèfle.						Sainfoin.						Luzerne.

graines farineuses servent d'aliment vert ou sec à l'homme; le *Sainfoin,* le *Trèfle*, la *Luzerne* (fig. 204), plantes fourragères à l'usage des bestiaux ; le *Genét* et l'*Indigotier*, qui fournissent leurs matières colorantes jaune et bleue ; la *Réglisse*, dont la tige souterraine contient un suc adoucissant; la *Glycine,* aux grappes de fleurs si fournies; les *Acacias* (fig. 205); la *Sensitive,* dont les feuilles s'abaissent au moindre contact.

Fig. 205. — Acacia d'Arabie.

FAMILLE DES CRUCIFÈRES.

Cette famille comprend les végétaux qui portent une fleur en forme de *croix* (fig. 206). C'est une des plus nombreuses du règne végétal ; elle ne renferme que des végétaux herbacés. Les fleurs sont formées de 4 pétales disposés en croix, leurs fruits ont l'aspect de petites gousses, ce sont des siliques.

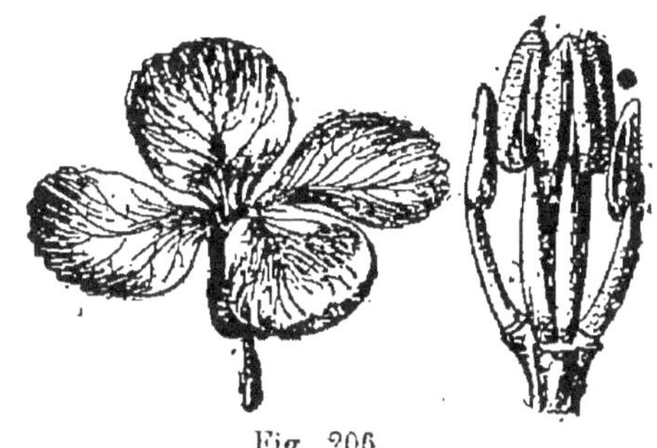

Fig. 206.

Corolle de la Giroflée.

Étamines de la Giroflée.

Toutes les espèces de cette famille ont des propriétés stimulantes et antiscorbutiques, aussi sont-elles employées soit dans l'économie domestique, soit en médecine.

Les principales espèces sont : le *Chou*, le *Navet*, le *Radis*, le *Cresson*, la *Moutarde*, le *Raifort*, qui tiennent une si grande place dans notre alimentation ; le *Colza* (fig. 207), la *Navette*, dont la graine fournit par compressions des huiles pour l'éclairage ; le *Pastel*, dont la feuille produit une belle couleur bleue ; la *Giroflée*, la *Julienne*, le *Thlaspi* appelé *Théraspic* par les jardiniers, les *Ravenelles*, etc., employées comme plantes d'ornement dans nos jardins.

Fig. 207. — **Colza.**

FAMILLE DES OMBELLIFÈRES.

Les plantes de cette famille ont les fleurs très petites disposées en forme de parasol, en *ombelles* (fig. 208); elles sont herbacées. Elle comprend des plantes alimentaires et des plantes médicinales.

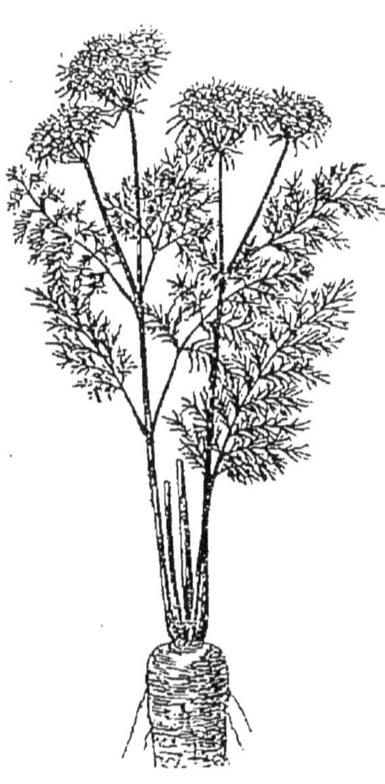

Fig. 208.

Ombelles de la Carotte.

Les principales espèces sont : la *Carotte*, le *Céleri*, le *Cerfeuil*, le *Persil*, si employés dans les usages culinaires ; l'*Angélique*, l'*Anis*, le *Fenouil*, plantes aromatiques ; la grande et la petite *Ciguë*, aux propriétés si vénéneuses, et la dernière d'autant plus dangereuse qu'elle peut être facilement confondue dans nos jardins avec le persil.

FAMILLE DES CUCURBITACÉES.

Cette famille renferme des végétaux herbacés ; leurs tiges et leurs feuilles sont ordinairement couvertes de poils rudes (fig. 209). Leurs fleurs possèdent, les unes les étamines, d'autres le pistil ; elles ont 5 pétales ; le fruit, généralement gros et charnu, présente une cavité

intérieure dans laquelle sont éparses une infinité de
graines réunies entre elles par des filaments.

Fig. 209.
Tige, feuilles et fleurs du Melon.

Fig. 210.
Courge-pépon.

A cette famille appartiennent : le *Melon*, la *Pastèque*,
ou melon d'eau, le *Concombre*, tous trois comestibles ;
le *Potiron*, ou courge proprement dite, qu'on mange
cuit ; la *Courge-pépon* (fig. 210), dont le fruit fournit
une enveloppe ligneuse dont on fait des gourdes ; la
Bryone, plante grimpante des haies.

FAMILLE DES PAPAVÉRACÉES.

Cette famille, qui a pour type le *Pavot* (fig. 211),
renferme des plantes herbacées dont les fleurs sont à
4 ou 6 pétales et à un très grand nombre d'étamines.
Le fruit, sec et sphérique, renferme des graines fort
nombreuses.

Les principales espèces sont le *Pavot* à fleurs blan
ches, qu'on cultive en Orient pour en extraire l'*opium;*
le *Pavot* à fleurs roses, cultivé dans le nord de la

France, et dont les graines fournissent par expression l'*huile d'œillette* bonne à manger ; le *Coquelicot* de nos

Fig. 211.
Pavot et ses capsules.

champs ; la *Chélidoine* ou *Éclaire,* qui renferme un suc jaune aux propriétés caustiques.

DICOTYLÉDONES.

GAMOPÉTALES.

Les principales familles des Dicotylédones gamopétales sont :

Les *Solanées.*
Les *Convolvulacées.*
Les *Labiées.*
Les *Primulacées.*

Les *Jasminées.*
Les *Caprifoliacées.*
Les *Synanthérées.*
Les *Ericinées.*

FAMILLE DES SOLANÉES.

Les plantes de cette famille sont généralement des arbrisseaux; leurs fleurs, à corolle soudée, renferment 5 étamines et un seul style. Ces plantes sont géné-

Fig. 212. — Aubergine.   Fig. 213. — Tabac et sa fleur.

ralement vénéneuses, quelques-unes sont cependant comestibles.

Les principales espèces sont la *Pomme de terre*, dont les tubercules souterrains occupent une si grande place dans notre alimentation, et dont on extrait de l'amidon, de l'alcool et du sucre; la *Tomate*, l'*Aubergine* (fig. 212) et le *Piment*, employés dans l'économie domestique également. Les plantes vénéneuses de cette famille sont : la *Belladone*, dont le fruit, assez semblable à la cerise, peut causer de fort dangereuses méprises, la *Jusquiame*, toutes deux employées en médecine ; le *Tabac* (fig. 213), dont le principe vénéneux est la *nicotine* ; la *Morelle* et la *Douce-amère*.

FAMILLE DES CONVOLVULACÉES.

Fig. 214. — Liseron.

Cette famille, qui a pour type le *Liseron* (fig. 214), renferme des plantes herbacées, généralement grimpantes ; leurs fleurs présentent l'aspect de gracieuses clochettes ; le fruit est une petite sphère à 2 ou 4 loges.

Les principales espèces sont : le *Liseron* des champs et celui des haies ; le *Liseron cultivé* ou *Belle-de-jour*, le *Volubilis* ; la *Patate*, qui fournit des tubercules comestibles rappelant assez le goût du cœur d'artichaut ; le *Jalap*, dont la racine est purgative.

FAMILLE DES LABIÉES.

Les plantes de cette famille ont des fleurs en forme de lèvres (fig. 215); leurs tiges herbacées sont carrées. Presque tous les végétaux de cette famille sont employés soit en parfumerie, soit en médecine pour leurs principes aromatiques et stimulants.

Fig. 215.
Corolle labiée.

Telles sont : la *Lavande*, la *Mélisse*, la *Menthe*, le *Romarin*, le *Lierre terrestre*, le *Serpolet*, la *Sauge* (fig. 216) ; le *Thym*, employé comme aro

Fig. 216. — Sauge.

mate pour nos aliments ; l'*Ortie blanche* ou *Lamier blanc*.

FAMILLE DES PRIMULACÉES.

Cette famille a pour type la *Primevère* ; elle comprend des plantes herbacées, dont les fleurs sont à corolle régulière et soudée plus ou moins profondément.

Les principales espèces sont la *Primevère* (fig. 217) ou première fleur du prin-

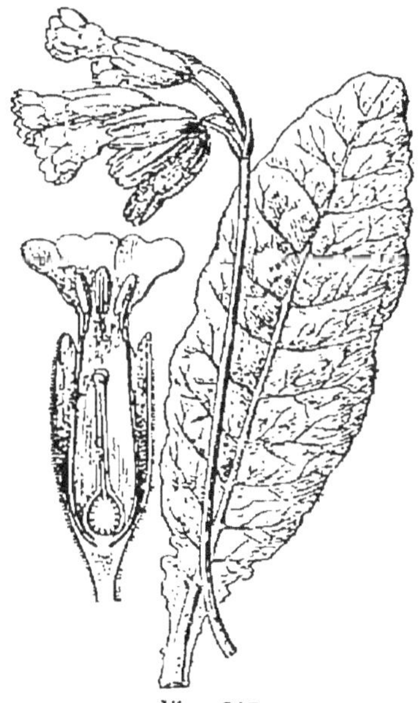

Fig. 217.
Primevère des prairies ou
Coucou et sa fleur

temps, qui croît, en effet, dans les prairies au commencement du printemps, et qu'on désigne encore sous le nom de coucou; l'*Oreille-d'ours* ou primevère cultivée; le *Mouron rouge*, commun dans nos champs, mais mortel pour les oiseaux; le *Mouron bleu* ou faux-mouron.

FAMILLE DES JASMINÉES.

Fig. 219. — **Jasmin.**

Les Jasminées sont des arbustes ou des arbres; leurs fleurs ne portent que deux étamines; le fruit est tantôt charnu, tantôt creux.

Les principales espèces sont : le *Jasmin* des jardins (fig. 219), le *Lilas* aux fleurs blanches ou lilas; le *Troène*; le *Frêne*, un des beaux arbres de nos bois; l'*Olivier*, cultivé dans le midi de la France, dont le fruit, l'*olive*, produit par compression l'huile d'olive si fine et si estimée.

FAMILLE
DES

CAPRIFOLIACÉES.

Cette petite famille, qui a pour type le *Chèvrefeuille*, renferme des arbrisseaux et des plantes grimpantes; les fleurs sont à corolle très irrégulière, le fruit est charnu.

Tels sont le *Chèvrefeuille* (fig. 220) des jardins et celui des buissons; le *Sureau*, dont les fleurs sont employées en médecine; l'*Obier-Boule-de-Neige*.

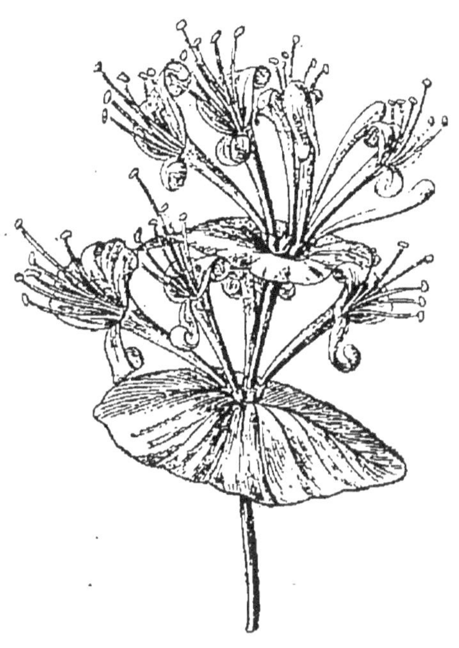

Fig. 220. — Chèvrefeuille.

FAMILLE DES SYNANTHÉRÉES.

Cette famille, très nombreuse, renferme des végétaux herbacés ou des arbrisseaux. La disposition de leurs fleurs fait encore donner aux plantes de cette famille le nom de *Composées:* car les petites fleurs de ces végétaux sont réunies en très grand nombre sur un réceptacle commun; et ce que nous prenons pour une fleur unique est la réunion d'un nombre considérable de fleurettes; celles qui sont sur la circonférence du réceptacle laissent seules épanouir leurs pétales blancs, jaunes ou bleus. Ainsi dans la Reine-marguerite, par exemple, nous voyons un cercle jaune enveloppé d'une collerette blanche; or, cette partie centrale jaune est une agglomération de fleurs produisant chacune sa graine (fig. 221), et ce sont les fleurettes extérieures dont les corolles, très allongées, se sont fendues et étalées (fig. 222), qui forment cette gracieuse collerette qui encadre le réceptacle.

Les principales espèces sont : les *Pâquerettes* qui

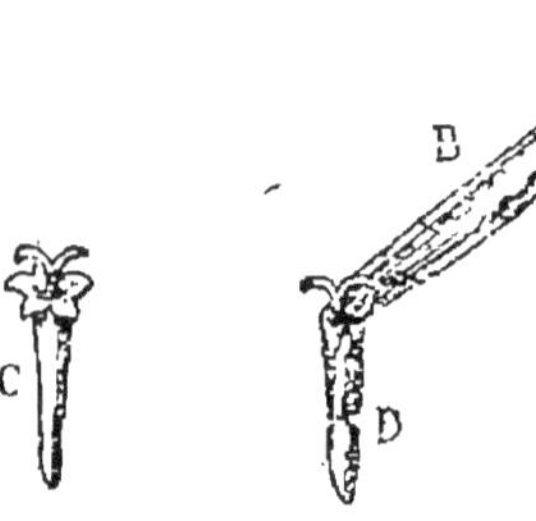

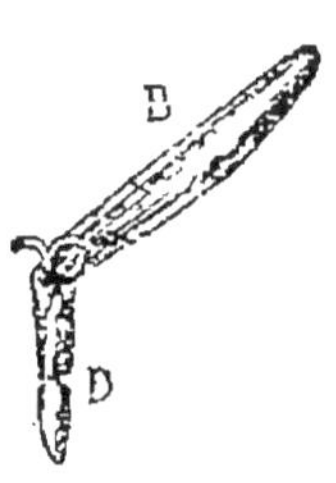

Fig. 221.
**Fleuron
de la
Marguerite.**

Fig. 222
**Demi-Fleuron
avec pétale
développé.**

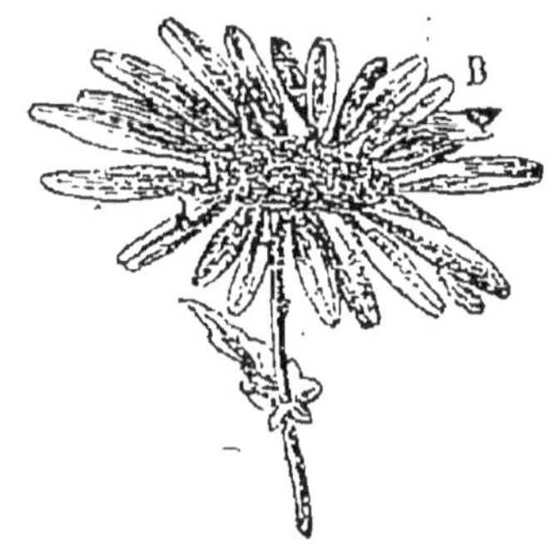

Fig. 223.
Marguerite.

émaillent nos champs; les *Marguerites* (fig. 223) et les *Chrysanthèmes*, le *Soleil* et les *Dahlias*, cultivés dans les jardins; le *Topinambour*, dont le rhizome porte des tubercules à la rigueur comestibles, dont on extrait un alcool supérieur à celui des pommes de terre; la *Camomille* et l'*Arnica*, plantes médicinales.

On y remarque également la *Chicorée sauvage*, les *Laitues* et les *Pissenlits*, mangés en salade; le *Salsifis*, plante potagère.

Enfin, les *Chardons*

Fig. 224. — Chardon.

(fig. 224), qui comprennent les *Cardons* et les *Artichauts*, tous deux comestibles; la *Bardane*, la *Centaurée* et l'*Absinthe*, plantes médicinales.

FAMILLE DES ÉRICINÉES.

Les Éricinées ou *Bruyères* comprennent des arbrisseaux à petites feuilles. La fleur est en forme d'urne.

Les principales espèces sont : la *Bruyère* (fig. 225), qui croît sur les côtes arides et dont les débris fournissent une terre noire nommée terre de bruyère, recherchée pour la culture des plantes délicates ; l'*Azalée*, arbrisseau remarquable par la beauté et le nombre considérable de ses fleurs; le *Rhododendron*, belle plante d'ornement;

Fig. 225.
Bruyère.

l'*Airelle myrtille*, aux fruits sauvages d'une saveur aigrelette.

DICOTYLÉDONES.

APÉTALES.

Les plantes de ce sous embranchement paraissent dépourvues de fleurs; la réalité est que les fleurs sont peu apparentes, parce qu'elles sont dépourvues de pétales, parties qui attirent surtout le regard.

Les principales familles sont : les *Urticées*, les *Conifères* et les *Amentacées*.

FAMILLE DES URTICÉES.

Cette famille, qui a pour type l'*Ortie*, renferme des végétaux herbacés, des arbustes et des arbres originaires presque tous des pays chauds.

Les espèces principales sont : l'*Ortie* (fig. 226), dont les poils aigus inoculent dans la peau un liquide très caustique ; l'*Ortie de Chine*, dont les Orientaux tissent les fibres des tiges ; le *Chanvre*, plante également textile, dont la graine appelée chènevis fournit de l'huile

Fig. 226. — **Ortie.**
En haut, fleur à étamines ;
en bas, fleur à pistil.

Fig. 227. — **Mûrier.**
Fleurs et fruit.

employée à l'éclairage et pour la peinture, et dont la feuille contient un arome enivrant, le haschisch ; le *Mûrier* (fig. 227), cultivé dans le midi de la France pour la nourriture des vers à soie ; le *Houblon* dont le fruit écailleux renferme un principe amer et aromatique employé dans la bière ; l'*Orme*, bel arbre de nos bois ; le *Figuier*, l'*Arbre à pains*, le *Teck*, gros végétaux exotiques.

FAMILLE DES CONIFÈRES.

Le nom donné aux arbres de cette famille vient de ce que leurs fruits sont *coniques* (fig. 228); le végétal tout entier est généralement lui-même en forme de cône. Leurs feuilles sont linéaires et persistent sur l'arbre en toutes saisons, sauf pour les mélèzes. Leurs tiges sont résineuses.

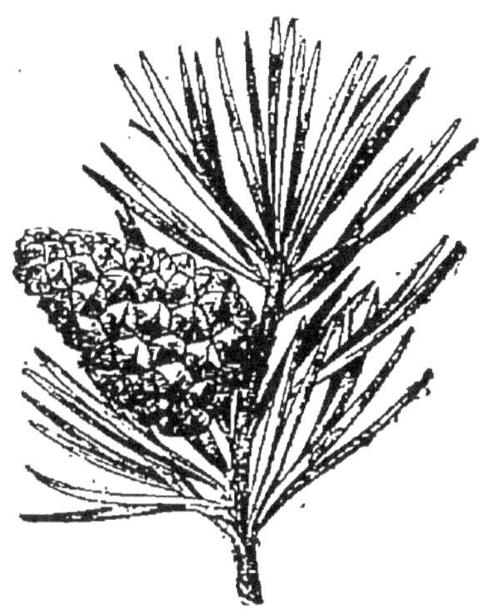

Fig. 228.

Cône et feuilles du Pin.

Les principales espèces sont : les *Pins* (fig. 228), d'où l'on retire le goudron, la poix, la colophane; les *Sapins*, dont le bois blanc est très employé; les *Cèdres*; le *Genévrier*, avec les fruits duquel on fabrique le genièvre; le *Thuya*, dont le bois est si recherché en ébénisterie; le *Cyprès*, au feuillage sombre; l'*If* et le *Mélèze*.

FAMILLE DES AMENTACÉES

Cette très importante famille renferme les arbrisseaux et les plus beaux arbres de

Fig. 231.

Chêne pédonculé avec ses chatons de fleurs à étamines.

nos bois. Les fleurs sont disposées en *chatons* (fig. 231).

Les principales espèces sont le *Chêne* dont une espèce fournit, par son écorce, le *liège*, employé surtout à faire des bouchons, et le *tan*, utilisé dans le tannage des cuirs; la piqûre des cynips produit sur la feuille du chêne une excroissance ou *galle* employée dans les teintures en noir. Les autres espèces d'amentacées sont : le *Peuplier*, le *Charme*, le *Bouleau*, le *Saule*, le *Hêtre*, le *Châtaignier*, le *Noyer*, le *Noisetier*, qui tous fournissent leur bois pour la construction et pour le chauffage.

AUTRES PLANTES DE L'EMBRANCHEMENT DES DICOTYLÉDONES.

Ces plantes sont : l'*Oranger* et le *Citronnier*, de la famille des **Aurantiacées** ; la *Vigne* et la *Vigne vierge*, de la famille des **Vinifères**; le *Camélia*, le *Tilleul* et l'*Arbre à thé*, de la famille des **Théacées**; la *Mauve*, la *Rose trémière*, le *Cacaoyer* et le *Cotonnier*, de la famille des **Malvacées**; les *Géraniums*, de la famille des **Géraniacées**; les *OEillets* et le *Mouron des oiseaux*, de la famille des **Caryophyllées**; l'*Oseille*, la *Patience*, la *Rhubarbe*, le *Sarrasin* ou *Blé noir*, la *Betterave* et l'*Epinard*, de la famille des **Polygonées**; la *Renoncule* ou *Bouton d'or*, le *Nénuphar*, les *Piroines*, l'*Aconit* et les *Clématites*, de la famille des **Renonculacées**.

Puis, le *Laurier-rose*, la *Pervenche* et l'*Ebénier*, de la famille des **Apocynées** ; la *Digitale*, la *Véronique* et le *Paulownia*, de la famille des **Scrofulariées**; la *Bourrache* et le *Mysotis*, de la famille des **Borraginées**; la *Garance* et le *Caféier*, de la famille des

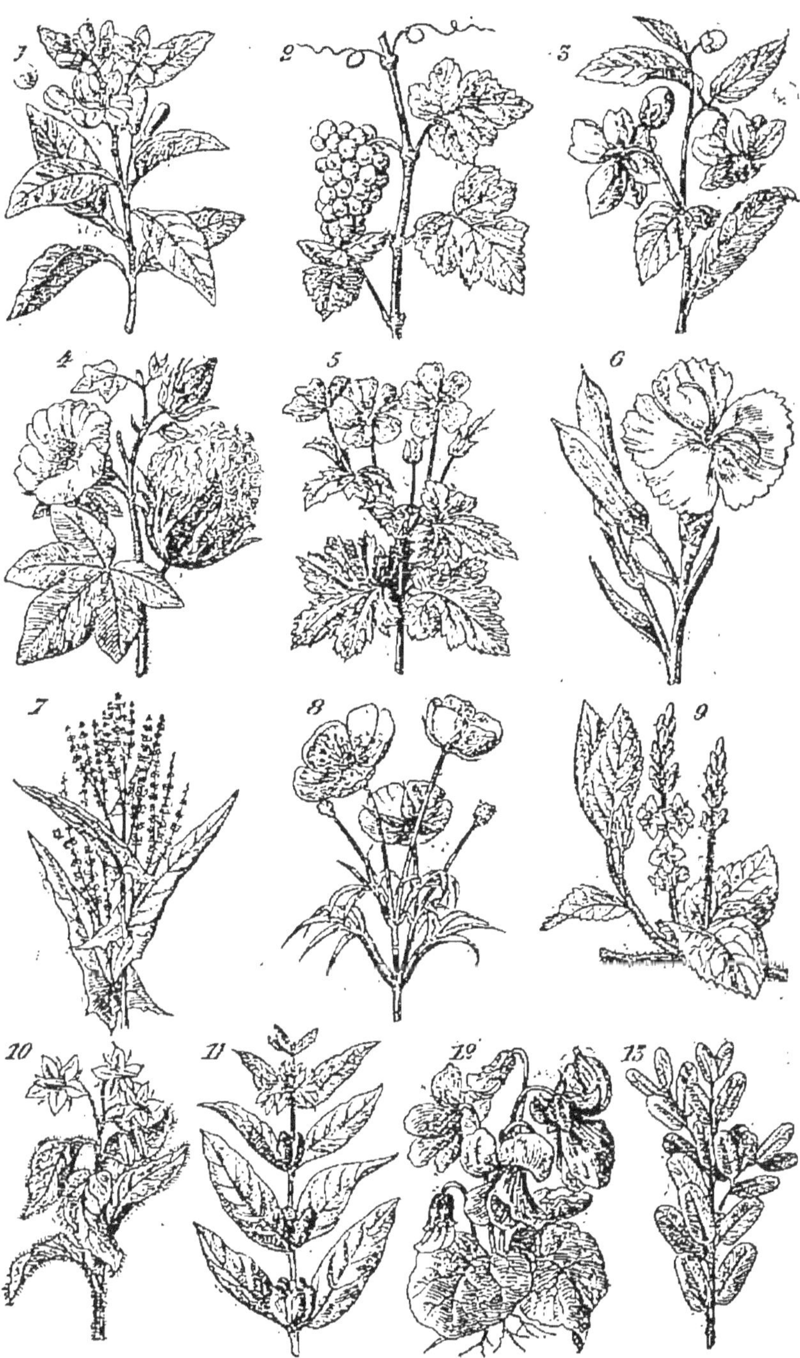

Fig. 232. — 1. Oranger. — 2. Vigne. — 3. Thé. — 4. Cotonnier. — 5. Géranium. — 6. OEillet. — 7. Oseille. — 8. Renoncule. — 9. Véronique. — 10. Bourrache. — 11. Caféier. 12. — Violette. — 13. Buis.

Rubiacées; la *Pensée* et la *Violette* de la famille des **Violariées.**

Enfin, le *Ricin*, le *Buis* et le *Mancenillier*, de la famille des **Euphorbiacées;** le *Poivrier* et le *Laurier-sauce* ou *Laurier d'Apollon*, de la famille des **Pipéracées.**

QUESTIONNAIRE.

Quels sont les caractères sur lesquels est fondée la classification des végétaux en embranchements? — Quelles sont les plantes qu'on a placées dans la même famille? — En combien de sous-embranchements sont divisés les dicotylédones? — Nommez les principales familles des dicotylédones polypétales. — Citez des rosacées. — Quelle est la forme de la fleur des légumineuses; comment nomme-t-on ses diverses parties? — Nommez des légumineuses? — D'où vient le nom de crucifères donné aux plantes de cette famille? — Nommez des crucifères, des ombellifères, des cucurbitacées, des papavéracées. — En combien de familles principales divisez-vous les dicotylédones apétales? — Citez et décrivez des plantes de la famille des urticées, des conifères, des amentacées. — Citez enfin d'autres plantes appartenant à des familles de dicotylédones moins importantes.

CHAPITRE V

EMBRANCHEMENT DES MONOCOTYLÉDONES

Nous rappellerons que les plantes monocotylédones sont celles dont l'embryon n'a qu'un seul cotylédon; elles sont à racines fibreuses; leur tige cylindrique est formée d'un tissu spongieux parcouru par des fibres ligneuses; leurs *feuilles présentent des nervures droites parallèles entre elles et dirigées dans le sens de la longueur de la feuille. La fleur est formée de lames* disposées ordinairement sur deux rangs composant l'enveloppe de la fleur dont l'ensemble prend le nom de *périanthe.* Le périanthe remplace donc le calice et la corolle.

Les principales familles de cet embranchement sont :

Les *Graminées*	Les *Orchidées.*
Les *Liliacées.*	Les *Palmiers.*
Les *Iridées.*	

FAMILLE DES GRAMINÉES.

Les graminées sont les plantes que nous désignons sous les noms d'*herbes* ou *céréales;* cette famille renferme des plantes herbacées dont la tige est un chaume plus ou moins élevé et résistant; la fleur, peu apparente, a 3 étamines.

Cette famille, très répandue dans toutes les contrées du globe, est celle qui fournit à l'homme et aux animaux domestiques les produits les plus utiles.

Les principales espèces sont : le *Blé* (fig. 233), dont

la farine est employée à faire le pain ; le *Seigle* (fig. 234) ;
l'*Orge* (fig. 235), un des éléments de la bière ; l'*Avoine*

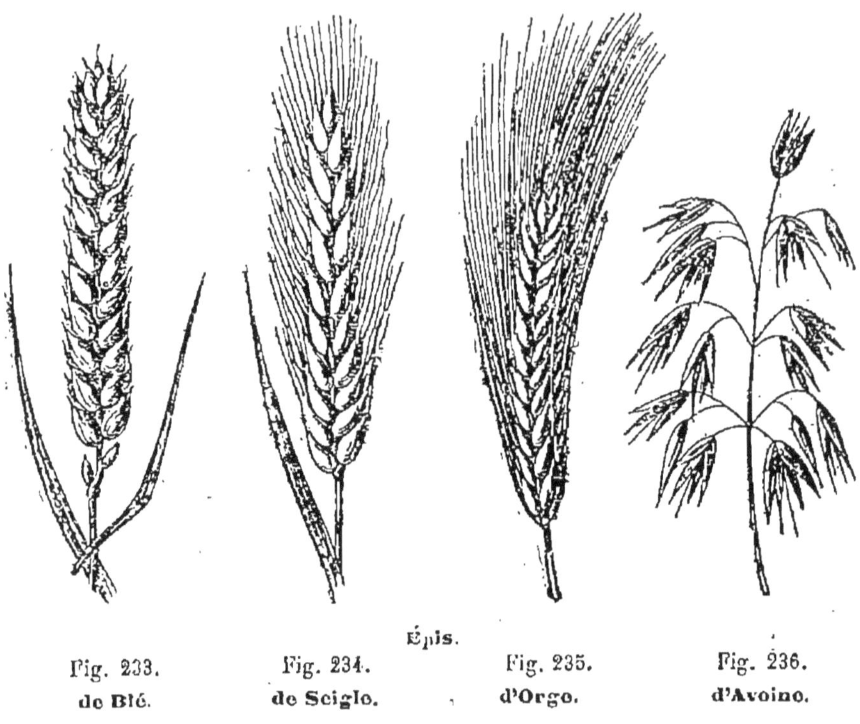

Épis.

Fig. 233. Fig. 234. Fig. 235. Fig. 236.
de Blé. de Seigle. d'Orge. d'Avoine.

(fig. 236), nourriture des chevaux ; le *Chiendent* (fig.
237), dont le rhizome, long
et tenace, est employé à la
préparation d'une tisane
rafraîchissante ; le *Maïs* (fig.
238), le *Riz*, cultivés dans
les pays chauds ; la *Canne à
sucre*, dont le chaume laisse
échapper par compression
un liquide sucré qui fournit le sucre de canne dont
la mélasse produit le rhum ;

Fig. 237. — Chiendent.

le *Bambou* (fig. 239), dont le chaume très élevé, fort

résistant et ligneux, est utilisé pour les constructions de chalets, de meubles, etc...; enfin toutes les petites

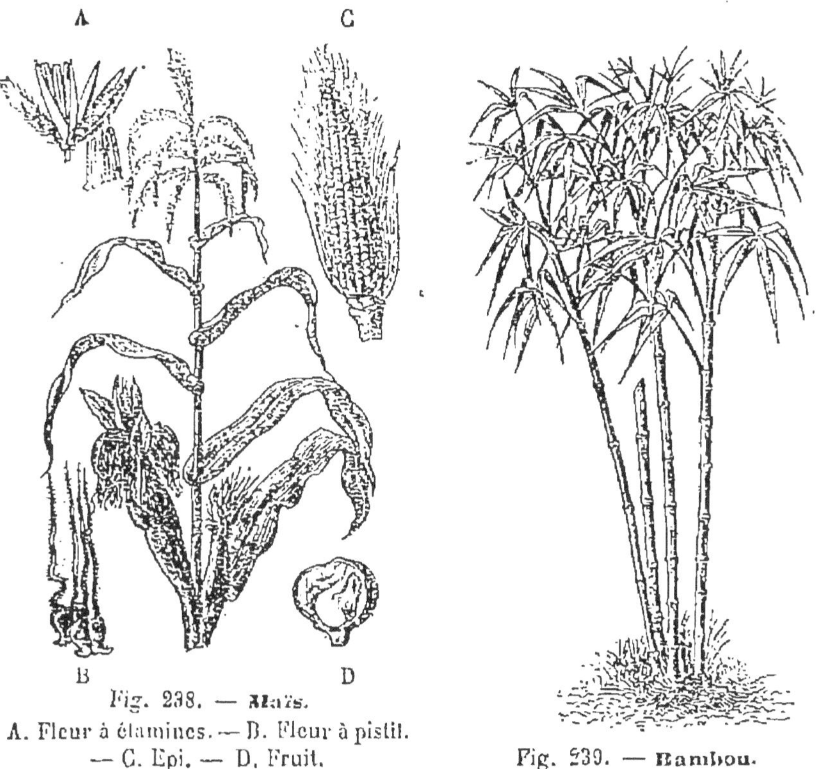

Fig. 238. — Maïs.
A. Fleur à étamines. — B. Fleur à pistil.
— C. Épi. — D. Fruit.

Fig. 239. — Bambou.

espèces fourragères qui couvrent le sol et qu'on désigne sous le nom générique de *foin*.

FAMILLE DES LILIACÉES.

Cette famille, qui a pour type le *Lis*, comprend des plantes herbacées dont la racine part d'un tubercule ou oignon appelé *bulbe;* leurs fleurs ont pour enveloppe un périanthe à 6 lames diversement colorées et portent 6 étamines.

Ces plantes fournissent à l'horticulture un grand

nombre d'espèces remarquables par la beauté de leurs formes et de leurs couleurs.

Les principales espèces sont : les *Lis* (fig. 240), la

Fig. 240. — **Lis**

Fig. 241. — **Échalote.**

Tulipe, la *Jacinthe*, le *Muguet*, jolies plantes de parterres; l'*Oignon*, l'*Ail*, le *Poireau*, l'*Échalote* (fig. 241), qui se contentent d'être utiles; l'*Aloès* d'Afrique, employé comme purgatif.

FAMILLE DES IRIDÉES.

Les plantes de cette famille ont pour type l'*Iris*; ce sont des végétaux herbacés dont le rhizome est généralement cylindrique et horizontal, et dont la fleur présente encore un périanthe très brillant.

Les principales espèces sont les *Iris* (fig. 242) à fleurs
bleu-violet, l'*Iris de Florence*,
à fleurs blanches et jaunes
et dont la racine prend en se
desséchant une odeur de violette, l'*Iris* jaune des rivières
et des étangs; le *Glaïeul*;
le *Safran*, dont les stigmates
fournissent une belle couleur jaune employée en tein
ture.

FAMILLE DES ORCHIDÉES.

Fig. 242. — Iris.

Les plantes de cette famille ont une racine fibreuse
souvent garnie de tubercules; elles sont remarquables
par la singulière variété de leurs
fleurs, qui simulent tantôt une
mouche, tantôt une araignée, etc.

Tels sont les *Orchis* (fig. 243);
communs dans les bois et dont la
culture a fait de belles plantes
d'appartements; le *Vanillier*, arbuste grimpant des forêts de
l'Amérique centrale, dont le fruit,
la vanille, contient une essence
aromatique.

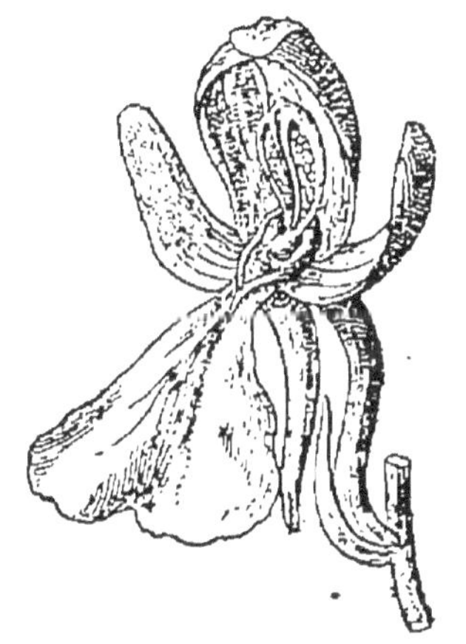

Fig. 243. — Fleur d'Orchis.

FAMILLE DES PALMIERS.

Les *palmiers* sont généralement de grands arbres des
régions équatoriales; ils se distinguent par leur tige

cylindrique couronnée d'un faisceau de feuilles souvent plissées à la façon d'un éventail; le fruit est formé ordinairement d'une enveloppe charnue et comestible entourant une sorte de noyau.

Les principales espèces sont : les *Palmiers* (fig. 244); le *Chamœrops* ou palmier nain (fig. 245), le *Dattier* d'Afrique et d'Arabie, qui fournit des fruits sucrés, les dattes; le *Cocotier*, dont le fruit sert de nourriture à de nombreux

Fig. 244.

Palmier.

Fig. 245.

Chamœrops ou palmier nain.

habitants de l'Inde et de l'Afrique septentrionale; le *Sagoutier*, dont on extrait le *sagou*, fécule alimentaire; le *Cirier* des Andes, un des plus grands arbres du globe, qui fournit une cire végétale estimée.

AUTRES PLANTES DE L'EMBRANCHEMENT DES MONOCOTYLÉDONES.

On trouve encore dans cet embranchement l'*Ananas* de l'Amérique du Sud, dont le fruit parfumé est d'un

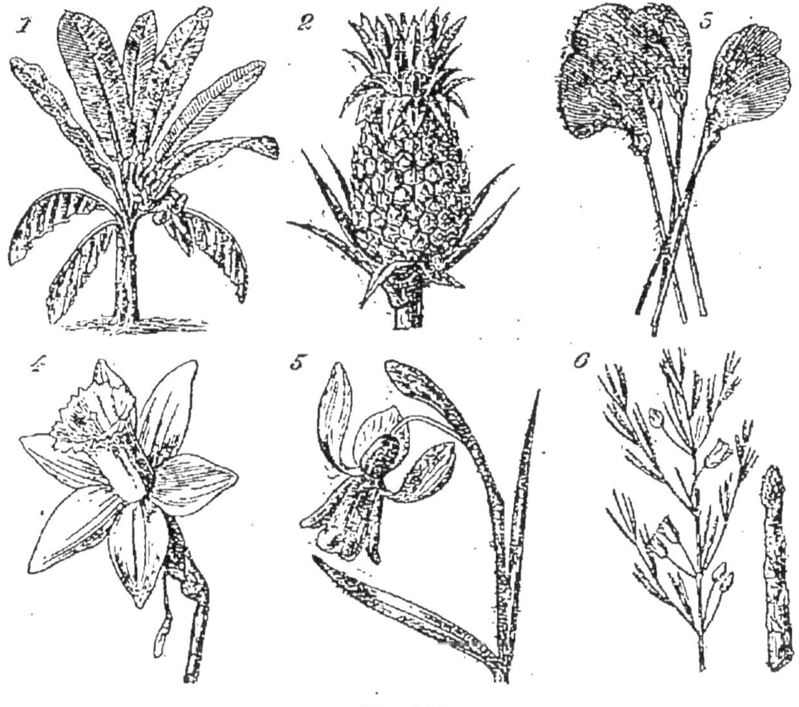

Fig. 246.

1. Bananier. — 2. Ananas. — 3. Souchet-à-papier. — 4. Narcisse. — 5. Perce-neige. — 6. Asperge.

goût si exquis; le *Bananier*, aux feuilles énormes; le *Souchet-à-papier* d'Égypte, qui servait à la confection du papyrus ou papier des anciens; le *Narcisse*, la *Jonquille* le *Perce-neige*, plantes de nos jardins; les *Asperges*, dont les jeunes pousses fournissent au printemps un excellent légume.

10.

Rappelez les caractères généraux des plantes monocotylédones, nervures des feuilles, enveloppes des fleurs. Nommez
les principales familles de cet embranchement. — Citez des
plantes de la famille des graminées. — De quelle utilité nous
sont-elles? — Caractères des liliacées. — Où est la tige et qu'est-
elle? — Nommez des plantes de la famille des iridées; que sont
leurs tiges? — Que présentent de singulier les plantes orchi-
dées? — Citez des plantes de la famille des palmiers.

CHAPITRE VI

EMBRANCHEMENT DES ACOTYLÉDONES

Les végétaux de l'embranchement des Acotylédones
ont surtout comme ca-
ractère distinctif l'**absence de fleur**
(fig. 247); n'ayant ni
étamines, ni pistil, ni
ovaire, il semblerait
qu'ils ne puissent avoir
de graine. Mais puis-
qu'ils se reproduisent,
c'est qu'ils ont au moins
un germe. Les organes
de reproduction des
Acotylédones sont des
poussières microscopi-
ques nommées *spores*
contenues dans des *spo-*

Fig. 247.
Feuille de Fougère montrant ses sores.

ranges (fig. 248) dont la réunion forme une espèce de

lentille roussâtre nommée *sore* (fig. 247), habituellement
disposée sur la face postérieure des feuilles. Les spores
se trouvent parfois contenues dans un petit
sac fixé à l'extrémité d'un long fil.

Chez les Acotylédones aquatiques, et chez
quelques espèces terrestres, les corps repro-
ducteurs appelés *anthérozoïdes* sont souvent munis de cils vibratiles qui exécutent
des mouvements très rapides; et fort souvent ces poussières végétales peuvent être
confondues avec les *infusoires*.

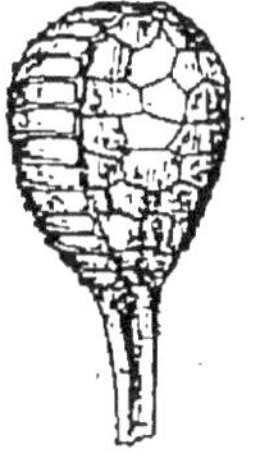

Fig. 248.
Sporange de
fougère très
grossi.

Les racines des Acotylédones sont fibreuses.

Les fougères arborescentes des contrées tropicales
sont les seules acotylédones qui possèdent *une tige* un
peu élevée au-dessus du sol; dans ce cas, elle est semblable à celle des Monocotylédones. Chez les autres
plantes de cet embranchement, la structure de la tige
est spongieuse et formée de cellules non comprimées,
et son développement se produit par l'addition de nouvelles cellules à celles qui existent déjà.

Les principales famille de cet embranchement sont :

Les *Fougères*.	Les *Lichens*.
Les *Lycopodiacées*.	Les *Champignons*.
Les *Prêles*.	Les *Algues*.
Les *Mousses*.	

FAMILLE DES FOUGÈRES.

Cette famille renferme des végétaux qui, sauf par
l'absence des fleurs, ressemblent le plus aux végétaux
précédemment étudiés. Certaines espèces tropicales ont
des tiges élevées, toutes ont des feuilles qui présentent
avant leur développement une singularité de forme :

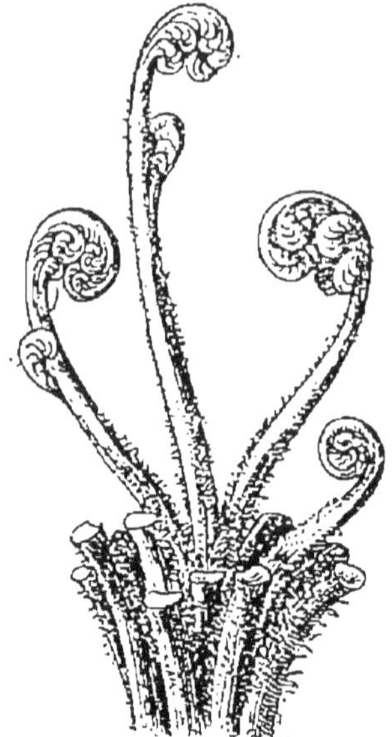

Fig. 249.

la feuille non épanouie a l'aspect d'une crosse (fig. 249).

A la fin de l'été, la face inférieure de la feuille se couvre de taches brunes ou *sores*, formées de la réunion des *sporanges* qui laisseront échapper leurs *spores* à la maturité (fig. 250).

Les variétés de *Fougères* sont très nombreuses, et diffèrent surtout par leur port et par la forme même de leurs feuilles. Elles croissent dans tous nos bois.

Fig. 250.
Sporange
très grossi
laissant
échapper les
spores.

Fig. 251. — Fougère arborescente des pays chauds.

Fig. 252. — Scolopendre officinale.

On en tire peu de parti dans l'économie domestique ; cependant le médecin en emploie quelques espèces : la *Capillaire*, pour faire un sirop pectoral, la *Fougère mâle*, dont la racine est en usage comme vermifuge, la *Scolopendre* officinale (fig. 252). Dans certaines contrées on se sert des fougères comme litière pour les bestiaux ; leur cendre fournit une potasse assez abondante et de bonne qualité.

FAMILLE DES LYCOPODIACÉES.

Les *Lycopodes* (fig. 253), qui forment presque à eux seuls cette famille, sont de petites plantes qui s'élèvent peu au-dessus du sol ; ils ont des feuilles grêles et croissent dans les bois ombreux et frais. De l'aisselle des feuilles supérieures part un support qui soutient de nombreuses capsules remplies de spores impalpables. Chez une espèce : le *Lycopode en massue*, appelé vulgairement *Pied-de-loup*, cette poussière de spores, d'apparence de soufre, est aussi inflammable que la pou-

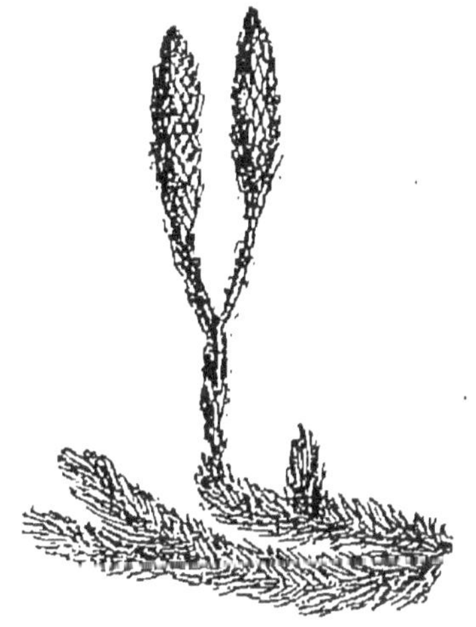

Fig. 253. — **Lycopode.**

dre, et, pour cette raison, elle est mise à profit dans les théâtres pour simuler les éclairs. La poudre de lycopode est employée pour dessécher les écorchures, pour prévenir et guérir les coupures aux articulations chez les tout jeunes enfants.

Une espèce de lycopode, la *Sélaginelle*, fournit aux horticulteurs un joli gazon très vert et très dense, en usage surtout dans les serres.

FAMILLE DES PRÊLES.

Les *Prêles* (fig. 254), sont des végétaux herbacés qui

croissent dans les lieux humides. Leur tige est cylindrique et s'élève de quelques décimètres au-dessus du sol; de distance en distance elle porte une petite gaine de feuilles très fines; elle se termine par un organe en forme de pain de sucre qui produit les spores.

Dans nos champs humides pousse la *Prêle des champs;* en Italie on mange les jeunes pousses vertes de la *Prêle du limon.*

Fig. 254. — Prêle.

FAMILLE DES MOUSSES.

Les *Mousses* sont de très petites plantes qui tapissent le sol des lieux humides; on les rencontre sur les troncs des arbres, les rochers, les vieux murs. Elles possèdent généralement une tige très ramifiée et des feuilles. Leurs spores sont enfermées dans une capsule qu'on remarque à l'extrémité d'un long filet (fig. 255).

Elles maintiennent le sol sur lequel elles croissent dans un état constant d'humidité très favorable à la végétation; desséchées,

Fig. 255. — Filets et capsules de la Mousse.

elles sont employées à l'emballage, et garnissent les
jardinières d'appartements.

FAMILLE DES LICHENS.

Les *Lichens* sont des plantes qui ne présentent ni
racines, ni tige, ni feuilles :
ce sont des plaques foliacées
qui vivent en parasites sur
l'écorce des arbres, et qu'on

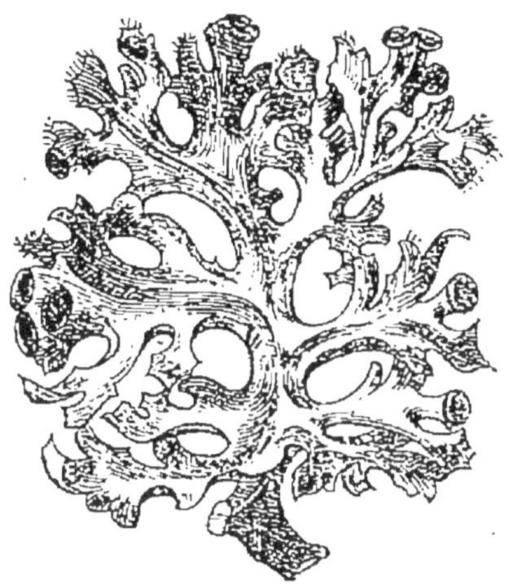

Fig. 256. — Lichen.   Fig. 257. — Lichen d'Islande.

trouve encore sur le sol, sur les murs humides et même
sur les rochers (fig. 256).

Les principales espèces sont : le *Lichen d'Islande*,
(fig. 257), maigre aliment des habitants des régions
polaires, employé en médecine comme tonique; le *Lichen
des rennes*, qui est à peu près la seule nourriture des
rennes de la Laponie; l'*Orseille*, qui fournit une teinture
violette.

FAMILLE DES CHAMPIGNONS.

Les *Champignons* sont des végétaux de formes, de
couleurs et de consistance extrêmement variées; ils
croissent généralement dans les lieux humides et om-
bragés, et sur les matières végétales en décomposition.

L'espèce de feutre sur lequel ils poussent présente l'aspect d'un duvet blanc nommé *Mycelium* ou vulgairement *blanc de champignon*. Bientôt apparaissent de petits corps blancs présentant l'apparence d'un cylindre formant *pied*, surmonté d'une partie renflée, le *chapeau*. Puis le chapeau se développe, et son enveloppe inférieure se déchire en lames rayonnantes portant les spores.

Quelques espèces de champignons sont comestibles, mais il est souvent difficile de distinguer le bon champignon du champignon vénéneux, aussi constate-t-on trop souvent à la campagne des accidents mortels causés par ces méprises. Il y a toute sécurité cependant avec les *champignons de couche*.

Les principales espèces *comestibles* sont l'*Agaric commun* (fig. 258) ou champignon de couche; le *Cèpe*; l'*Oronge vraie*, d'une couleur rouge orange, qui se distingue de la fausse oronge, espèce très vénéneuse, en ce qu'elle ne porte pas les

Fig. 258. — Agaric commun.

Fig. 259.
Morille.

taches jaunes qu'on remarque sur la fausse oronge; les *Bolets*, petits champignons de nos prairies; les *Morilles* (fig. 259), semblables à des éponges, d'un arome si fin; les *Truffes*, espèce souterraine qui croît ordinairement sous les chênes et les hêtres, et dont la présence est indiquée par des porcs qui, eux aussi, en sont très friands.

Sur les chênes croît une espèce d'Agaric, l'*Amadou-vier*, qui sert à faire l'amadou.

Ce sont des champignons microscopiques dont les germes, transportés par l'air, se développent dans des milieux propices, qui forment les *Moisissures*; l'*Ergot du seigle*, qui croît à la place du grain de seigle, et qui est vénéneux; la *Rouille* des graminées, l'*Oïdium* de la vigne, la *Levure de bière*, le *Mycoderme* du vinaigre; la *Teigne*, qui cause à l'homme une maladie du cuir che velu très contagieuse; le *Muguet* des enfants.

FAMILLE DES ALGUES.

Les Algues sont des plantes d'organisation très

Fig. 260. — Algues et spores d'algues.

simple, vivant dans les eaux, et surtout dans la mer.

Elles sont très variées de formes : les unes sont de simples cellules, d'autres des fils, d'autres des lanières maintenues par un pied ramifié, d'autres sont très finement découpées (fig. 260).

C'est chez plusieurs de ces espèces que les anthérozoïdes sont doués de mouvements très rapides, qui peuvent les faire confondre avec les infusoires. On distingue trois groupes d'algues : les algues *vertes*, les algues *brunes* et les algues *rouges*.

Fig. 261. — **Fucus.**

On réunit communément sous le nom général de *Conferves* les algues d'eau douce, et sous celui de *Fucus* (fig. 261) celles qu'on trouve dans la mer.

Les principales espèces marines sont les *varechs* ou fucus, que le flot rejette au rivage en grande quantité, et que les cultivateurs du littoral viennent ramasser pour amender et fumer leurs terres. Une espèce de varech sert de nourriture aux habitants de l'Écosse. On retire la soude des cendres de varechs; quelques espèces de fucus sont employées en médecine : la *Mousse de Corse* et la *Coralline*, comme vermifuges.

D'autres genres importants sont les *Laminaires*, les *Halymènes*, les *Delesséries*, les *Chondrus*, les *Plocamies*, les *Lomentaires*, les *Gigantines*, les *Ulves*, les *Polysiphonies*, les *Céramies*, etc.

Il existe enfin des organismes dont la structure est si simple qu'on a peine à les classer parmi les êtres vivants : ce sont les *microbes* ou *bactéries*. Ces algues [1]

---

1. On est d'accord aujourd'hui pour classer les *microbes* parmi

microscopiques, aussi peu organisées que possible, présentent généralement la forme d'un bâtonnet droit ou courbé. Elles sont quelquefois animées de mouvements plus ou moins rapides, et pour cette raison on les avait confondues avec certains protozoaires. Malgré leur extrème ténuité, ils n'en sont pas moins redoutables à l'homme puisqu'ils sont cause de la plupart de nos maladies contagieuses : le choléra, la variole, le charbon, le croup, etc.

QUESTIONNAIRE.

Indiquez les caractères généraux des plantes de l'embranchement des acotylédones. — En quoi consistent leurs organes de reproduction? — Nommez les principales familles de cet embranchement. — Que présente de particulier le développement des fougères? — Que savez-vous sur les lycopodiacées, les prêles, les mousses, les lichens? — D'où provient le développement des champignons? — Comment appelez-vous les diverses parties du champignon? — Nommez des champignons comestibles, des champignons vénéneux? — Citez des champignons microscopiques et indiquez leurs effets. — Que savez-vous sur les algues? — En combien de groupes sont-elles divisées? — Citez des algues microscopiques causes des maladies contagieuses.

---

les végétaux les plus inférieurs; mais tandis que les uns les inscrivent parmi les *Algues,* les autres les rangent parmi les *Champignons.*

RÈGNE VÉGÉTAL
3 EMBRANCHEMENTS.

Dicotylédones. Monocotylédones. Acotylédones.

EMBRANCHEMENT DES DICOTYLÉDONES
3 SOUS-EMBRANCHEMENTS.

Polypétales. Gamopétales. Apétales.

sous-embranchement des **DICOTYLÉDONES** POLYPÉTALES Principales familles.	Rosacées. . . .	Églantier, Rosier, Pommier.
	Légumineuses.	Haricot, Luzerne, Acacia.
	Crucifères. . .	Giroflée, Colza, Chou.
	Ombellifères. .	Carotte, Persil, Ciguë.
	Cucurbitacées.	Melon, Courge, Bryone.
	Papavéracées..	Pavot, Coquelicot, Éclaire.
sous-embranchement des **DICOTYLÉDONES** GAMOPÉTALES Principales familles.	Solanées. . . .	Pomme de terre, Tomate, Tabac.
	Convolvulacées	Liseron, Patate, Jalap.
	Labiées.	Lavande, Thym, Ortie blanche.
	Primulacées. .	Primevère, Oreille d'ours, Mouron rouge.
	Jasminées. . .	Jasmin, Lilas, Olivier.
	Caprifoliacées.	Chèvrefeuille, Sureau, Obier.
	Synanthérées.	Marguerite, Chicorée, Chardon.
	Ericinées.. . .	Bruyère, Azalée, Rhododendron.
sous-embranchement des **DICOTYLÉDONES** APÉTALES Principales familles.	Urticées. . . .	Ortie, Chanvre, Houblon.
	Conifères.. . .	Pins, Genévrier, Cyprès.
	Amentacées . .	Chêne, Saule, Noyer.
	Euphorbiacées	Ricin, Buis, Mancenillier
	Polygonées.. .	Oseille, Sarrasin, Betterave.

EMBRANCHEMENT DES MONOCOTYLÉDONES

PRINCIPALES FAMILLES	Graminées. . .	Blé, Riz, Canne à sucre.
	Liliacées. . . .	Lis, Muguet, Oignon.
	Iridées.	Iris, Glaïeul, Safran.
	Orchidées . . .	Orchis, Vanillier.
	Palmiers.. . .	Palmier, Dattier, Sagoutier.

EMBRANCHEMENT DES ACOTYLÉDONES

PRINCIPALES FAMILLES	Fougères . . .	Fougère, Capillaire.
	Lycopodiacées	Lycopode en massue, Sélaginelle.
	Prêles.	Prêle des champs, Prêle du limon.
	Mousses. . . .	Mousses.
	Lichens. . . .	Lichen d'Islande, Lichen des rennes, Orseille.
	Champignons .	Agaric, Morille, Levure de bière.
	Algues.	Conferves, Fucus, Varech, Microbes.

LIVRE III

RÈGNE MINÉRAL

La *Minéralogie* est l'étude des *minéraux* ou *matières inertes*, privées de vie, qu'on trouve tout naturellement formées, soit sur la surface de la terre, soit dans les profondeurs du sol.

Dans ces corps, par conséquent, on ne trouve aucune trace d'organes. Mais certaines de ces substances ont des formes qui leur appartiennent en propre : elles se trouvent être composées de la réunion de solides à formes géométriques appelés *cristaux*. Ces cristaux ont des figures différentes, suivant les corps : les uns sont cubiques, d'autres prismatiques, d'autres ont l'aspect d'une pyramide, etc., mais ils sont de même forme pour le même corps.

Le nombre des minéraux est fort grand, mais leur étude ne présente pas pour nous un égal intérêt : nous ne verrons donc que ceux que nous sommes susceptibles de rencontrer le plus souvent, ou ceux qui nous sont tout spécialement utiles.

La croûte solide de la terre, depuis la terre cultivable jusqu'aux roches les plus profondément enfouies, se compose de trois matières principales : la *Silice*, le *Carbonate de chaux* et l'*Alumine*.

SILICE.

La silice, avons-nous vu en chimie [1], est un acide solide formée de *silicium* et d'oxygène.

A l'état de pureté, elle constitue le *Quartz* ou *Cristal de roche* (fig. 262), d'une grande dureté, cristallisé sous la forme d'un prisme terminé par des pyramides, transparent comme le verre qu'il est capable de rayer, et faisant feu lorsqu'il est choqué avec l'acier.

Les autres pierres ou roches constituées en plus grande partie par le silice sont le *Silex*, la *Pierre meulière*, le *Sable*, le *Grès*, et des pierres précieuses : *Agate*, *Opale*, *Jaspe*.

Le **Silex** ou *Pierre à fusil* est de la silice souillée d'oxydes métalliques qui lui communiquent leur couleur brune ou rouge. Très dur, il raye l'acier; vivement choqué contre ce métal, il en détache une petite parcelle que la chaleur développée par le choc est suffisante pour rougir et produire une étincelle; l'étincelle ainsi produite est utilisée pour enflammer l'amadou lorsqu'on *bat le briquet* : c'est l'étincelle, échappée à l'acier frappé par la pierre à fusil, qui enflammait la poudre dans les anciens fusils à pierre.

La **Pierre meulière** sert à faire des meules de moulin lorsqu'elle est très compacte; lorsqu'elle est caverneuse, et par conséquent moins lourde, elle est utilisée comme pierre de construction.

Le **Sable** de la mer, des dunes, des landes, est généralement formé des débris de roches siliceuses.

Sciences physiques, page 256.

Le **Grès** peut être considéré comme l'agglomération de grains de sable siliceux soudés ensemble par un ciment siliceux ou argileux ou calcaire. Il forme en certains endroits des masses considérables qu'on exploite, et qu'on emploie, à cause de sa grande dureté, au pavage des rues. C'est en grès que sont tous ces cubes pierreux connus sous le nom de *pavés*. Le grès est à grain d'autant plus fin que la poudre de silice qui le forme est elle-même plus impalpable.

CARBONATE DE CHAUX.

Le Carbonate de chaux ou *Pierre calcaire* est un des corps les plus répandus dans la nature : on le trouve quelquefois cristallisé, transparent et incolore ; mais le plus souvent il forme des roches plus ou moins compactes. Toutes les pierres calcaires sont moins dures que les pierres siliceuses.

La propriété caractéristique de tous les calcaires, c'est de faire *effervescence avec les acides ;* c'est même la façon la plus sûre de distinguer une pierre calcaire d'une pierre siliceuse ou argileuse. Si l'on verse une goutte d'acide sur un calcaire, on voit immédiatement se produire un abondant dégagement de gaz acide carbonique, assez semblable à un bouillonnement, alors que rien ne se produira si l'on verse le même acide sur une pierreuse siliceuse ou autre non carbonatée.

Les principales pierres calcaires sont la *Pierre à chaux*, la *Pierre à bâtir*, la *Craie*, le *Marbre*, la *Pierre lithographique*, le *Spath d'Islande* et l'*Arragonite*.

La Pierre à chaux est le carbonate de chaux

employé plus particulièrement à la fabrication de la chaux ; c'est cette pierre qu'on calcine dans des fours spéciaux et qui fournit, après calcination, la chaux employée dans les constructions.

La **Pierre à bâtir**, à texture plus ou moins compacte et grossière, souvent incrustée de débris de gros coquillages, s'appelle encore *Pierre de taille, Moellon, Tuffeau* ; elle est employée dans les constructions.

Lorsque le calcaire est encore moins dur que le tuffeau, qu'il peut s'écraser sous la pression des doigts, il prend le nom de *Craie* : c'est un calcaire blanc à grains très fins qui, suivant sa finesse, s'appelle craie ou *Blanc de Meudon*.

Le **Marbre** est un calcaire à texture cristalline, c'est le plus dur des carbonates de chaux. On le trouve tantôt blanc, comme à Carrare, et c'est celui qui est recherché par les statuaires, tantôt veiné de jaune, de rouge, de noir, couleurs produites par des oxydes métalliques mélangés au marbre. Comme il est susceptible d'acquérir un très beau poli, il sert à l'ornementation des édifices et des maisons : pour faire des colonnes, des escaliers, des cheminées, etc.

La **Pierre lithographique** est un calcaire à grains très fins, susceptible également d'acquérir un poli. Elle remplit, en lithographie, le même rôle que le cuivre pour la gravure.

La pierre lithographique est sciée en plaques épaisses, puis polie, sur une face. On trace sur cette surface polie, à l'aide d'un crayon gras, les caractères ou les dessins qu'on désire reproduire, puis on verse sur la pierre un acide. Celui-ci attaque la pierre et la ronge, mais seulement aux endroits où l'acide est en contact avec elle, c'est-à-dire partout où le crayon gras n'a pas passé. Il reste alors une pierre qui présente en relief les caractères ou le dessin précédemment tracé. Lorsqu'on passera un rouleau enduit d'encre d'imprimerie sur cette pierre, l'encre ne se déposera que sur les reliefs, et pourra se fixer ensuite sur la feuille de papier qu'on pressera contre sa surface.

Le **Spath d'Islande** est un carbonate de chaux cristallisé et transparent; il a la singulière propriété, étudiée en physique, de former deux images des objets qu'on regarde à travers deux de ses faces opposées.

ALUMINE.

L'Alumine, avons-nous vu en chimie, est un oxyde du métal aluminium.

L'Alumine pure ne forme pas d'amas considérables, c'est elle qui constitue les pierres précieuses : le *Saphir*, blanc ou bleu; le *Rubis*, rouge; l'*Améthyste orientale*, violet; la *Topaze orientale*, jaune. Souillée d'oxyde de fer elle forme l'*Émeri*, dont la poudre est assez dure pour rayer le fer et polir l'acier.

A l'état de *combinaisons avec la silice*, l'Alumine forme un grand nombre de roches ou de terres, tels sont : le *Feldspath*, le *Kaolin*, l'*Argile*.

Le **Feldspath** est un corps cristallin, blanc, quelquefois coloré, presque aussi dur que la Silice, et composé de silice, d'alumine et de potasse ou de soude. Sa cassure révèle des lamelles nacrées.

L'**Argile** est une roche molle, friable lorsqu'elle est sèche, formant une pâte plus ou moins liante lorsqu'elle est humectée; le sable et diverses autres matières mélangés aux argiles leur communiquent des propriétés différentes. L'argile commune ou *terre glaise* sert à la fabrication des tuiles, poteries, briques, etc. L'argile plus fine est employée pour le modelage.

La *marne* est une combinaison du carbonate de chaux et de l'argile; c'est une substance terreuse qu'on appelle tantôt *marne argileuse* et tantôt *marne calcaire*, suivant que l'argile ou le carbonate de chaux domine.

TALC. — MICA. — SCHISTES.

En dehors des trois genres de roches que nous venons d'étudier, et qui forment la plus grande partie de l'écorce terrestre, on trouve encore quelques autres substances intéressantes, soit par elles-mêmes soit par leurs composés : tels sont le *Talc*, le *Mica* et les *Schistes*.

Le **Talc** est une substance blanche ou verdâtre, onctueuse au toucher comme le savon, pouvant être rayée par l'ongle, se présentant en lames feuilletées et écailleuses. Une variété de talc, la *stéatite* ou *craie de Briançon*, est employée par les tailleurs pour tracer sur le drap la coupe des habits. C'est le talc coloré diversement qui est la base des crayons de couleur et des pastels.

Le **Mica** se présente toujours sous l'apparence de lames feuilletées, transparentes et nacrées, soit incolores, soit colorées en différents jaunes. Lorsqu'il est incolore, le mica en feuilles sert dans certaines contrées à remplacer le verre à vitres; on en fait des verres de lampes, des devants de foyers dans certains poêles, etc. C'est le mica de couleur d'or qu'on emploie sous le nom de *poudre d'or* pour sécher l'écriture fraîche : il est trouvé sous cette forme, et en grande abondance, sur certaines plages où la mer le dépose.

Les **Schistes** sont des roches à base d'argile qui peuvent facilement se séparer en feuillets parallèles. Quelques-uns sont sans consistance et tombent en poussière à l'air humide ; mais il en est d'autres, les *ardoises*, qui conservent, même réduites en feuilles minces, une solidité suffisante pour être employées à la couverture des toits. On tire les ardoises du sol, soit dans les Ardennes, soit aux environs d'Angers et de Châteaulin.

ROCHES IGNÉES.

On désigne sous le nom de roches *ignées* ou *éruptives* les roches formées sous l'action d'un feu violent, et rejetées soit à la surface de la terre, soit dans ses profondeurs, dans les éruptions primitives que la chaleur centrale de notre globe a provoquées. Elles se composent d'un amas de petits cristaux appartenant généralement aux roches que nous venons d'étudier : Quartz, Mica, Feldspath, etc., mélangées d'oxydes métalliques.

Ces roches ignées diffèrent des roches précédentes par l'absence des *strates*, c'est-à-dire de bancs superposés et souvent parallèles, alternant avec des couches de sable ou d'argile, qu'on rencontre toujours dans les autres roches. Elles se présentent, au contraire, sous formes massives, sans apparences de couches ou bancs.

Les roches qui ne sont pas ignées sont dites *sédi-mentaires* : ce sont des dépôts accumulés au fond des eaux et qui, primitivement, ont formé des couches parallèles. Ces boues, molles d'abord, se sont plus ou moins solidifiées et soudées par la suite, emprisonnant les débris d'animaux qui vivaient dans les eaux dont elles formaient le lit, et que nous avons exploitées sous le nom de pierre de taille, craie, marbre, grès, schistes, etc.

Les principales roches ignées sont : les *Granits*, les *Porphyres*, les *Basaltes*, les *Laves*.

Le **Granit** est un agglomérat de particules plus ou moins divisées de Quartz, de Mica et de Feldspath ; c'est une roche très dure et employée pour cette raison à la confection des bordures des trottoirs ; le Granit sert également de pierre de construction dans les villes qui avoisinent les lieux d'extraction de cette roche.

Quand le granit semble former des feuillets assez minces, il prend le nom de *Gneiss*.

Le **Porphyre** contient en majeure partie du Feldspath dans la pâte duquel se trouvent pris des cristaux d'un silicate d'alumine et de potasse : il présente alors l'aspect d'un nougat aux amandes. Le Porphyre, d'une grande dureté, diversement coloré, est susceptible d'acquérir un beau poli ; comme le marbre, il est employé à la décoration des édifices.

Les **Basaltes** et les **Laves** sont des roches rejetées liquides dans les éruptions volcaniques. Lorsqu'elles sont solidifiées, elles sont assez résistantes pour pouvoir être employées au dallage des rues et à la construction des maisons. Le Basalte, très abondant dans le centre de la France, où il a été produit par les

éruptions des volcans d'Auvergne éteints depuis longtemps, se présente souvent sous forme de colonnes à
bases polygonales.

COMBUSTIBLES. — MÉTAUX ET LEURS COMPOSES

Les autres corps inertes qu'on rencontre encore au
sein de la terre peuvent être réunis en trois catégories :
les *Combustibles* ou corps qui peuvent brûler, les
Métaux et les *Sels*, suffisamment définis en chimie.

Les principaux combustibles naturels sont : la
Houille ou *Charbon de terre*, l'*Anthracite* ou *Charbon
de pierre*, le *Lignite*, la *Tourbe*, tous plus ou moins bons
à employer pour le chauffage de nos habitations; le
Bitume et le *Soufre*.

La **Houille**, dont l'aspect est bien connu, paraît
être formée par la décomposition des matières végétales aux époques prodigieusement éloignées de nous,
où la terre était couverte d'une végétation dont la zone
tropicale nous présente à peine une faible idée. Des
forêts entières de fougères arborescentes enfouies dans
le sol, sont devenues le charbon que nous exploitons
de nos jours, en creusant des galeries au sein de cette
masse d'une épaisseur souvent considérable. Les produits qu'on extrait en plus grande quantité de la
Houille sont le coke, le bitume, le gaz de l'éclairage, etc.

L'**Anthracite** présente à peu près le même
aspect que le charbon de terre; elle est plus dure, plus
difficilement inflammable, mais produit une chaleur
plus intense; aussi est-elle préférée à la Houille toutes
les fois qu'on dispose d'un tirage un peu énergique.

Les **Lignites** et la **Tourbe** sont de très médiocres combustibles, surtout le dernier; ils proviennent de la décomposition des matières végétales à des époques plus ou moins récentes. Une espèce de lignite, le *Jais*, sert à faire des bijoux de deuil.

Le **Bitume** est une substance minérale qui se présente, soit solide, soit liquide. Liquide, le bitume est connu sous le nom de *Pétrole* ou *Naphte*; c'est une matière très inflammable qu'on trouve en grande abondance en Amérique, et dont on se sert surtout comme huile à brûler.

Une espèce de bitume solide est connue sous le nom d'**Asphalte;** on la tire presque exclusivement du lac Asphaltique, en Judée. Chauffée et fortement comprimée, elle acquiert une résistance assez forte, tout en conservant une certaine élasticité, pour être employée à la confection des chaussées dans nos villes et remplacer les dallages de nos habitations.

Le **Soufre** est un corps solide jaune citron que le commerce livre, soit en poudre connue sous le nom de *fleur de soufre*, soit en *canon* ou en forme de tronc de cône. On le trouve le plus souvent mélangé aux terres qui avoisinent les volcans, dans des endroits appelés *solfatares*. Ce n'est qu'après avoir été séparé, par la fusion, des matières terreuses et avoir subi une nouvelle épuration qu'il est livré au commerce.

Quant aux *Métaux* et aux *Sels*, puis au *Sel gemme*, nous les avons suffisamment étudiés en chimie pour qu'il nous soit permis de ne pas les signaler ici de nouveau.

TERRES.

La couche de terre plus ou moins épaisse qui recouvre notre globe est limitée de toutes parts, sauf du côté de l'air, par les roches dont nous venons de parler et qui lui servent d'appui, de support. Quelquefois cependant la roche émerge au-dessus de la terre.

Cette terre qu'on peut cultiver et qui, pour cette raison, est nommée terre *arable,* est formée de grains de roches diverses intimement mélangés. Ces poussières ont été enlevées aux rocs par l'action de la gelée qui les a fendus, par celle des eaux, de l'air et des acides naturels qui les ont pulvérisés ou dissous. Toute terre qui renferme la Silice, l'Argile et le Carbonate de chaux dans des proportions à peu près égales, est une terre éminemment fertile, et elle deviendra capable d'entretenir la vie des plantes, si elle contient en outre des débris végétaux, et mieux un abondant *engrais.*

Une terre exclusivement argileuse est impropre à la culture, comme le serait une terre exclusivement siliceuse ou sableuse.

QUESTIONNAIRE.

Qu'étudie-t-on en minéralogie? — Quelles sont les trois principales matières enfouies dans le sol? — Indiquez les différentes variétés de silice. — Nommez les variétés de carbonate de chaux. — Quelle est la propriété caractéristique des carbonates? — Quelles sont les variétés d'alumine que vous connaissez? — A quoi sert l'argile? — Que savez-vous du talc, du mica, des schistes? — Qu'entendez-vous par roches ignées? — Comment se nomment les autres? — Citez des roches ignées? — De quoi est formée notre couche de terre?

LIVRE IV

GÉOLOGIE

La Géologie est l'histoire de la transformation de la
Terre. Elle a pour objet l'étude de la structure de
l'écorce terrestre.

Nous connaissons les *causes premières* de la création,
celles qui ont présidé aux différentes transformations
qui se sont accomplies pendant l'œuvre des six jours,
six longues périodes de siècles.

Aidée de la Paléontologie, la Géologie recherche les
causes particulières ou *causes secondes* qui ont amené
chaque transformation. Elle nous donne l'explication
matérielle des faits dont les bouleversements du sol nous
ont laissé la trace (squelettes de races disparues, etc.).
En ce qui concerne notre Terre, l'observation des phénomènes qui se produisent encore de nos jours a conduit Laplace à en expliquer la transformation par
l'hypothèse suivante généralement admise aujour-
d'hui.

Le Soleil était primitivement une *masse de gaz*, occupant un espace beaucoup plus considérable encore que celui qui est compris entre notre Soleil actuel et Neptune, la planète connue la plus éloignée du centre solaire. L'inégale densité des gaz qui composaient cette vaste *nébuleuse* produisit des *mouvements* qui avaient pour résultante de réunir au centre les gaz les plus lourds, et d'attirer vers ce centre les parties les plus lointaines.

Cette chute lente des gaz dans le voisinage du centre dut produire bientôt un mouvement général dans toute la masse, qu'il entraîna dans une *rotation* continue.

A mesure que se condensait ce volume gazeux, par suite du rayonnement de sa chaleur vers les espaces célestes, son volume diminuait, mais par suite sa vitesse de rotation s'accélérait (c'est une loi générale de mécanique).

En tournant, il s'aplatit aux pôles, se renfle à l'équateur, et cette forme ira s'accentuant de plus en plus à mesure que s'accélérera la rotation. L'aplatissement sera bientôt tel qu'un anneau gazeux se détachera de la masse mère, qu'il continuera à tourner en même temps qu'elle, mais qu'il en restera désormais séparé.

L'anneau lui-même subira une condensation qui le transformera en une sphère, la forme naturelle de tout fluide. Celle-ci continuera à graviter autour de sa mère, notre Soleil, en s'éloignant peu du plan de son équateur : nous aurons assisté à la naissance de la planète *Neptune*.

Le Soleil, allégé de la masse de Neptune, continue sa condensation et l'accélération de son mouvement; alors se détacheront de son équateur, les uns après les autres, les anneaux qui formeront *Uranus, Saturne,*

Jupiter, les *Astéroïdes*, *Mars*, la *Terre*, *Vénus* et *Mercure*.

Toutes ces planètes, de Neptune à Mercure, consti-

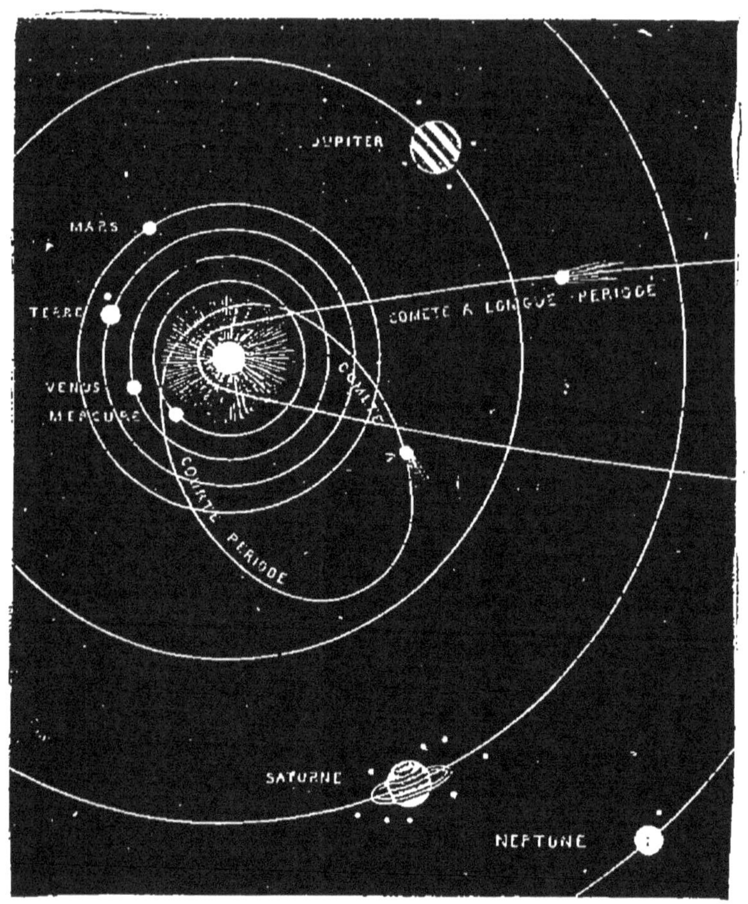

Fig. 263. — Système solaire.

tuent le système solaire (fig. 263); elles se meuvent
toutes autour du Soleil, dans des plans qui s'éloignent
peu de celui de l'équateur du Soleil.

Ces planètes elles-mêmes, détachées du Soleil, prenant d'abord la forme sphérique, mais s'aplatissant

avec leur rotation, laissèrent échapper des anneaux que la condensation a réunis en globes, désignés sous les noms de *satellites* de la planète.

Ainsi la Terre, qui s'est détachée de la nébuleuse solaire quand la rotation de cette nébuleuse autour d'elle-même se faisait en 365 jours $\frac{1}{4}$, continue à tourner autour du Soleil en 365 jours $\frac{1}{4}$, tout en tournant sur elle-même. Puis, à son tour, notre planète a laissé échapper de son équateur un anneau qui a formé la *Lune*, au moment où la Terre possédait un mouvement de rotation qui s'effectuait en 27 jours 7 heures; et la Lune continue à graviter dans le plan de l'équateur terrestre en faisant un tour complet autour de la Terre en 27 jours 7 heures.

LA TERRE.

Nous venons d'assister à la formation de notre Terre, une parcelle du Soleil. Mais quelle Terre! Tous nos éléments connus, surchauffés à une telle température qu'ils sont des gaz!

Lentement, la nébuleuse terrestre se refroidissant, passa de l'état gazeux à l'état liquide, puis pâteux, puis enfin solide. Mais avec quelle lenteur cette modification se produisit-elle? Notre imagination ne pourrait le concevoir, et compter par millions de siècles ne serait pas exagérer [1].

---

1. Des expériences faites par Bischof sur le basalte semblent prouver que la Terre, pour se refroidir de 2,000 degrés à 200 seulement, a dû mettre 250 millions d'années. Or, la Terre seule a possédé une température *infiniment* supérieure à 2,000 degrés, et sa surface est actuellement bien plus basse que 200 degrés.

A mesure que décroît la température de la nébuleuse terrestre, s'éveillent les affinités chimiques, et dès lors se produisent des corps composés gazeux. Pendant des milliers de siècles, le globe, toujours à l'état gazeux, roule dans l'espace, immense laboratoire chimique ambulant.

Puis la condensation de ces vapeurs nous fait bientôt assister à un déluge sans cesse renaissant de laves fondues se précipitant sur le centre en cataractes de feu; alors apparaît un noyau liquide formé de matières les moins réfractaires à la liquéfaction. Ce noyau liquide grossit lentement, toujours accru des pluies de métaux fondus. Il finit par acquérir un volume peu différent de celui de notre Terre actuelle, toujours enveloppé d'une atmosphère brûlante où l'eau est inconnue pour longtemps encore.

La Terre est alors une boule de fonte de tous corps liquides, boule toujours aplatie aux pôles, renflée à l'équateur, puisqu'elle tourne sur elle-même.

Puis apparurent par places, vers les pôles, des pellicules solides qui gagnèrent peu à peu en étendue, jusqu'à envelopper le globe tout entier. Mais cette écorce solide et peu épaisse est bien longtemps soumise à de rudes épreuves : l'ardente fournaise qui bouillonne, et sur laquelle elle surnage, subit d'immenses soubresauts, qui sans cesse, déchirent cette espèce d'écume de fonte qu'elle recouvre de ses laves.

Peu à peu, l'écorce s'épaissit et résiste mieux aux fluctuations de la mer de feu qu'elle emprisonne de toutes parts : quelques endroits seulement de sa surface se déchirent pour servir de soupape à cette immense chaudière. La Terre perd alors sa lumière propre; et sa chaleur interne influe de moins en moins sur la température de sa surface : elle va devoir lumière et chaleur au globe toujours incandescent, le Soleil, qui, longtemps encore, va la réchauffer de ses feux.

Le liquide central, constamment en fusion, réagira toujours contre son enveloppe solide, mais il produira des effets de plus en plus atténués, dont les résultats seront la formation des continents, les dépressions plus tard occupées par les mers, la charpente rocheuse des montagnes, les volcans vomissant la lave.

Lorsque la température se fut abaissée au-dessous de celle de la vaporisation de l'eau, celle-ci se précipita sur le sol qui la maintint longtemps bouillante encore, jusqu'à ce que, moins chaude, elle put recouvrir, sur une épaisseur variable suivant le relief de son fond, la totalité du globe.

On ne voit alors sur la Terre de cette époque qu'une immense nappe d'eau chaude, sans continents, qui repose sur la roche solidifiée, souvent secouée par de grandioses soubresauts de matières ignées.

APPARITION DE LA VIE.

Maintenant seulement peut apparaître la *Vie*. Des *cellules*, combinaisons à demi fluides du carbone, à peine végétales, cessant d'être minérales, sont les premiers essais de la vie. Puis, les cellules se réunissent pour former des filaments flottants, sortes d'algues errantes au milieu de l'Océan. Enfin, apparaissent les premiers animaux à l'organisation si rudimentaire, espèces assez semblables aux rayonnés de nos jours : coraux, méduses, mollusques élémentaires.

Peu à peu, le globe perd de sa rudesse; l'eau diminue de volume avec sa température; quelques continents émergent alors; la vie se perfectionne; les êtres se multiplient et s'éloignent de plus en plus des espèces primitives, gagnent des organes d'abord rudimentaires, puis de plus en plus perfectionnés.

Les eaux déposent peu à peu les boues qu'elles tiennent en suspension sur les roches solidement établies, et c'est alors que commence la formation de cette longue série de couches sédimentaires stratifiées qui se continue de nos jours. Chaque couche de sédiments, emprisonnant avec elle les êtres qui ont vécu à cette époque, fournit à l'histoire du monde terrestre des documents aussi dignes de foi sur la succession des végétaux et des animaux qui peuplaient la Terre à ces différentes époques, que si l'homme avait assisté à toutes leurs transformations.

Ainsi, prenant pour point de départ la roche qui sert de charpente à la Terre, et sur la nature de laquelle nous n'avons pas une connaissance complète, chaque couche de *terrain* sédimentaire a reçu un nom particulier; puis, on a pu grouper plusieurs terrains suivant leur date de formation et constituer des *époques* ou *périodes* (fig. 264) en lesquelles on subdivise le temps qui s'est écoulé entre le moment où a apparu le premier être jusqu'à l'apparition de l'homme.

On adopte généralement cinq divisions : les périodes *primitive*, *primaire*, *secondaire*, *tertiaire* et *quaternaire*.

Période primitive. — C'est celle dont nous avons parlé plus haut, où la vie ne se manifeste pas encore, et dans laquelle le sol n'est constitué que par la roche vive, recouverte d'eau.

Vers la fin de cette époque, on voit émerger du sein

des eaux dés pointes *granitiques* nues, ou recouvertes
par places des premières couches *schisteuses*. Les

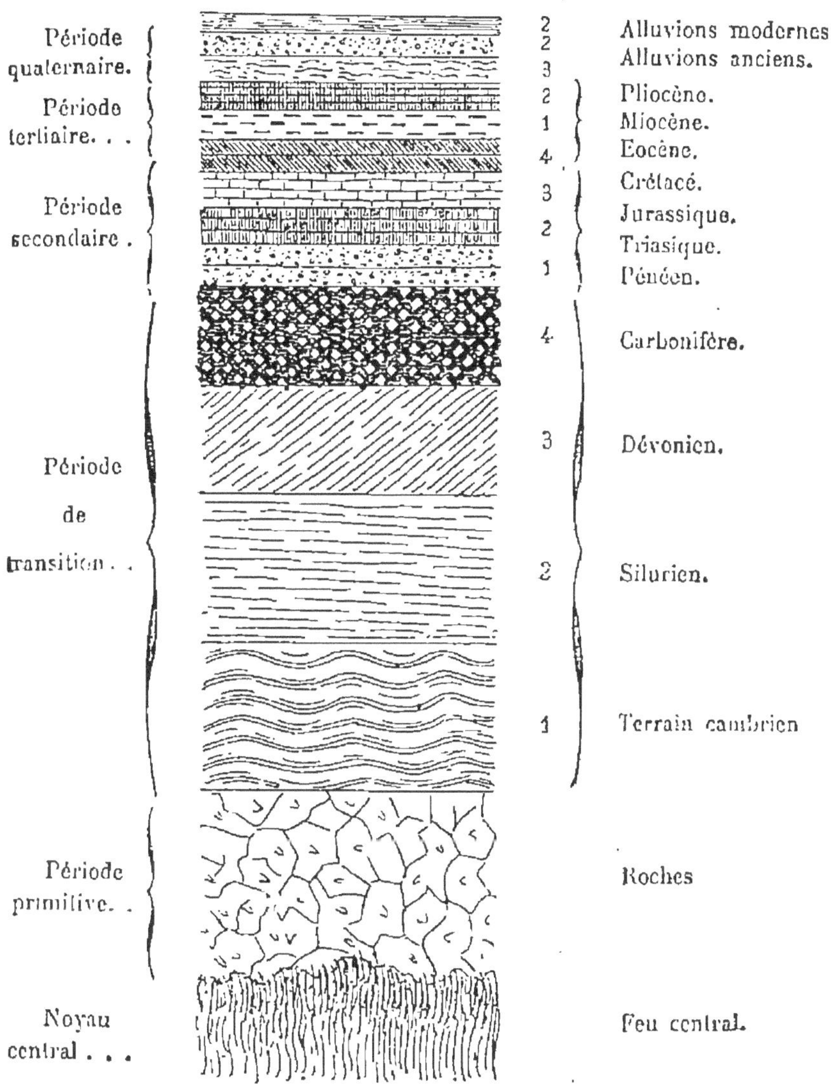

Fig. 264. — Périodes et leurs terrains.

parties de la France qui émergent, sont la Bretagne et
une partie de la Vendée ; et, en Angleterre, le pays de
Galles.

Période primaire. — La période primaire, nommée encore *période de transition*, est celle qui marque le temps qui s'écoule entre le dépôt des premiers terrains d'origine ignée et celui des terrains de sédiments de la période secondaire.

Pendant cette période se déposent quatre étages de terrains différents, nommés : terrains *cambrien*, *silurien*, *dévonien* et *houiller*.

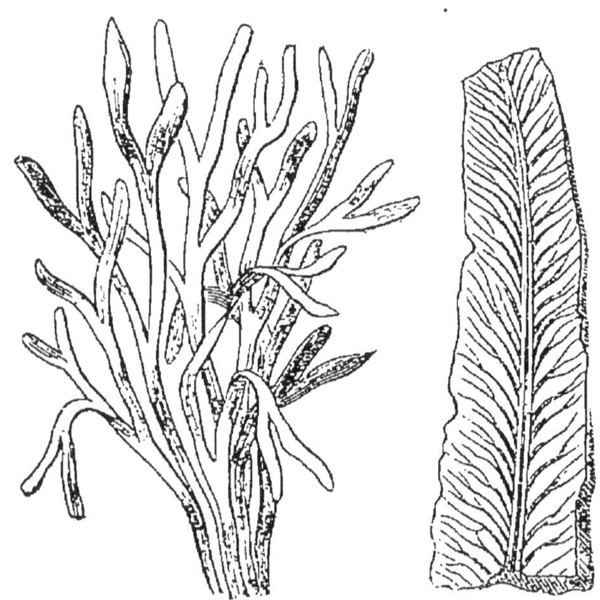

Fig. 265. — **Algues siluriennes.**

Dans le terrain *cambrien* on voit seulement apparaître les premiers rudiments de la vie : quelques algues, de rares zoophytes et mollusques inférieurs.

La vie se perfectionne et se multiplie de plus en plus pour former, dans le terrain *silurien*, des *Algues* (fig. 265) d'organisation déjà moins primitive, et des crustacés qu'on ne retrouve plus dans aucun autre terrain, les *Trilobites* (fig. 266)

Le terrain *dévonien*, formé en majeure partie de grès,
débris de roches siluriennes, de grès rouges alternant

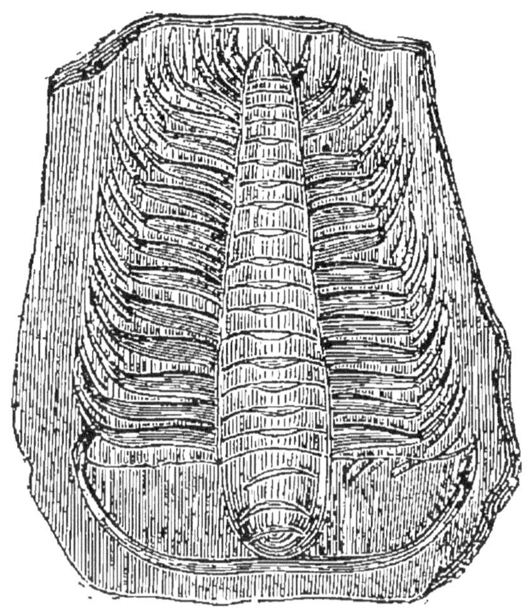

Fig. 266. — **Trilobites.**

avec des schistes et des calcaires, nous présente une
longue période de repos.

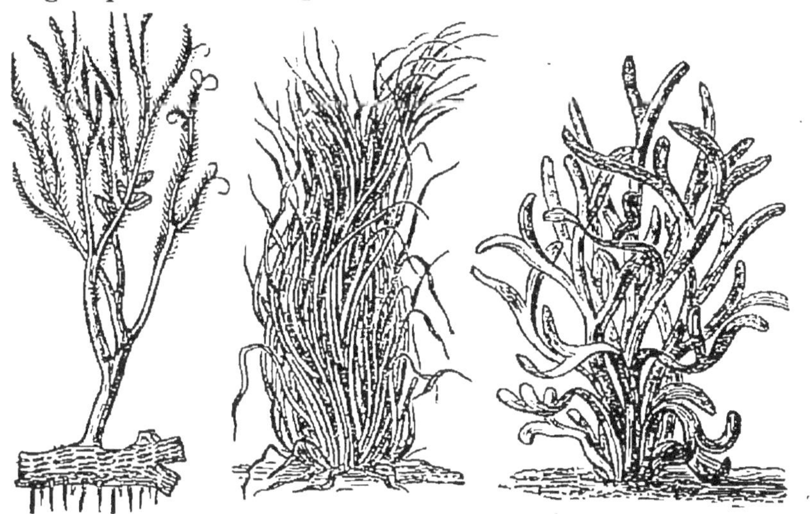

Fig. 267. — **Végétaux dévoniens.**

Nous trouvons alors d'abondants fossiles de végétaux et d'animaux nouveaux, d'organisation plus compliquée. Comme la terre émerge de plus en plus des eaux, ces êtres ne sont pas tous aquatiques, et nous remarquons :

Des *Algues* nouvelles, des *Prêles*, des *Lycopodes* (fig. 267); et même, à la fin de l'époque dévonienne, apparaissent de profondes forêts de *Fougères arborescentes* (fig. 268).

Fig. 268. — Fougère arborescente.

La vie animale est alors représentée par de nouveaux mollusques à coquilles, puis par les premiers *Vertébrés* : des *Poissons* (fig. 269) aux tailles gigantesques et au

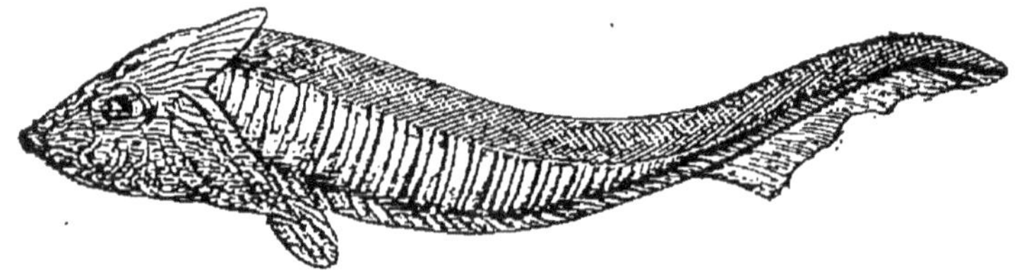

Fig. 269. — Céphalaspis, poisson dévonien.

corps protégé par un bouclier écailleux; et enfin un vertébré, moitié poisson, moitié tortue, le *Mégalicthys* (fig. 270).

Un nouveau dépôt formé pendant cette période primaire nous fournit le *terrain houiller* ou *carbonifère*. Il est formé d'*Anthracite*, de *Calcaire carbonifère*, de *Grès*

Fig. 270. — **Mégalichthys.**

houiller et enfin de *Houille* à différents degrés de pureté; tous ces corps sont noirs, plus ou moins durs et compacts.

La Houille paraît avoir pour origine les débris des végétaux de l'époque houillère, accumulés pendant une série de siècles incalculable, et enfouis dans la terre sous les dépôts postérieurs. En effet, au moment où se dépose le terrain carbonifère, la terre ferme est partout recouverte d'ombreuses forêts (fig. 271), dont les *Fougères* arborescentes, les *Lycopodes* gigantesques, les *Sigillaires* (fig. 272) disparus depuis, enfin des arbres de la famille des *Conifères*, forment les principales essences.

Les animaux sont encore des *Poissons*, mais le nombre des espèces s'accroît considérablement, et c'est avec quelque raison qu'on a pu appeler cette époque le règne des Poissons.

A la période primaire, les régions de notre France seulement émergées sont : la Bretagne, la Vendée,

Fig. 271. — Forêt de l'époque houillère.

l'Auvergne, les monts des Ardennes et ceux du Var.

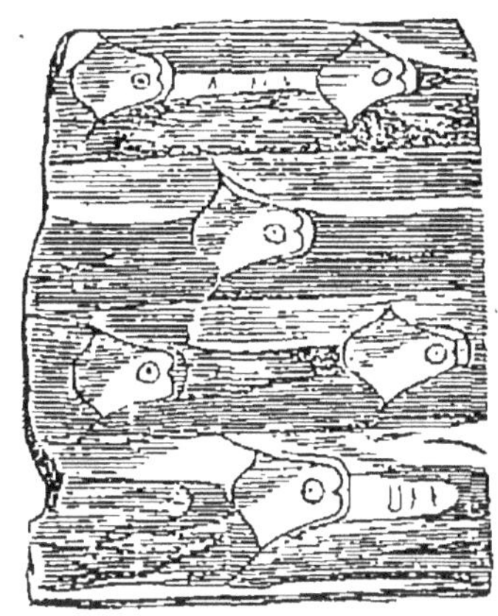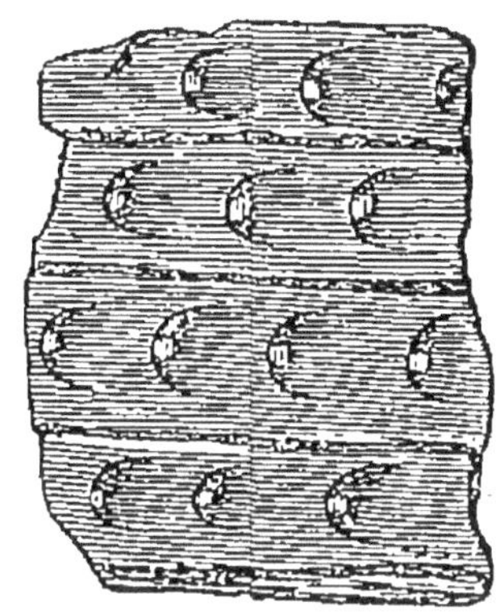

Fig. 272. — Empreintes de Sigillaires.

Période secondaire. — Pendant la période secondaire se sont déposés les terrains connus sous les noms de terrains *Pénéen* ou *Permien*, *Triasique*, *Jurassique*, et *Crétacé*.

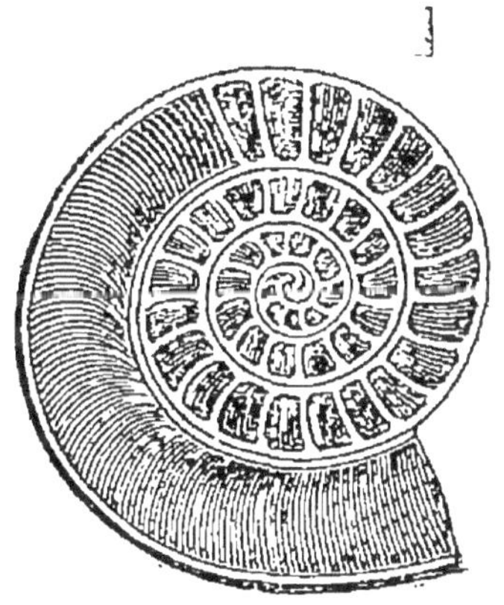

Fig. 273.

Coupe d'Ammonite.

Ammonite

Ces terrains sont formés de couches de grès, de calcaires et d'argiles; et la *Flore* des terres émergées présente peu de différences avec celle du terrain houiller : des *Fougères*, des *Lycopodes*, quelques *Conifères*.

Une végétation aussi active que le fut celle de l'époque houillère, devait nécessairement enlever à

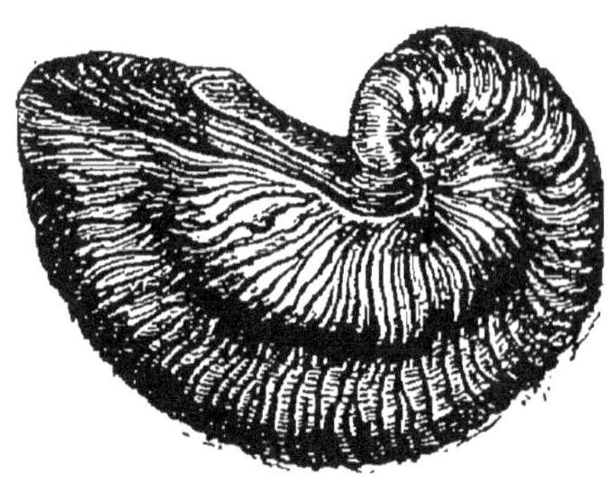

Fig. 274. — Gryphée arquée.

l'atmosphère des masses considérables d'acide carbonique, et lui fournir en revanche de l'oxygène à profusion. L'air ainsi purifié put alors servir à la respiration des animaux plus parfaits. Nous voyons en effet apparaître des poissons plus nombreux encore et plus complets, de nouveaux mollusques et zoophytes pendant que les espèces antérieurement formées disparaissent peu à peu : les premiers *Reptiles* aux formes si bizarres, des *Oiseaux* et même des *Mammifères* laissent dans ces terrains des traces de leur existence.

Les principales espèces fossiles du terrain *Triasique* sont les *Écrines*, rappelant les étoiles de mer.

Le terrain *Jurassique* est riche en *Ammonites* (fig. 273),

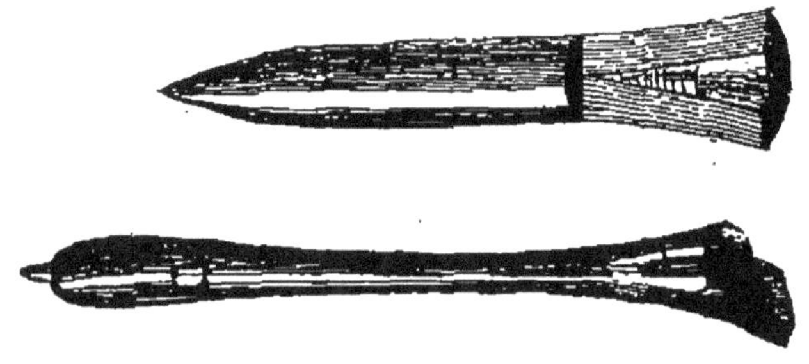

Fig. 275. — Os de Bélemnites.

en *Gryphées arquées* (fig. 274), en os de *Bélemnites* (fig. 275) : c'est là qu'apparaît le poisson-lézard, *Ichtyosaure* (fig. 276), à la puissante mâchoire; le *Plé-*

siosaure (fig. 277), à tête de serpent; le *Ptérodactyle*

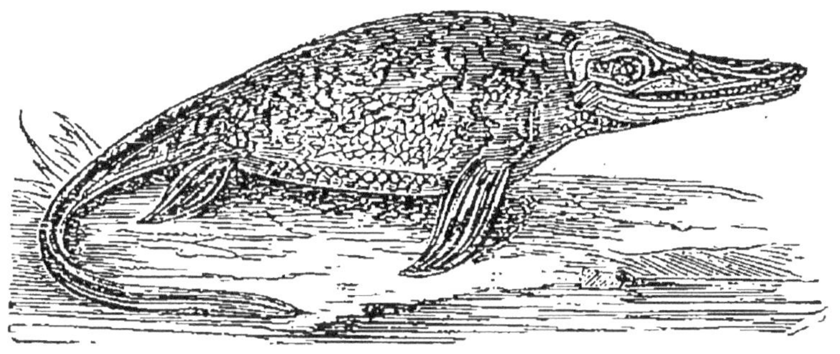

Fig. 276. — Ichthyosaure.

(fig. 278), lézard volant à la façon de la chauve-souris, etc

Le terrain *crétacé*, celui dans lequel domine un cal-

Fig. 277. — Plésiosaure.

caire blanc, la craie, voit apparaître des *Ammonites* et des *Bélemnites* aux tailles plus développées; des *Ancyloceras* (fig. 279); un reptile formidable, l'*Iguano-*

don, mesurant plus de 20 mètres de longueur ; le *Mosa-saure*, immense reptile long de 8 mètres.

Fig. 278. — **Ptérodactyle.**

La période secondaire laisse émerger, en France, la Bretagne, la Vendée, une partie de la Normandie, une

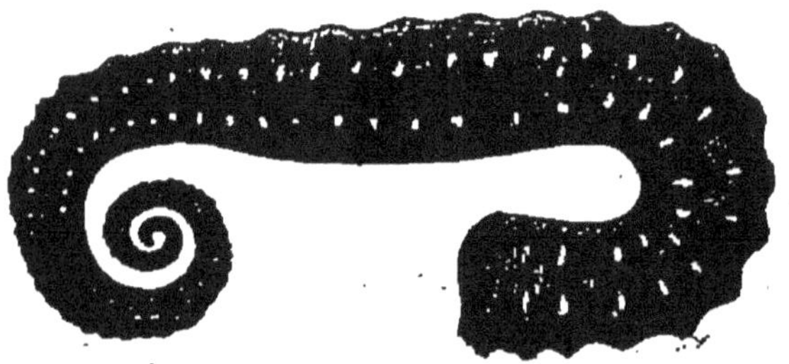

Fig. 279. — **Ancyloceras.**

large bande de terrain réunissant ces continents au Plateau central, puis aux Vosges et aux Ardennes. L'eau couvrait encore toute l'Ile-de-France, la vallée du Rhône, le littoral de la Méditerranée, le bassin de la Garonne et l'emplacement des Pyrénées.

Période tertiaire. — La période tertiaire voit le dépôt des terrains *Éocène*, *Miocène* et *Pliocène*.

Fig. 280. — **Paléothérium** (Période tertiaire).

Le terrain *éocène*, ou *terrain parisien* parce qu'il forme le sol de Paris, est composé de couches d'argile

Fig. 281. — **Anaplothérium**.

plastique, de calcaire grossier qui fournit à Paris ses matériaux de construction, de gypse ou pierre à plâtre, de marnes, etc.

12

Des végétaux et des animaux aux formes rappelant
déjà ceux de nos jours laissent leurs débris dans ce

Fig. 282. — Xiphodon.

terrain, et les êtres aux formes fantastiques des époques
précédentes disparaissent à jamais. La flore de cette

Fig. 283. — Mastodonte.

époque nous présente des conifères nombreux, des
Palmiers et toutes les plantes actuellement cantonnées
entre les tropiques.

La faune a pour représentants des mammifères plus parfaits : le *Paléothérium* (fig. 280), rappelant notre tapir; l'*Anophothérium* (fig. 281), variant de grandeur entre le mouton et le cheval; le *Xiphodon* (fig. 282), semblable au chevreuil : ces animaux étaient herbivores. Puis apparaissent des mammifères carnassiers, espèces de *loups*. Les oiseaux sont représentés par des *Hibous*, *Cailles*, *Échassiers*, *Pélicans*. On y rencontre encore des *Tortues*, des *Crocodiles*, des *Serpents*, et un nombre infini de *Mollusques* à coquillages.

Le terrain *Miocène*, qui forme les grès et les sables de Fontainebleau, voit apparaître le *premier singe*, précédé des gros mammifères : le *Mastodonte* (fig. 283),

Fig. 284. — Dinothérium.

assez semblable à notre éléphant; le *Dinothérium* (fig. 284), le plus gros de tous les mammifères, qui portait à sa mâchoire inférieure deux fortes défenses recourbées vers le sol.

La flore du terrain *Pliocène* présente déjà une grande analogie avec notre flore actuelle; les palmiers chassés par le froid, cessent de croître, alors s'élèvent les chênes, les hêtres, les peupliers, etc.

La faune est représentée par des *Rhinocéros*, des *Hippopotames*, des *Éléphants;* puis apparaissent nos ruminants, *Bœufs*, *Cerfs;* nos *Rongeurs*, et avec eux les *Ours*, les *Hyènes*, et un *Lion* de taille bien supérieure à ceux de notre époque.

A la période tertiaire le sol de la France est complètement sorti des eaux. De grands lacs couvrent seulement certaines régions: l'un d'eux s'étend en une bande étroite de Dijon à Valence, un autre couvre le sud de l'Alsace.

Période quaternaire. — Le commencement de la période quaternaire est marqué par un subit abaissement de température qui produit un amoncellement de neige et de glace depuis le pôle nord jusqu'à la Méditerranée; on a donné à cette période le nom d'*époque glaciaire*.

Les animaux fuient devant ce froid qui avance, et passent d'Europe en Afrique.

Puis la température se radoucit peu à peu et fondit les glaces et les neiges amoncelées sur le sol. Alors se produisirent de véritables inondations, une débâcle épouvantable, *un déluge*, qui creusa profondément les vallées, traça de larges ravins, et couvrit le sol en certains endroits de débris de roches, d'argiles ou de terre végétale arrachés au loin.

C'est à l'époque diluvienne des géologues que l'on peut le mieux placer le déluge historique dont font mention non seulement la Bible, mais les traditions de tous les peuples.

Ce n'est qu'après le déluge que commence l'époque moderne, avec son relief actuel, et les localisations de la flore et de la faune que nous lui connaissons encore aujourd'hui.

Les animaux contemporains de la période quaternaire étaient l'*Auroch*, bœuf sauvage qui a de nos jours à peu près disparu du globe; l'*Ours des cavernes*, de la grandeur d'un bœuf, redoutable carnassier qui devait prélever un énorme butin sur les herbivores de cette époque; le grand *Chat des cavernes*, carnassier plus fort que le lion, tous chassés de l'Europe à l'époque glaciaire. Le *Mammouth* (fig. 285), semblable à l'éléphant,

Fig. 285. — Mammouth.

mais haut de 6 mètres et recouvert de poils laineux, vivait dans les régions froides; comme le *Renne*, il a vécu sur le sol de la France à l'époque glaciaire, puis a suivi les glaces en remontant vers le nord quand la température s'est élevée. C'est, en effet, dans les mers arctiques qu'on trouve ses ossements de nos jours; et il y a quelques années seulement, on en découvrait un, emprisonné dans un immense bloc de glace, aussi bien conservé, avec sa chair et sa peau, qu'aux premiers jours de sa mort.

Enfin, à cette époque apparut l'*Homme*, notre ancêtre commun ! C'est après son apparition que les animaux de la période quaternaire disparaissent en partie pour être remplacés par ceux qui existent de nos jours.

L'Homme fut certainement témoin du déluge que nous signalons plus haut, car tous les peuples semblent en avoir conservé dans leurs traditions un effrayant souvenir. En outre, on trouve au milieu du limon accumulé par cette débâcle, dans les grottes souterraines et dans les brèches des rochers, des silex taillés et des os d'animaux travaillés de main d'homme, et même des ossements humains.

QUESTIONNAIRE.

Définissez la géologie. — Comment explique-t-on les transformations subies par notre système planétaire depuis la création ? — Nommez les astres qui gravitent autour de notre Soleil ? — Expliquez la formation du satellite de notre Terre. — Décrivez les différentes phases de la formation de notre globe. — Quelles sont les premières manifestations de la vie ? — En combien d'époques ou périodes divise-t-on son évolution ? — Que savez-vous sur l'époque primitive et quelles sont les parties de la France émergées à cette époque ? — Quels terrains se sont déposés à l'époque primaire ? — Quelles sont la flore et la faune qui caractérisent chacun de ces terrains ? — Quelle partie de la France émergée à l'époque primaire ? — Quels sont les terrains formés pendant l'époque secondaire ? — Quelles sont la flore et la faune de chaque terrain ? — Quelle partie de France émergée ? — Quels sont les terrains déposés pendant la période tertiaire ? — Quelles sont la flore et la faune de ces terrains ? — Quelle partie de France émergée ? — Où se place la période glaciaire et le déluge ? — Qu'entendez-vous par l'époque quaternaire ? — A quelle époque l'homme apparait-il ?

NOTIONS

D'AGRICULTURE[1]

CHAPITRE PREMIER

L'*Agriculture*, ou culture de la terre, est une science très complexe; elle emprunte ses connaissances à toutes les sciences physiques et naturelles, et ne se traite pas avec l'ignorance et la routine comme on paraissait trop le propager jusqu'alors. Le succès ne couronnera que le cultivateur instruit et travailleur, car c'est là plus que partout ailleurs qu'il reste la plus grande somme de progrès à réaliser, et que les expériences bien conduites rendront à la France un des plus sûrs éléments de prospérité.

La terre cultivable ou *arable* est un mélange de débris provenant de la décomposition lente des roches sous l'influence de la pluie, du vent, de la gelée et des actions chimiques; à ces poussières minérales se trouvent unis des débris de matières végétales et animales fournies par les êtres qui ont vécu et qui sont morts sur le sol à différentes époques.

Au-dessous de cette terre arable, celle que les outils du cultivateur peuvent *ameublir*, se trouve un sol rarement mis en contact avec l'air, c'est le *sous-sol*, celui qui repose sur la *roche*.

1. L'agriculture n'est exigée que des *aspirants* aux Brevets de capacité.

La terre arable comprend alors les éléments que nous avons étudiés en minéralogie ou en chimie, tels que : *Silice, Carbonate de chaux, Silicate d'alumine, Phosphate de chaux, Sulfate de chaux, Sels de potasse;* puis les débris des matières organiques décomposées, et qu'on appelle *Humus* ou *Terreau.*

La *Silice,* qui forme le sable de la mer et des déserts constitue un sol absolument stérile lorsqu'elle n'est pas mêlée à de grandes quantités de matières organiques; mais elle communique à la terre la *légèreté,* la *perméabilité* et la *conductibilité calorifique* : c'est elle qui contribue à former le squelette des graminées, des joncs et de toutes les plantes, en plus ou moins grande quantité.

Une terre est *siliceuse* ou *légère* lorsque la silice y entre dans la proportion de 65 0/0. Une telle terre est facile à travailler, mais elle est peu fertile; elle conserve mal les engrais, est trop perméable à l'eau et par conséquent sèche et brûlante en été. On corrigera en partie ses défauts en la mélangeant avec du calcaire, qui lui donnera un peu de consistance.

Un tel sol ne convient qu'à la culture du sarrasin, de l'avoine d'hiver et de la pomme de terre.

Le *Carbonate de chaux* ou *Calcaire,* qui se présente sous différents aspects, ne constitue pas, lorsqu'il est seul, un bon terrain de culture; sa couleur, généralement blanche, en fait un sol *froid;* il est peu perméable à l'eau et forme avec elle une bouillie sans consistance qui ne présente plus d'appui aux plantes, il se gonfle beaucoup à la gelée, déchausse les racines au dégel.

Le *Silicate d'alumine* constitue la majeure partie de l'*Argile.* Un sol à base d'argile forme avec l'eau une pâte liante, difficile à travailler, puis en se séchant il devient fort dur et se fendille. On atténue ses défauts en le mélangeant au carbonate de chaux, qui le rend plus perméable et prévient son durcissement à la sécheresse. Ces terres sont dites *terres fortes* ou grasses.

Un mélange d'argile et de carbonate de chaux forme la *marne*, employée comme amendement.

Le *Phosphate de chaux*, moins abondant que les éléments précédents, se rencontre en quantité suffisante cependant pour fournir aux animaux qui mangeront les produits du sol le phosphate de chaux de leur squelette.

Le *Sulfate de chaux* ou *plâtre* est indispensable au sol des prairies artificielles.

Les *Sels de potasse*, nitrates, carbonates, silicates, sont des amendements souvent employés.

L'*Humus* ou *Terreau* est une substance brune ou noire éminemment fertilisante, qui provient de la décomposition des parties ligneuses des plantes. Il est très riche en carbone et en azote. Il convient surtout à la culture maraîchère.

On dit qu'une terre est *franche* lorsqu'elle contient en proportions égales de la silice, de l'argile et du calcaire : c'est la terre cultivable par excellence.

SOUS-SOL.

La couche de terrain située immédiatement au-dessous de la terre arable est le *Sous-sol*. La constitution du sous-sol a aussi une grande influence sur la qualité de la couche arable. Un sous-sol siliceux atténuera les inconvénients du sol argileux qu'il supporte et réciproquement.

La connaissance du Sous-sol est donc importante au point de vue agricole ; car les labours devront être faits plus ou moins profonds, suivant qu'il y aura avantage ou non à entamer le Sous-sol.

12.

CHAPITRE II

AMENDEMENTS ET ENGRAIS

Pour que les plantes s'accroissent, il est nécessaire qu'elles se nourrissent; et à cause de leur organisation, elles ne peuvent absorber que des aliments gazeux ou liquides. Une partie de ces aliments sont tirés de l'atmosphère, une autre du sol dans lequel s'enfoncent les racines de la plante.

Or, une terre sur laquelle croîtra une même plante plusieurs années de suite, et qu'on débarrassera chaque année de sa récolte, devra nécessairement s'appauvrir; elle finira même par ne plus contenir aucun des éléments nécessaires à l'accroissement de la plante. Si l'on veut alors obtenir une récolte sur cette terre épuisée, on devra ajouter au sol des substances appropriées au produit qu'on en veut tirer : de là l'utilité des *Engrais* et des *Amendements*.

Les principaux matériaux indispensables à toute végétation sont : le *Carbone,* l'*Oxygène*, l'*Hydrogène*, l'*Azote*, l'*Acide phosphorique*, la *Chaux* et la *Potasse*. Les autres substances, en plus faibles proportions, sont la *Silice*, la *Magnésie*, la *Soude*.

Les végétaux tirent les trois premiers éléments : Carbone, Oxygène et Hydrogène, de l'air atmosphérique; quant à toutes les autres substances, elles sont tirées du sol, et c'est à l'état de *dissolutions* dans l'eau qu'elles sont absorbées, par les poils absorbants des racines, pour constituer la sève.

Les quelques exemples qui suivent vont nous montrer les quantités relatives des différents éléments constitutifs de certains végétaux enlevés, soit à l'air, soit au sol :

MATIÈRES ENLEVÉES A L'AIR PAR 1.000 KILOG. DE :

	CARBONE	OXYGÈNE	HYDROGÈNE
Grains de blé . . .	460 kgr.	435 kgr.	58 kgr.
Paille de blé	485	390	54
Grains d'avoine . .	500	370	63
Paille d'avoine. . .	500	390	55
Foin de trèfle . . .	475	370	44

PRINCIPALES MATIÈRES ENLEVÉES AU SOL PAR 1.000 KILOG. DE :

	AZOTE	ACIDE PHOSPHORIQUE	POTASSE	SOUDE	CHAUX	MAGNÉSIE	SILICE	CHLORE
	kil.	kil.	kil.	kil.	kil.	kil.	kil.	kil.
Grains de blé. . . .	21	8	5,5	0,6	0,6	2,2	0,3	»
Paille de blé. . . .	3	2,3	5	1	2,5	1	28	»
Grains d'avoine . .	18	5,5	4	1	1	2	12	»
Paille d'avoine. . .	4	2	10	2,3	3,5	1,8	22	»
Foin de trèfle . . .	21	5,5	20	1	20	7	1,5	2

L'air contient toujours de l'oxygène, puisqu'il est formé chimiquement de $\frac{4}{5}$ d'azote et de $\frac{1}{5}$ d'oxygène ;

il renferme en outre le carbone à l'état d'acide carbonique, et nous avons vu que les plantes décomposent cet acide pour en tirer le carbone. L'hydrogène s'y rencontre également dans la vapeur d'eau, formée comme on le sait d'oxygène et d'hydrogène. Comme l'atmosphère ne fait jamais défaut aux plantes des éléments qu'elles en peuvent tirer, nous réserverons nos engrais et amendements pour le sol qui, lui, peut être parfois épuisé.

AMENDEMENTS.

Les amendements ont surtout pour effet de donner au sol les qualités physiques nécessaires à la végétation. Ainsi, ce sera amender une terre que la défricher, l'épierrer, pratiquer l'écobuage, la drainer, l'irriguer, etc., et mélanger au sol les éléments qui lui manquent pour le rendre meuble s'il est trop compact, lui donner de la consistance s'il est trop siliceux.

Écobuage. — L'écobuage consiste à enlever par plaques la couche gazonnée du sol, et à la brûler sur place. Il se pratique avantageusement sur les terrains trop argileux, incultes depuis longtemps. Cette opération, outre qu'elle transforme l'argile en brique qui a les mêmes propriétés que la silice, détruit les graines des mauvaises herbes et les larves des insectes.

Drainage. — Le drainage a pour effet d'enlever aux terres trop humides leur excès d'eau.

Les principaux avantages qu'on en tire sont de réchauffer le sol, puisque l'évaporation de l'eau ne se produit plus, de permettre à l'air de pénétrer dans la terre, de rendre plus faciles les travaux de culture puisque la terre est plus légère, et surtout de remplacer la mauvaise végétation des joncs, des prêles, etc., qui couvrent les prairies artificielles trop humides, par des plantes utiles à la nourriture du bétail.

Quand le sol est bas et marécageux, on se contente de pratiquer autour du terrain à assainir des fossés profonds, dans lesquels l'eau se rendra en laissant sèche la terre arable.

Mais partout ailleurs on drainera le sol.

On pratique le drainage avec des *drains* ou tuyaux de terre cuite d'un diamètre intérieur variant de 20 à 40 millimètres.

On creuse, dans le sens de la pente du terrain à drainer, des fossés de 1 mètre à 1ᵐ,50 de profondeur, au fond desquels on dépose des drains, puis on les recouvre de terre ; les fossés sont espacés de 5 à 20 mètres, suivant la nature des terrains, et sont dirigés soit vers

Fig. 286. — **Drainage.**

un fossé latéral, soit vers un drain collecteur qui reçoit toutes les eaux des drains et les déverse en un seul point.

Quelquefois, au lieu de drains, on jette au fond des fossés de drainage des pierres laissant entre elles un certain espace et l'on recouvre le tout de terre. Mais ce procédé, moins coûteux c'est vrai, est loin de fournir les bons résultats des drains.

La dépense du drainage s'élève à environ 335 francs par hectare dans les sols humides, et à 500 francs dans les landes et les marécages. Mais le revenu double sur le premier sol, et devient six fois plus fort dans les landes et les marécages. Ces chiffres sont suffisamment éloquents.

L'irrigation. — L'irrigation est le contraire du drainage, elle consiste à fournir de l'eau aux sols qui en manquent, surtout dans les prairies.

Fig. 287. — Irrigation.

On pratique, le plus souvent, des saignées à un ruisseau qui borde le sol à irriguer, et l'on conduit l'eau qui s'écoule dans des rigoles circulant en tous sens (fig. 287). C'est généralement en hiver et au printemps que se font utilement ces opérations.

La Chaux. — La Chaux a pour objet de fournir à certains sols le calcaire qui leur manque. Le *chaulage* réussit bien sur les landes, les terres argileuses et tourbeuses, les terres de bruyères. On répand la chaux sur le sol à raison de 50 hectolitres par hectare.

Elle fournit d'excellents résultats sur les cultures de blé, de colza et des légumineuses.

La Marne. — La marne, formée de carbonate de chaux et d'argile auxquels se mêle parfois de la silice, renferme ces différents corps en quantités très variables, qui font que tantôt elle est calcaire et tantôt argileuse.

On devra employer la marne calcaire sur un terrain argileux et réciproquement.

Le Plâtre. — Le plâtre cuit ou cru est étendu en poudre sur les prairies déjà couvertes de végétation. On l'étend à la dose de 300 à 700 kilogrammes par hectare, et cette opération doit se faire de préférence lorsque les feuilles sont couvertes de rosée.

Les Phosphates, employés à l'état de noir animal, de phosphates du grès vert, de phosphates du Midi, de guano, sont très nécessaires à l'accroissement des plantes, surtout des céréales.

ENGRAIS.

Les engrais sont des substances qui, mélangées à la terre, doivent lui communiquer les éléments utiles à la vie des plantes qui croîtront à sa surface.

Les engrais peuvent être classés en :

Engrais animaux;

Engrais végétaux;

Engrais mixtes.

1° **Engrais animaux**. — L'*Urine* de tous les animaux est un engrais très riche en azote, et qu'on doit bien éviter de laisser perdre. Pour empêcher sa déperdition dans les étables, au cas où la litière ne l'absorberait pas en totalité, le sol doit y être légèrement incliné vers une rigole qui déverse les déjections liquides dans un réservoir spécial. Le réservoir est ensuite vidé sur le tas de fumier pour aider à son arrosage; le liquide qui s'en écoule, le *Purin*, est précieusement recueilli dans la fosse à purin,

Le *Purin*, pour être employé à l'engrais, doit être additionné de 2 fois au moins son volume d'eau; il sert alors à l'arrosage des prairies.

Les *Excréments* solides des animaux produisent également un excellent engrais, dont les propriétés varient et avec les animaux et avec leur régime. Ils sont rarement employés seuls : on les mélange avec les urines pour constituer l'*engrais flamand*, qui demande une fermentation prolongée et contient 20 0/0 d'azote. Le plus généralement, les excréments sont naturellement mélangés avec les urines et la paille des étables pour former le *Fumier*.

Dans le *Parcage*, les excréments des animaux n'ont pas besoin d'être convertis en fumier : ce sont les animaux qui déposent sur place les matières fertilisantes. Ce procédé est surtout employé avec le mouton qu'on enferme dans une enceinte formée de claies mobiles, (fig. 288) et sur un sol nouvelle-

Fig. 288. — Parcage.

ment labouré et hersé : ces excréments ne renferment guère plus de 8 0/0 de matières azotées.

Les déjections humaines sont un engrais très énergique, ordinairement employé à l'état sec ou *Poudrette*.

Le *Guano* consiste en déjections d'oiseaux de mer, accumulées en certains pays depuis des milliers de siècles. Le plus riche en azote provient des côtes du Pérou, où malheureusement il est à peu près complètement épuisé. Les propriétés du guano sont très variables, suivant les lieux d'origine; sa richesse en azote peut varier de 14 0/0 à 1 0/0.

La fiente des animaux de basse-cour et celle des colombiers, ou *colombine*, donne de très bons résultats, surtout dans la culture potagère.

Les *Débris d'animaux*, chair, sang des abattoirs, os, noir animal, contiennent plus de matières azotées que le fumier.

Les *Eaux d'égouts* renferment aussi de grandes quantités de matières azotées et phosphatées. A Gennevilliers (Seine), une partie des eaux des égouts de Paris, déversées sur le sol antérieurement aride, ont été capables d'élever son produit annuel à 5,000 francs l'hectare.

2º **Engrais végétaux**. — Les engrais végétaux ont une moins grande importance que les engrais animaux. Cependant ils renferment une assez grande quantité d'azote pour justifier l'emploi qu'on en fait.

Généralement on fait croître les végétaux sur le sol qu'on veut améliorer et on les y enfouit. D'autres fois on les coupe, et on leur laisse subir un commencement de fermentation avant de les enterrer. L'engrais vert le plus souvent employé est le *Lupin blanc*, qui convient bien aux terres légères, et le *Sarrasin*.

Les *Goémons* ou plantes marines constituent un engrais excellent, produisant un effet double de celui des bons fumiers. Répandus surtout sur les pâturages, ils en augmentent notablement la production.

Les *Tourteaux* de graines oléagineuses, les *Marcs*, les *Pulpes*, donnent d'excellents résultats dans la culture du blé; ils sont aussi bons que le fumier.

3º **Engrais mixtes**. — Le plus employé des engrais mixtes, c'est le fumier. Il est formé de la *litière*, matière végétale servant de coucher aux animaux, qui a absorbé et retenu les déjections liquides et solides des animaux de la ferme.

Les meilleures litières sont celles qui sont formées de la paille des céréales. A son défaut, on emploiera des bruyères, de la mousse, des roseaux, etc.

Fig. 289. — Épandage du fumier. (Engrais mixte.)

Le fumier fournira des résultats d'autant meilleurs qu'il aura été mieux préparé.

Retiré des étables, le fumier doit être mis en tas, autant que possible à l'abri de la pluie, et sur un sol légèrement convexe vers le centre du tas. De chaque côté sont ménagées dans le sol étanche des rigoles qui se déversent dans une fosse à purin. Dans les temps de sécheresse, on arrosera le fumier avec le purin, et c'est ainsi qu'aucun principe utile ne sera perdu.

Comme en fermentant dans les tas, le fumier perd une certaine quantité de l'azote qui se dégage à l'état d'ammoniaque, il est bon de l'arroser de temps en temps avec une dissolution de sulfate de fer qui retient l'ammoniaque.

Avant d'étendre le fumier dans les champs, on le dépose en tas réguliers (fig. 289), espacés d'environ 7 mètres en tous sens, puis on l'enfouit; et l'enfouissement doit suivre l'épandage dans le plus bref délai.

Sur les prairies, il arrive qu'on étend le fumier sans l'enfouir : on dit alors qu'on pratique une *fumure en couverture*.

Les propriétés des fumiers varient avec la litière

employée, le degré de fermentation et la nature des excréments qui les forment : le fumier de cheval est chaud, il fermente rapidement et convient aux terres argileuses; le fumier des vaches, moins énergique, dure plus longtemps et convient mieux aux sols siliceux; le fumier de mouton est presque aussi chaud que celui du cheval, et possède une durée à peu près égale à celui des vaches.

Un engrais mixte utilement employé sur les bords de la mer est la *Tangue* ou limon de la mer, qui renferme une grande quantité de débris de matières animales et végétales mélangées au sable. Elle joue à la fois le rôle d'engrais et d'amendement.

Le choix des engrais peut être rendu sensible par le tableau suivant : alors qu'une terre sans engrais reproduit 3 fois la semence qu'on lui confie :

Les engrais végétaux rendent	5 fois la semence		
— fumiers d'étable	—	7 —	—
— fumiers de cheval	—	10 —	—
La poudrette	rend	14 —	—

ENGRAIS CHIMIQUES.

La chimie pouvant rigoureusement déterminer, d'une part, et le nom et la quantité des éléments constitutifs d'une plante donnée, d'autre part toutes les substances contenues dans un sol, la chimie, dis-je, pourra indiquer quels éléments on doit ajouter à un terrain pour qu'il lui soit possible de produire une plante déterminée. Tel est le principe de l'emploi exclusif des engrais chimiques : remplacer tous les engrais animaux, végétaux ou mixtes par des produits chimiques formés des éléments constitutifs des autres engrais et en proportions utiles seulement à l'effet à produire.

Les substances qu'on y rencontre d'ordinaire sont : les *Sels ammoniacaux*, le *Guano artificiel*, le *Nitrate de soude*, les *Nodules phosphatés*, ou phosphate de chaux, le *Noir animal*, des *Sels de potasse*, le *Plâtre*, etc.

Il est bien certain que, théoriquement, un tel procédé de culture est très rationnel; mais, dans la pratique, à combien de difficultés l'agriculteur ne se heurtera-t-il pas? La transformation de la ferme en un laboratoire de chimie sans cesse en activité est une grave révolution : analyse des terrains, analyse des récoltes, analyse des engrais, telles seraient les occupations constantes du cultivateur. Puis, si l'agriculteur chimiste n'a plus besoin de fumier, que lui serviront ses bestiaux, en dehors de ceux qui lui seront strictement nécessaires? Où irons-nous alors chercher la viande indispensable à notre alimentation, si ce n'est encore à l'étranger?

L'emploi exclusif des engrais chimiques est donc, à juste titre, généralement abandonné; mais où leur utilité est incontestée, c'est comme *engrais complémentaire*. Ce qui signifie que lorsqu'un sol aura été engraissé avec les matières fertilisantes animales ou végétales dont on disposait, s'il lui vient à manquer des éléments essentiels, on les complétera par des engrais chimiques.

Dans ce cas, l'agriculteur qui aura recours au marchand de produits chimiques devra exiger de lui la *garantie d'analyse*, annonçant et la nature des éléments fournis et leurs quantités respectives.

QUESTIONNAIRE des CHAPITRES I et II.

Qu'est-ce que l'agriculture? — De quoi est formée la terre arable? — Comment se nomme la couche de terre située au-dessous de la terre arable? — Quels éléments contient la terre arable? — Qu'est-ce qu'une terre légère? — Quels sont ses qualités, ses défauts? — Qu'est-ce qu'une terre forte? — De quoi est formé l'humus? — Qu'est-ce qu'une terre franche? — En quoi la connaissance du sous-sol est-elle utile? — Pourquoi est-ce utile d'amender, de fumer les terres? — Quels sont les principaux matériaux indispensables à la végétation? — Où les végétaux les trouvent-ils? — Qu'entend-on par amender une terre? — En quoi consiste l'écobuage, le drainage, l'irrigation, l'emploi de la chaux, de la marne, du plâtre, des phosphates? — Qu'appelle-t-on engrais? — Comment sont-ils divisés? — Quels sont les engrais végétaux et quelles sont leurs valeurs relatives? — En quoi consistent les engrais végétaux? — Qu'appelez-vous engrais mixtes? — Quel est le meilleur? — Comment est-il employé? — Que pensez-vous des engrais chimiques? — Doit-on les employer seuls?

CHAPITRE III

MACHINES AGRICOLES ET TRAVAUX DES CHAMPS

La principale et la plus ancienne machine agricole est la *Charrue*. Elle prend le nom d'*Araire* quand elle est dépourvue d'avant-train, c'est-à-dire de roues.

La charrue généralement adoptée se compose de l'*âge*, *a*, terminé par deux *mancherons*, *mm*, et supporté par l'*avant-train*, *r*; puis des pièces essentielles : le *coutre*, *c*; le *soc*, *s*, et le *versoir*, *v* (fig. 290).

Le *coutre* est un couteau d'acier fixé à l'âge, et présentant son tranchant en avant. Il est destiné à trancher la terre en bandes verticales.

Le *soc* est un très large couteau de la forme d'un triangle ou d'un trapèze, dont le plus grand côté est tranchant; son rôle est de trancher la terre en bandes horizontales.

Le *versoir* ou *oreille* est la pièce la plus importante, et son degré de courbure a une grande influence sur la valeur du labour. C'est lui qui complète l'action du coutre et du soc, en retournant sur elle-même et en déposant hors du sillon la bande de terre coupée.

Le **labour** est l'opération la plus indispensable de la culture; il a pour effet d'exposer à l'air, à la chaleur, à la lumière les couches profondes; il ameublit la terre arable, et rend ainsi plus faciles le développement des racines et la recherche des principes nutritifs; il mêle les engrais d'une façon plus parfaite avec la terre.

Le *Scarificateur* est un rectangle ou un triangle monté sur roues, dont les côtés sont garnis de dents courtes et verticales. Il est employé après le labour pour remuer la surface du sol et la débarrasser des mauvaises herbes.

La *Herse* est à peu près un scarificateur dépourvu

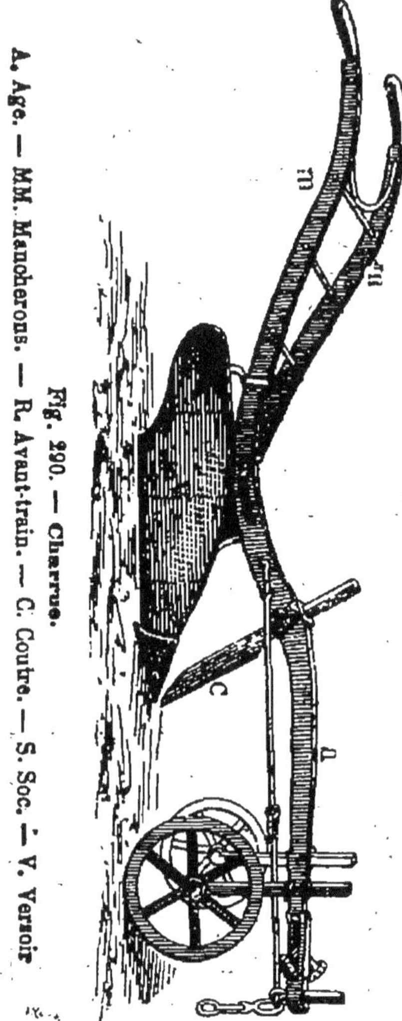

Fig. 290. — Charrue.

A, Age. — MM, Mancherons. — R, Avant-train. — C, Coutre. — S, Soc. — V, Versoir

de roues, et dont les dents sont plus nombreuses et moins résistantes. Elle sert à émietter les mottes et à égaliser le sol. On l'emploie également pour enterrer les semences, et, au printemps, pour favoriser le talage des céréales.

Le *Rouleau* à surface lisse, ou *Compresseur*, sert à glacer le sol avant l'ensemencement; il est utilement employé après les gelées pour rapprocher la terre des racines déchaussées, puis pour enterrer les graines très fines.

Le rouleau *brise-mottes* a sa surface hérissée de pointes métalliques et sert à la fois à briser les mottes de terre et à les écraser.

L'ensemencement d'un sol se fait ou à la *volée* ou en *lignes*.

A la volée, c'est le bras seul qui agit pour jeter régulièrement la semence que la main du semeur vient prendre dans son tablier.

L'ensemencement en lignes s'effectue avec le *semoir*; il est alors plus régulier : les graines sont enterrées à une profondeur uniforme, elles lèvent dans le même temps, le travail est moins lent et peut s'effectuer par tous les temps.

Dès que certaines plantes sont levées on doit pratiquer des **sarclages**, dont le but est d'enlever toutes les plantes étrangères qui nuiraient à la végétation utile. Cette opération se fait nécessairement sans machines, puisqu'il s'agit de faire un choix, et s'effectue soit avec des *bineuses* soit avec des *houes*.

La **récolte** des produits s'opère soit à la main, soit à l'aide des machines.

Le fauchage à la main se fait avec des *faux*, et lorsqu'il est habilement exécuté, l'herbe fauchée doit être régulièrement disposée en rangées parallèles.

La coupe à l'aide des *faucheuses* est moins coûteuse et plus rapide que le fauchage à la main, quand on doit faucher une surface supérieure à 40 hectares.

Dès que l'herbe est coupée, on la transforme en *foin* par le *fanage*. Le fanage a pour but de permettre à la plante de perdre la plus grande partie de son eau; on recherche pour l'effectuer un temps sec et chaud.

Pour faucher les céréales, à la moisson, on emploie ou la *faucille*, ou la *faux*, ou les *moissonneuses*.

Les moissonneuses, qui ne peuvent être employées que sur un grand terrain plat et nivelé, fauchent et déposent chaque fois sur le sol un volume d'épis régulièrement égal à celui qui est nécessaire à une javelle. Elles moissonnent un hectare de blé en 3 heures; tandis que la faux met 20 heures et la faucille 60 heures. Il est certain que leur usage est tout indiqué, chaque fois que l'étendue et la disposition de la culture s'y prêteront : car c'est surtout à l'époque des moissons que manquent les bras et que s'élève le prix de la main-d'œuvre.

Pour extraire le grain des épis on emploie le pénible *fléau*, ou maintenant, plus généralement, la *machine à battre*.

CHAPITRE IV

ANIMAUX DE LA FERME

Les animaux de la ferme peuvent se diviser en *animaux de trait* et en *animaux de rente*.

Animaux de trait. — Par animaux de trait

(fig. 291) on entend ceux dont le cultivateur se sert pour effectuer ses travaux : charrois, labours, etc. Il doit naturellement en réduire le nombre au plus strict nécessaire.

Les animaux de trait sont le *cheval*, le *bœuf*, l'*âne* et le *mulet*.

Fig. 291. — Animaux de trait.

Les principaux chevaux employés en agriculture sont ceux de la race *boulonnaise*, à l'épaisse encolure; ils sont forts et dociles, et rendent d'énormes services pour les gros transports au pas : ils sont dits chevaux de gros trait. Les chevaux de la race *bretonne* ont le corps court et arrondi; ils sont très robustes. Les *percherons*, aux hanches saillantes, sont ceux que la Compagnie des Omnibus, à Paris, emploie exclusivement; leurs membres sont très forts.

La ration journalière d'avoine pour un cheval est en moyenne de 10 litres; elle sera cependant réduite toutes les fois que le cheval restera à l'écurie.

Les principales races de bœufs sont les *limousins*, très fortement charpentés, très forts et de grande taille; le bœuf *charolais*, aux membres courts et au pelage blanchâtre : c'est un excellent travailleur; le bœuf de la race de *Salers* ou race *auvergnate*, à tête courte, au front et au poitrail larges : il est très vigoureux; les bœufs *nantais*, aux formes massives, à

13

la conformation peu régulière, sont également bons travailleurs.

L'emploi des chevaux à la place de bœufs pour les travaux de la plaine ne peut pas être indiqué, ni réprouvé d'une manière exclusive ; les deux présentent des avantages et des inconvénients : c'est le cultivateur intelligent qui devra trancher seul cette question, qui dépend beaucoup du genre de culture de son sol et du climat qu'il habite. Ainsi, dans le labour d'une terre forte ou pour le défrichement, le bœuf devra être préféré.

Le cheval coûte plus cher à entretenir que le bœuf, il est plus difficile pour la nourriture et ne finit pas à la boucherie. Mais le cheval est plus vif, il fournit plus de travail, il mange moins, et son repas dure moins longtemps.

Animaux de rente. — Les animaux ainsi nommés sont ceux dont le fermier tire un profit immé-

Fig. 292. — Animaux de rente.

diat, soit en vendant les produits qu'il en tire chaque jour, soit en vendant les animaux eux-mêmes (fig. 292). Ces animaux sont les *Vaches*, les *Moutons*, les *Porcs*, les *Oiseaux de basse-cour*, les *Lapins*, les *Abeilles*, etc.

Les principales races de vaches recherchées pour la production du lait sont les vaches *normandes*, race laitière par excellence, qui fournit en moyenne par an 3 800 litres de lait, avec lesquels on peut faire 100 kilogrammes de beurre; les vaches *flamandes*, dont quelques espèces produisent beaucoup de lait mais de moins bonne qualité; les vaches *bretonnes*, très petite race, fournissant un lait très riche en beurre d'excellente qualité; la race *hollandaise* et la race *suisse*, toutes deux bonnes laitières; la race anglaise *durham*, laitière ordinaire, mais dont la viande est très recherchée dans la boucherie.

En hiver, les vaches laitières seront nourries avec des betteraves, pommes de terre, carottes coupées, et l'eau qui leur sera donnée en boisson sera rendue rafraîchissante par l'addition de farine d'orge ou de son.

Des *Moutons*, on vend la laine, la viande et parfois le lait. Les principales races sont les moutons *allemands* à chair médiocre; la race *flamande*, dont la viande est estimée; la race *berrichonne* et la petite race des *dunes*, à la chair savoureuse; la race *mérinos*, qui fournit les laines fines si recherchées.

Les *Porcs* sont à peu près tout profit pour la ferme; ils se contentent, pour leur nourriture, des résidus du ménage et de la laiterie; et tout, chez eux, sert à l'alimentation.

La *basse-cour*, dont les soins incombent surtout à la fermière, est une source de profits souvent très considérables. Dans une exploitation bien dirigée, la basse-cour doit payer le fermage.

Les animaux de la basse-cour sont les *Poules*, dont les races principales sont celles de *Crèvecœur*, de

Houdan et de la *Flèche*. Pour activer la ponte des poules en hiver, on devra les nourrir principalement d'avoine, et les enfermer la nuit dans le poulailler abrité du froid. La basse-cour renferme en outre les *Oies*, dont on tire les plumes, le duvet, et dont la graisse et la chair sont estimées ; le *Canard*, qui se contente fort bien d'une mare vaseuse ; le *Dindon*, plus difficile à élever, et dont le mâle, très méchant, bataille avec tous les hôtes du poulailler et s'attaque même aux enfants ; les *Pigeons*. Le *Lapin*, reproduisant beaucoup et étant peu difficile, est encore un sous-produit de la ferme qu'on doit bien se garder de négliger.

Enfin, les *Abeilles* donnent à l'apiculteur intelligent des bénéfices d'autant plus faciles que les soins que demandent ces intéressants insectes sont peu nombreux et ne sont pas permanents.

CHAPITRE V

PLANTES DE LA GRANDE CULTURE

Les plantes dites de grande culture sont celles qu'on cultive sur une grande surface ; elles se divisent en *Plantes alimentaires, fourragères, industrielles*.

Dans ce cours élémentaire d'agriculture, nous nommerons seulement les principales espèces de plantes cultivées : des détails devant nous faire sortir du cadre que nous nous sommes tracé.

Plantes alimentaires. — Les plantes alimentaires sont celles dont on tire des aliments pour l'homme, comme les *céréales;* ou celles qu'il mange directement comme les pois, les pommes de terre, etc.

Les céréales sont le *Froment, le Seigle,* l'*Orge,* l'*Avoine,* le *Maïs,* le *Sarrasin.*

Le *Froment* (fig. 293), qui comprend plusieurs variétés de blés, se sème à l'automne ou au printemps, suivant les variétés; mais la moisson sera plus productive avec les blés d'automne. Il demande un sol d'argile et de calcaire, ou d'argile et de silice. Du blé on tire, après la mouture, le son, et la farine dont on fait le pain. Un hectare de bonne terre doit fournir 18 à 20 hectolitres de blé.

Le *Seigle* est peu exigeant pour la richesse de son sol, une terre pauvre et aride lui suffit, il est très rustique; il mûrit avant le froment. Le pain qu'on fait avec la farine de seigle est noir et d'une saveur légèrement aigrelette, il est rafraîchissant; cependant les campagnes commencent à le délaisser.

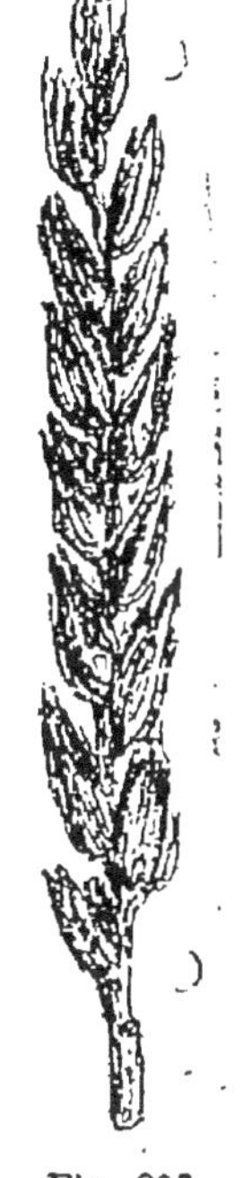

Fig. 293.
Épi de blé.
Plante
alimentaire.

L'*Orge* peut être cultivée dans la région la plus froide de France; dans le département du Nord elle est surtout employée à la fabrication de la bière. Le pain qu'on obtient avec sa farine est lourd et moins nourrissant que celui du blé.

L'*Avoine* est une céréale qui croît sur tous les sols; elle ne craint pas la sécheresse et demande au terrain peu de soins préparatoires. Elle est surtout employée à la nourriture des chevaux; cependant sa farine sert à la confection du pain dans certaines parties de la Scandinavie et de l'Écosse.

Le *Maïs* (fig. 294) n'est cultivé pour son grain que

dans le midi de la France ; partout ailleurs on s'en sert pour le donner à manger en vert aux bestiaux.

Fig. 294. — **Maïs.**

Le *Sarrasin* se plaît surtout dans le climat humide et tiède de la Bretagne : un terrain siliceux lui convient bien. Dans le Midi, il peut être semé après la récolte du blé et fournit ainsi une récolte double ; en Bretagne, on le sème vers le 15 juin pour le récolter vers la fin d'août. Sa culture demande fort peu de soins. Avec sa farine on fabrique des galettes surtout consommées en Bretagne.

Les autres principales plantes alimentaires sont les *Pois*, les *Haricots*, les *Lentilles*, les *Pommes de terre*, les *Topinambours*.

Les *Pois*, les *Haricots* et les *Lentilles* se sèment par rangées ou par pots ; les pois et les haricots se mangent verts ou secs ; les gousses des haricots se mangent également vertes avant le développement complet de la graine.

La *Pomme de terre*, dont les principales variétés sont la jaune *parmentière*, la *violette*, la grosse *rohan*, la *hollande jaune*, se plante au printemps, et se récolte à l'automne lorsque les fanes sont desséchées. Il suffit, pour la reproduire, de mettre en terre un fragment de pomme de terre pourvu d'un œil. Des sarclages et des binages sont seuls nécessaires pendant la végétation.

Le *Topinambour* produit beaucoup, même dans un médiocre sol; il n'épuise pas le sol, et reste en terre plusieurs années de suite sans qu'on soit obligé de le planter à nouveau après chaque récolte. Il demande peu de soins, n'est pas sujet à des maladies, et est aussi nourrissant que la pomme de terre; il est cependant peu estimé de l'homme et sert surtout à la nourriture des porcs.

Plantes fourragères. — Les plantes fourragères sont celles dont les tiges vertes ou sèches sont employées à la nourriture des animaux; elles proviennent ou des *prairies naturelles* (fig. 294), ou des *prairies artificielles*.

Les *prairies naturelles* sont celles sur lesquelles un grand nombre d'espèces fourragères ont naturellement poussé, surtout dans les lieux frais; elles peuvent cependant être étendues ou même créées par l'homme. On les appelle *pâturages*, lorsque leurs herbes sont consommées sur place et qu'on ne les fauche pas.

Fig. 294. — **Graminées de l'herbe.**
(Prairies naturelles.)

Les *prairies artificielles* sont celles dans la formation desquelles n'entrent que la *Luzerne* (fig. 295), le *Sainfoin*, le *Trèfle* et la *Vesce*. C'est un excellent repos pour un sol, et même un améliorant.

La *Luzerne*, qui vient à peu près partout, préfère cependant un terrain riche et profond; elle est alors très productive et donne 3 à 4 coupes par an.

Le *Sainfoin* croît dans les terrains secs, calcaires et pierreux; c'est un excellent fourrage, mais il donne rarement plus d'une coupe.

Le *Trèfle* se contente de terrains peu riches; ses principales espèces sont le trèfle rouge, le trèfle incarnat et le trèfle blanc. Le trèfle rouge donné en vert aux bestiaux est susceptible de leur causer la *météorisation* ou gonflement du ventre, qu'on guérit en

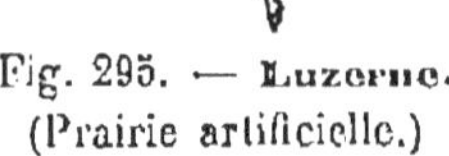

Fig. 295. — **Luzerne.** (Prairie artificielle.)

faisant absorber à l'animal malade de l'ammoniaque.

Plantes industrielles. — Les plantes dont l'industrie tire des produits diversement utilisés par l'homme sont : les plantes *oléagineuses* : l'Olivier, le Colza (fig. 296), l'OEillette, la Navette; les plantes *textiles* : le Lin, le Chanvre (fig. 297); les plantes *tinctoriales* : la Garance (fig. 298), le Pastel, le Safran (fig. 299), la Gaude;

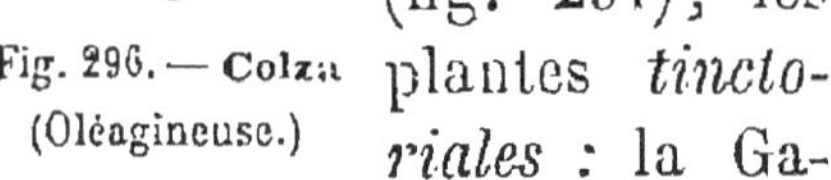

Fig. 296.— **Colza** (Oléagineuse.)

Fig. 297.
Lin et Chanvre (Textiles).

les plantes à *produits industriels alimentaires* : le Houblon, qui entre dans la fabrication de la bière ; la Vigne

Fig. 293. — Garance.

Fig. 299. — Safran

(Plantes tinctoriales).

(fig. 300), dont le raisin est employé à la confection du vin et d'où l'on extrait l'alcool ; le Pommier, dont le fruit donne par expression le cidre ; la Betterave (fig. 301), dont le jus sucré fournit le sucre.

Fig. 300.
Vigne.

Fig. 301.
Betterave.

13.

CHAPITRE VI

MÉTHODES DE CULTURES

Lorsqu'on a négligé de renouveler les engrais sur un sol, les produits qu'on y récolte sont de moins en moins abondants ; et le fait n'a rien qui doive nous étonner : les plantes, s'accroissant aux dépens des aliments nutritifs du sol, doivent fatalement épuiser ces éléments si on ne les renouvelle pas.

En outre, toutes les plantes ne sont pas également épuisantes, et toutes ne recherchent pas les mêmes substances pour végéter ; de sorte que 3 ou 4 plantes de nature différente, se succédant annuellement sur un même espace, pourront, si leur choix est intelligemment fait, ne pas épuiser autant le sol que ne l'auraient fait seulement 2 cultures successives de la même plante.

De là la nécessité de partager le terrain de son exploitation en 3, 4 ou 5 parties ou *soles*, sur chacune desquelles on fera successivement croître des végétaux de nature différente. Par suite, on appelle *assolement* la répartition des terres d'une exploitation en 3, 4 ou 5 soles ; et on désigne sous le nom de *rotation culturale* la succession régulière des plantes sur la même sole.

Anciennement, la rotation était biennale, c'est-à-dire que la même espèce de plante revenait tous les 2 ans sur la même sole : la première année fournissait une récolte de céréales, et la seconde était laissée à la *jachère ;* cette année-là, le sol restait improductif et demandait cependant plusieurs façons : labours répétés, nettoyages, etc.

La rotation biennale, presque absolument abandonnée, est remplacée par la rotation triennale (fig. 302). L'exploitation est alors divisée en 3 soles qui portent alternativement : une année, du blé ou du seigle; l'autre, des céréales de printemps, orge ou avoine, et la troisième, une jachère. Lá jachère reçoit l'engrais répa-

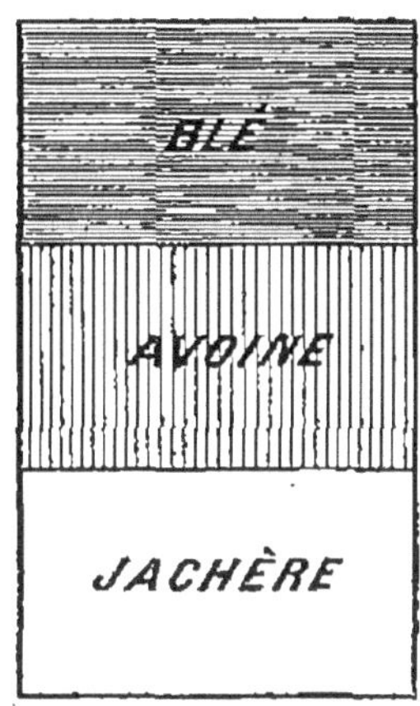

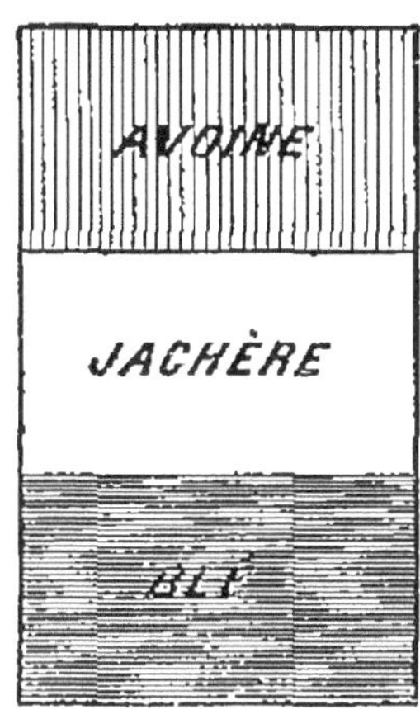

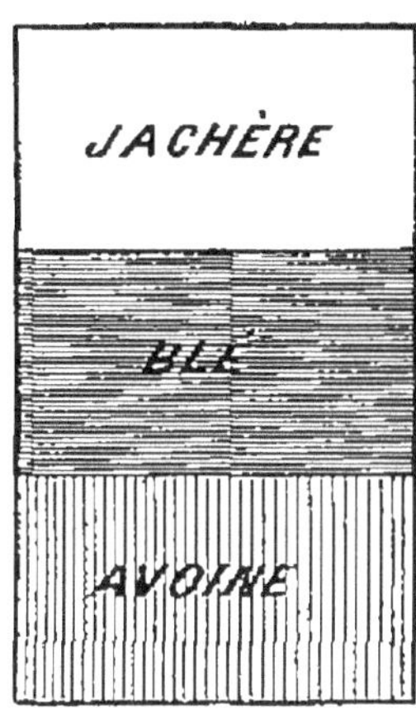

1re année.　　　2e année.　　　3e année.

Fig. 302. — Rotation triennale.

rateur pour les 2 récoltes de céréales suivantes. Ce système exige que l'exploitation possède une surface suffisante de prairies permanentes hors d'assolement, pour fournir au bétail la nourriture nécessaire.

L'inconvénient de cette rotation triennale, c'est l'obligation de laisser une sole par an improductive. On peut supprimer toute jachère en employant la rotation suivante, dite assolement quinquennal :

1re année (pour la 1re sole) : Pommes de terre ou betteraves.
2e　　—　　—　　— Froment semé à l'automne de la 1re année. Trèfle intercalé au printemps.
3e　　—　　—　　— Trèfle, 2 coupes; enfouissage de la 3e pousse.
4e　　—　　—　　— Froment; récolte dérobée de navets.
5e　　—　　—　　— Avoine.

En somme, le meilleur assolement est celui qui fait toujours précéder une céréale par une récolte fourragère.

Le peu que nous venons de voir d'agriculture suffit bien pour montrer quelle somme de connaissances variées le cultivateur doit posséder s'il veut exercer avec profit. Cette science, toute d'expérience, demande un grand sens d'observation chez l'agriculteur. D'ailleurs il se tiendra au courant des procédés nouveaux et des découvertes qui l'intéressent en lisant des journaux scientifiques spéciaux, en faisant partie des *comices agricoles*, assemblées composées d'hommes dévoués à la culture, dans lesquelles on rend compte des meilleures méthodes et des nouvelles découvertes agricoles; il prendra part aux *concours agricoles régionaux;* etc...

QUESTIONNAIRE des CHAPITRES III, IV, V et VI.

De quelles pièces se compose la charrue? — A quoi servent chacune de ces pièces? — Quelle est l'utilité du labour? — A quoi servent le scarificateur, la herse, le rouleau, le rouleau-brise-mottes? — Comment se pratique l'ensemencement? — Avec quels instruments se fait le sarclage? — Quels sont les instruments avec lesquels on fait la moisson? — Comment divisez-vous les animaux de la ferme? — Quelles sont les principales races de chevaux? — Nommez les principales races de bœufs? — Y a-t-il avantage à remplacer les chevaux par les bœufs dans les travaux agricoles? — Indiquez les principales races de vaches ainsi que leurs qualités. — Quelles sont les principales races de moutons? — Nommez les animaux de basse-cour? — Quel produit en doit-on tirer? — Comment divisez-vous les plantes agricoles? — Nommez les plantes alimentaires. — Quels sont les terrains qui conviennent au blé, seigle, avoine, orge, maïs, sarrasin, et quel usage fait-on de ces céréales? — Nommez les variétés de pommes de terre cultivées par le fermier? — Quels produits tire-t-on du topinambour? — Quelles sont les plantes fourragères? — Nommez des plantes industrielles? — Qu'entendez-vous par soles? — En quoi consiste l'assolement et la rotation culturale? — Quelle était anciennement la rotation? — Pourquoi l'a-t-on abandonnée? — En quoi consiste la rotation triennale? — En quoi consiste l'assolement quinquennal?

HORTICULTURE

CHAPITRE PREMIER

ÉTABLISSEMENT DU JARDIN. — OUTILS. — OPÉRATIONS DU JARDINAGE

L'*Horticulture* ou le *Jardinage* est l'art de cultiver les jardins.

Les conditions desquelles on doit se rapprocher pour l'*établissement* d'un jardin sont les suivantes :

Le terrain sera légèrement incliné du nord au sud; il sera de forme rectangulaire, dont les deux petits côtés seront, surtout pour le climat de Paris, l'un à l'est, l'autre à l'ouest; de l'eau y pourra être amenée facilement, soit d'un ruisseau, soit d'un puits très voisin; des murs crépis garniront le grand côté qui regarde le midi et les deux petits côtés; quant au grand côté du sud, celui qui fait face au nord, il sera formé d'une haie.

Le grand mur au nord du jardin fournira la meilleure exposition à l'établissement d'un espalier, et protégera le jardin des vents froids; tandis que la clôture du midi étant peu élevée, puisque c'est une haie vive, donnera le minimum d'ombre au jardin.

La terre doit y être naturellement de bonne qualité, et on la défoncera dans toute son étendue sur une profondeur de soixante centimètres; elle sera soigneusement *épierrée*, toujours maintenue *meuble*, débarrassée de ses mauvaises herbes, enrichie par le fumier et le terreau, suffisamment humide en tous temps.

Le sol sera *ameubli* par les labours souvent renouvelés, afin que la chaleur, l'air, la lumière pénètrent mieux dans la terre; cette opération sera faite avec la *bêche*, la *houe fourchue* ou la *fourche* à dents plates (fig. 303), elle sera suivie d'une façon effectuée avec le *râteau*, dont le but est d'égaliser et de nettoyer le sol labouré. Même avant l'hiver, alors que la terre ne devra rien recevoir, un bon labour est indispensable.

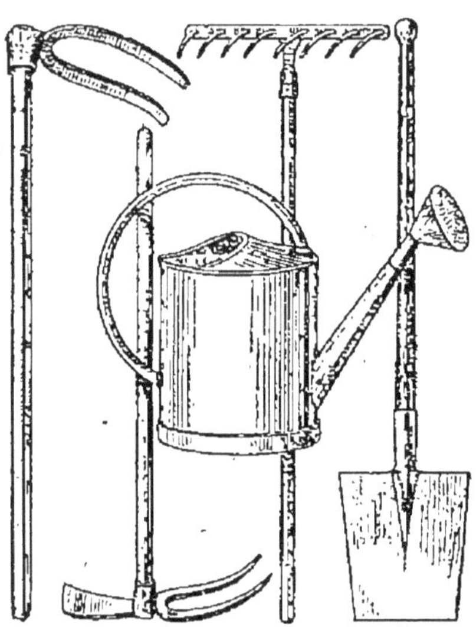

Fig. 303. — Outils de jardinage.

Les *mauvaises herbes* qui croissent sur le sol aux dépens des principes nutritifs mis en terre, ou qui le recouvrent d'une végétation qui étouffe celle qui est utile, seront enlevées avec la *binette*.

Le *terreau* sera obtenu par le jardinier s'il prend soin de réunir dans une fosse des feuilles, des herbes et des débris de toutes sortes de végétaux.

Le degré d'*humidité* sera conservé au jardin par des arrosages plus ou moins fréquents suivant la saison, et le degré de sécheresse de l'atmosphère. Au printemps, l'arrosage pourra se faire à toute heure du jour; en été, le soir; en automne, de préférence le matin. On prendra pour l'arrosage l'eau d'un ruisseau ou celle d'un puits, mais qu'on aura laissée séjourner un jour au moins dans le tonneau d'arrosage, exposée à l'air et à la chaleur.

Les principales opérations de jardinage sont : les *Semis*, le *Repiquage*, la *Préservation* contre les agents atmosphériques nuisibles, l'*Accumulation* de la chaleur, etc.

Semis. — Pour faire des semis (fig. 304), on répand sur le sol convenablement préparé les graines des végétaux qu'on veut reproduire.

Ces semis sont faits sur *place* quand les végétaux qui croîtront sont destinés à rester à l'endroit même où le semis a été fait.

Fig. 304. — Semis.

Ils sont faits en *pépinière* quand ils sont destinés à être reportés ailleurs après leur première végétation. Dans ce cas le semis est fait *sur ados*, c'est-à-dire adossé au mur qui regarde le midi, et bien abrité; ou bien encore *sur couche*, c'est-à-dire sur de la terre et du terreau étendus sur un lit de fumier de cheval non décomposé, déposé dans une fosse de 50 centimètres de profondeur.

Les semis en pépinière sont faits pour la salade, le poireau, les choux, les tomates, etc.; ils ont lieu à des époques qui varient suivant le climat et les espèces.

Repiquage. — Le repiquage (fig. 305) consiste à déplacer les plantes levées en pépinière pour les transplanter à l'endroit où elles doivent désormais continuer à se développer.

Fig. 305. — Repiquage.

Préservation. — Les agents atmosphériques dont le jardinier doit se préserver sont la gelée, le vent, un soleil trop ardent, etc.

Pour préserver de la gelée les semis de printemps, le jardinier étendra des *paillassons* (fig. 306) sur des cerceaux convenablement disposés. Les paillassons lui seront également utiles pour recouvrir la serre ou les couches à châssis pendant les nuits d'hiver.

Fig. 306. — Paillassons des jardins.

Chaleur. — La chaleur qui permettra d'avancer la végétation des semis sera accumulée sous la *cloche* de verre, ou sur les couches recouvertes encore de *châssis* vitrés, ou bien encore dans la *serre*, grande cloche chauffée en hiver.

CHAPITRE II

PLANTES POTAGÈRES

Tout jardin doit contenir des *plantes potagères*, celles dont l'homme fait sa nourriture, des *arbres fruitiers* et des *fleurs*.

La partie du jardin réservée aux plantes potagères, le *potager*, doit avoir son sol bien défoncé et fortement fumé. Les plantes qu'on y cultive sont recherchées pour leurs *Graines*, leurs *Racines*, leurs *Tiges*, leurs *Feuilles* ou leurs *Fleurs* et leurs *Fruits*.

Graines. — Les végétaux à graines nourrissantes sont les Pois, les Haricots et les Fèves.

Les *Pois* et les *Haricots* (fig. 307) cultivés dans les jardins sont ceux qu'on veut manger verts. On les sème en lignes ou en pots, depuis le commencement du printemps jusqu'au

Fig. 307. — **Haricot nain.**

milieu de l'été, et leur culture demande peu de soin La plupart de ces légumes ont besoin de supports pour leurs tiges; on enfonce alors en terre des rames pour permettre leur développement. Les espèces qui ne montent pas, qui n'ont pas besoin de rames, sont dites naines.

La *Fève* ordinairement cultivée est la fève dite des *marais;* elle demande une terre fraîche. On la sème à la fin de janvier, en rayons ou en touffes, à raison de 4 par pot. Pour la récolte on coupe les tiges, et si la saison est favorable on peut obtenir une deuxième récolte.

Racines et tiges souterraines. — Les racines alimentaires cultivées dans les jardins, ainsi que les parties souterraines des plantes qui nous servent d'aliments : tubercules et bulbes, sont la *Pomme de terre* (fig. 308), dont nous avons parlé déjà en agriculture, la *Carotte,* le *Navet*, le *Panais,* le *Salsifis*, la *Betterave*, le *Radis*, l'*Oignon*, l'*Ail*, l'*Échalote*, le *Poireau.*

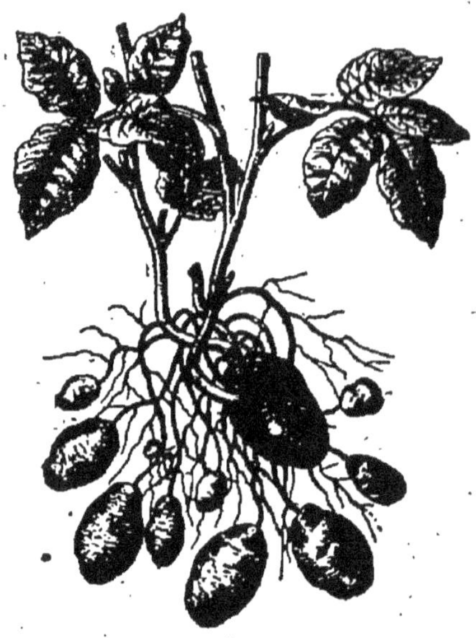

Fig. 308. **Pomme de terre.**

Les *Pommes de terre* sont plantées au printemps; il suffit de les biner et de les butter.

La *Carotte* demande un sol profond, bien fumé, assez sec; elle se sème depuis le commencement du printemps à la volée et très abondamment; on éclaircit la plantation après que les carottes sont devenues déjà grandes comme le doigt.

Le *Navet*, qui demande un sol sablonneux et sec, se sème comme la carotte; il croît souvent en moins de deux mois. On peut le semer de mars à septembre.

Le *Panais* vient à peu près sans culture dans tous les sols, on le sème comme la carotte

Le *Salsifis* exige une terre profonde, meuble et fumée ; on le sème de mars à septembre, il demande de l'eau pendant la sécheresse. Il n'est pas sensible à la gelée et peut rester en terre l'hiver ; il est cependant plus tendre si on peut conserver ses racines, arrachées en décembre, dans du sable sec.

La *Betterave* cultivée dans les jardins est la betterave *rouge*, qu'on mange cuite, en salade ; on la sème en avril par touffes de 4 à 5 graines qu'on éclaircit ensuite pour n'en laisser qu'une, et dont les autres peuvent être repiquées aux places qui en manquent.

Les *Radis* et les petites raves sont semés à la volée ; ils sont très hâtifs et peuvent fournir pendant presque toute l'année ; ils sont très tendres dans les terres légères. Pour que le radis s'arrondisse, on bat la terre dans laquelle on l'a semé, et on la recouvre d'une légère couche de terreau. Pendant l'hiver et le printemps on les sème sur couches.

Le radis noir se sème en juillet et se conserve l'hiver dans du sable.

L'*Oignon* se plaît dans une terre forte, fumée l'année précédente seulement. On sème de février en avril, on recouvre le semis d'une légère couche de terre et on piétine. Dès que la graine est levée, environ 3 semaines après, et a acquis assez de force, on sarcle, et on éclaircit en juin, en laissant 10 centimètres de distance entre chaque pied. Lorsque l'oignon a atteint sa grosseur, on brise les tiges et on dégage le bulbe pour lui permettre d'achever sa maturité.

Les oignons semés en août peuvent passer l'hiver, lorsqu'ils sont abrités ; on les récolte en juin.

L'*Ail* et l'*Échalote* demandent une terre légère et fumée ; on en plante une gousse enfoncée en terre :

pour l'ail à 6 ou 7 centimètres de profondeur, pour l'échalotte 3 ou 4, la tête en haut; vers juin, les fanes sont nouées, et quand elles sont fanées on arrache les bulbes.

Le *Poireau* se plaît dans une terre fumée à l'avance, il se sème clair en mars; on le repique en ayant soin de couper l'extrémité des tiges et des racines.

Tiges et feuilles. — Les plantes cultivées pour leurs tiges ou leurs feuilles sont : l'*Asperge*, le *Cardon*, le *Chou*, l'*Oseille*, l'*Épinard*, le *Céleri*, la *Laitue*, la *Chicorée*, la *Doucette*, le *Cresson*, le *Persil*, le *Cerfeuil*, l'*Estragon*.

L'*Asperge* se reproduit à l'aide de plants ou *griffes* provenant de pépinières; on les plante au printemps dans une terre très fortement fumée, une à une, espacées d'environ 30 cen-

Fig. 309. — **Chou.**

timètres; on les recouvre de bonne terre mêlée de terreau, on sarcle et l'on bine. La seconde année, en mars, on découvre les asperges jusqu'auprès de la griffe et on les charge de terreau, puis de la terre qu'on avait retirée en les découvrant. A la troisième et à la quatrième année on recommence l'opération.

Ce n'est qu'au printemps de la quatrième année qu'on commence à couper les plus belles tiges; à la cinquième année le produit est abondant.

Un plant d'asperges bien entretenu peut durer plus de vingt-cinq ans; il décroît cependant à partir de la douzième année.

Le *Cardon*, semé vers le mois de mai, est ensuite repiqué; les feuilles sont coupées en septembre, puis enterrées à la cave.

Le *Chou* (fig. 309) est repiqué en mars dans une terre bien meuble et à l'ombre; on divise les choux en choux pommés ou *cabus* et en *choux verts* qui ne pomment pas. On sève les choux verts de février à juillet, suivant les espèces, et les choux cabus en avril sur couche.

L'*Oseille* se plaît dans une terre profonde et bien

Fig. 310. — Épinard.

fumée; elle se multiplie par semis ou par séparation des touffes, au printemps et à l'automne; elle réussit bien en bordure. On doit la couper souvent, elle en devient d'autant plus belle.

Les *Épinards* (fig. 310) sont semés, au printemps, toutes les 3 semaines: en été, tous les quinze jours, et pour l'hiver, une seule fois en octobre; on bine, on sarcle et l'on arrose abondamment; les feuilles sont cueillies sans toucher le cœur.

Le *Céleri* est semé sur couche, au printemps, puis

repiqué dans une rigole d'environ 20 centimètres dont le fond est formé de terreau. Quand le céleri s'élève, on lie les feuilles et on amoncelle la terre autour de chaque pied pour le faire blanchir. On doit couvrir les tiges pour l'hiver.

Les *Laitues* sont d'espèces très nombreuses, dont les principales sont la *laitue pommée* et la *romaine*. On sème la graine sur couche de mars à août, et l'on repique en terre meuble et grasse.

La *Chicorée* s'obtient de la même façon que la laitue, mais le semis se commence plus tard ; quelques jours avant de repiquer les chicorées, on coupe les fanes à fleur de terre sans toucher le cœur, pour fortifier le pied.

Pour faire blanchir la chicorée et les romaines, on les lie, d'abord par le bas, puis, huit jours après, par le haut, et si elles grossissent encore, par le milieu. Les dernières chicorées peuvent être conservées assez tard dans l'hiver en les maintenant arrachées à l'abri des gelées. Comme les laitues, on les mange en salade ou cuites.

La *Doucette* ou *Mâche* passe l'hiver, elle se sème en terre légère et pousse sans soins.

Le *Cresson* croît dans les ruisseaux et fournit toute l'année.

Le *Persil* vient dans toutes les terres, mais il préfère les sols calcaires et bien fumés ; on le sème de mars à août, et même à l'automne pour en avoir de bonne heure, au printemps. Il résiste à de grands froids.

Le *Cerfeuil* croît facilement partout, mais il monte rapidement en graine : aussi, pour n'en pas manquer, doit-on les semer tous les quinze jours, de mars à octobre ; les 2 ou 3 premiers semis seront faits au soleil et les autres à l'ombre.

L'*Estragon*, plante vivace, doit être renouvelé tous les 3 ans en replantant ses éclats ; on doit le mouiller souvent en été et le couper fréquemment.

Le persil, le cerfeuil et l'estragon sont des aromates employés isolément ou réunis, comme fournitures de salades, pour les sauces, les conserves de cornichons dans le vinaigre, etc.

Fleurs ou Fruits. — Les plantes dont les fleurs ou les fruits sont potagers, sont : l'*Artichaut*, le *Chou-Fleur*, le *Melon*, le *Concombre*, la *Tomate*, le *Fraisier*.

Les *Artichauts* (fig. 311) demandent une terre profonde, grasse et bien fumée ; on les multiplie au moyen des œilletons ou pousses échappées des vieux pieds qui ont passé

Fig. 311. — Artichaut.

l'hiver : cette opération se fait au printemps ou à l'automne. En novembre on les bute, et en hiver on les recouvre de paille bien sèche. Un plant d'artichauts doit être renouvelé tous les 4 ans.

Les *Choux-Fleurs* sont une espèce de choux dont les tiges et les fleurs forment une tête par leur réunion. On les cultive presque toute l'année. On fait succéder les semis à partir de janvier, d'abord sous cloches ou sur couches à châssis, puis en pleine terre, enfin, vers mai, en plein air. On repique en bonne terre fumée. On peut les conserver en hiver en les recouvrant de foin sec.

Le *Melon* est très sensible aux froids; il demande beaucoup de soins pour arriver à bien dans les environs de Paris, lorsque dans le Midi il prospère en pleine terre. Dans le climat de Paris, on fait les semis sur couches à châssis, et quand ils sont levés, on les habitue insensiblement à l'air en soulevant le châssis quelques heures pendant le jour quand le temps est beau. Quand le plant a acquis assez de force, on le repique sur une nouvelle couche et on le recouvre d'une cloche qu'on ouvre de plus en plus à mesure que la saison devient plus chaude; on arrose souvent et peu à la fois. Lorsque le fruit est noué, on place au-dessous de lui une ardoise, une tuile ou une planche pour le préserver de l'humidité de la couche. Afin d'obtenir des fruits plus précoces, on taille plusieurs fois les melons. La première taille consiste à enlever la tige qui s'élève au-dessus de la quatrième feuille ainsi que tous les rameaux rampants, sauf les deux plus vigoureux; lorsque ces rameaux sont couverts de fleurs, on les taille pour la deuxième fois en coupant les tiges au-dessus du troisième œil; enfin quand les fruits sont gros comme une noix, on supprime les plus petits, de façon à n'en laisser qu'un sur chaque rameau.

Les *Concombres*, les *Citrouilles* et les *Cornichons* se cultivent comme les melons, mais ils exigent moins de soins assidus.

Les *Tomates* sont semées sur place dans le Midi; mais ailleurs, d'abord semées sur couches, elles sont ensuite repiquées en bonne terre, à belle exposition. On pince les tiges quand les fruits sont noués, et, à l'arrière-saison, on les dégarnit des feuilles pour permettre au soleil de les mieux chauffer.

Les *Fraisiers* se plantent en planches ou en bordures, en prenant les petits plants développés sur les filets échappés du collet du pied principal. Ils demandent de fréquents arrosages, et doivent être souvent débarrassés de leurs filets. Un plant de fraisiers ne peut guère durer plus de quatre ans.

Fig. 312 -- Fraisier.

CHAPITRE III

JARDIN FRUITIER

Toutes les fois qu'on le pourra, les arbres fruitiers seront plantés dans un endroit spécial, nommé *verger* ou *jardin fruitier;* les fruits y seront meilleurs et plus abondants que dans le potager, et, de plus, l'ombre qu'ils projettent ne nuira pas aux légumes.

Rarement on reproduit soi-même les arbres fruitiers par semis, c'est le plus souvent par la marcotte, la bouture ou la greffe qu'on les obtient.

La plantation des arbres fruitiers, qu'ils proviennent de la pépinière ou qu'ils soient seulement déplacés, doit être faite de préférence à l'automne, à la rigueur, au commencement du printemps; cependant, dans les

14

terrains humides et froids, la plantation au printemps sera préférable.

Les trous dans lesquels les arbres seront plantés devront être creusés quelques mois à l'avance, et assez vastes pour que les racines puissent y être à l'aise. Quand l'arbre sera placé dans son trou, on répandra d'abord de la terre bien fine, puis on comblera et l'on tassera à mesure.

Chaque année on doit labourer le pied de l'arbre, au printemps et à l'été. On enlève les rejetons et on nettoie la tige de la mousse ou des germes qui s'y forment.

MARCOTTE. — BOUTURE.

La *Marcotte* est un rameau que l'on courbe et que l'on plonge en terre ne laissant sortir que son extrémité. Bientôt, à la partie enterrée, se développent des racines adventives; alors on sépare le rameau de la tige mère, il devient un végétal croissant isolément (fig. 313).

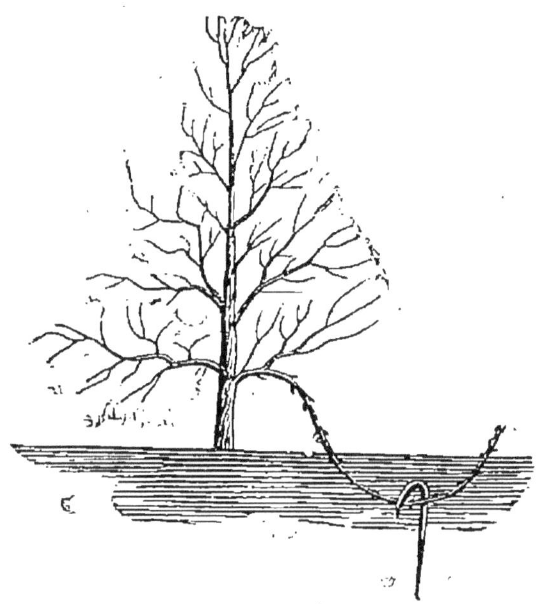

Fig. 313. — Marcotte.

Dans la *Bouture*, on détache un ou plusieurs rameaux de la plante mère et on les enfonce ensuite dans le sol. Chacun des rameaux produit un arbre de la même espèce. Ce procédé est surtout employé pour la multiplication des végétaux sous-ligneux à fleurs de parterres ; il réussit bien cependant pour le groseillier, le framboisier et la vigne, pour le peuplier et le saule.

GREFFE.

La greffe a surtout pour but d'améliorer les espèces ; elle consiste à unir un rameau ou un bourgeon d'un végétal à une tige d'un autre végétal ; et le nouveau sujet obtenu portera les fruits de l'arbre dont on a détaché le rameau ou le bourgeon. La greffe ne peut réussir que sur des arbres de la même espèce ou de la même famille.

Quand on greffe sur un sujet de la même espèce, pommier sur pommier, poirier sur poirier, on dit qu'on greffe sur *franc*.

La greffe se fait en *fente, en écusson* ou par *approche*.

Greffe en fente. — La Greffe en fente est celle qui réussit le mieux ; elle s'effectue sur les jeunes sujets, en mars pour les espèces hâtives, en avril pour les espèces tardives. Elle se fait en introduisant un petit rameau muni de deux ou trois boutons dans une fente pratiquée dans la tige du sujet à greffer, coupée horizontalement (fig. 314). La greffe est taillée en biseau à sa partie inférieure ; et il est indispensable que les surfaces intérieures des écorces coïncident, car c'est par la communication des sèves que s'opère la soudure.

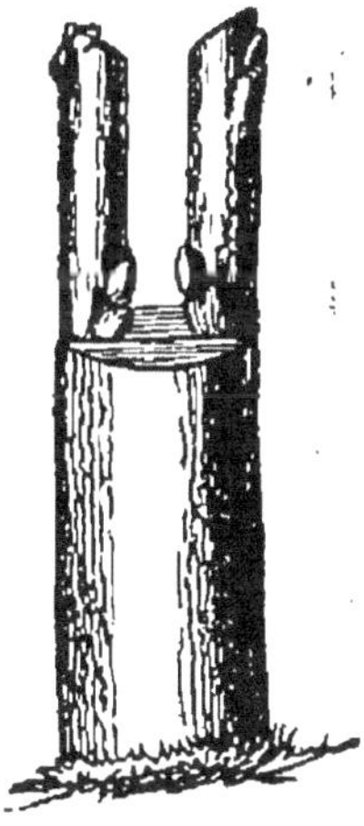

Fig. 314. — Greffe en fente

Dans la *Greffe en couronne*, qui n'est qu'une modifica-tion de la greffe en fente, on insère plusieurs greffes taillées en biseau effilé, sans fendre le bois, entre le bois et l'écorce, tout autour du sujet coupé horizontalement.

Greffe en écusson. — La greffe en écusson se fait au printemps, et en été quand les arbres sont en pleine sève.

On découpe soigneusement, en forme d'écusson, une

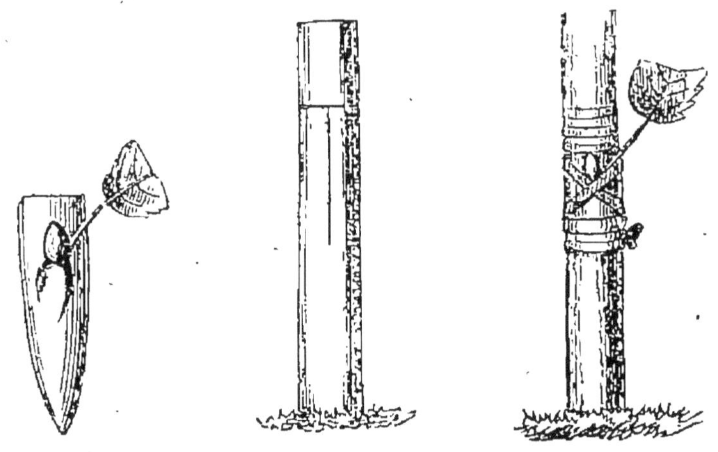

Fig. 315.   Fig. 316.   Fig. 317.
Greffe en écusson.   **Incision en T.**   **Greffe mise en place.**

lame d'écorce munie d'un bourgeon (fig. 315), prise à un rameau du végétal que l'on veut reproduire ; puis on introduit l'écusson entre l'écorce et le bois d'une tige du végétal qu'on veut améliorer, grâce à une inci-sion en forme de T (fig. 316). Cette opération se fait à l'aide du *greffoir*, canif portant une lame d'acier et une spatule d'ivoire.

La greffe est dite à *œil dormant*, si elle est pratiquée à l'été, parce qu'elle ne poussera qu'au printemps sui-vant ; on la dit à *œil poussant* quand elle est effectuée au printemps.

Greffe par approche. — Cette greffe se pratique sur deux arbres qui sont assez voisins pour que leurs branches se touchent, ou sur un même arbre pour y développer des branches aux endroits voulus, en approchant des rameaux appartenant au végétal lui-même.

On choisit deux branches d'égale grosseur et on les coupe toutes deux à mi-moelle, puis on les applique l'une contre l'autre, en faisant les écorces se toucher par leurs bords; on les relient par des ligatures d'osier ou de laine; quand la soudure est complète, on coupe la branche inutile.

Dans ces trois genres de greffes, on maintient la greffe au sujet (fig. 317) par des liens de grosse laine, et l'on bouche les fentes avec de la poix, de l'argile et mieux avec de la cire à greffer, obtenue en faisant fondre ensemble de la poix, de la cire et du suif.

TAILLE DES ARBRES FRUITIERS.

Tailler un arbre, c'est lui enlever un certain nombre de rameaux pour répandre utilement la sève, et faire produire des boutons à fruits en plus grande quantité.

La taille se fait en *sifflet*, afin que l'eau ne séjourne pas à l'endroit taillé.

On taille l'*œil en dedans* quand on coupe au-dessus de l'œil qui regarde l'axe de l'arbre, l'*œil en dehors* dans le cas contraire; on taille sur 2 ou 3 *yeux* quand on laisse 2 ou 3 bourgeons au rameau. La taille en dedans ou en dehors donne à l'arbre sa forme, qui sera un arbre nain, une quenouille, une pyramide ou un arbre à haute tige,

Les branches à bois, qui portent des bourgeons

pointus, seront conservées longues ou courtes, suivant la forme de l'arbre.

Les branches à fruits, qui portent des bourgeons arrondis et gonflés, seront coupées à moitié de leur longueur, pour que les boutons à fruits profitent mieux.

Les branches *gourmandes* seront toujours enlevées.

Les outils dont on se sert pour la taille sont le *sécateur*, pour couper les branches ordinaires; et une petite scie à main, l'*égoïne*, pour les grosses branches.

Les *opérations complémentaires de la taille* sont le *palissage* et le *pincement,*

Le *palissage* consiste à attacher les branches à un treillage ou à des fils de fer par des liens de jonc; ou au mur, à l'aide de bandelettes d'étoffes maintenues par des clous.

Le *pincement* a pour but d'enlever à la main les pousses herbacées qu'on veut supprimer au profit d'une autre pousse.

ARBRES FRUITIERS.

Les principales espèces d'arbres fruitiers de nos jardins sont : le *Pommier*, le *Poirier*, l'*Abricotier*, le *Cerisier*, le *Pêcher*, la *Vigne*.

Le *Pommier* croît en cordons, c'est-à-dire horizonta-

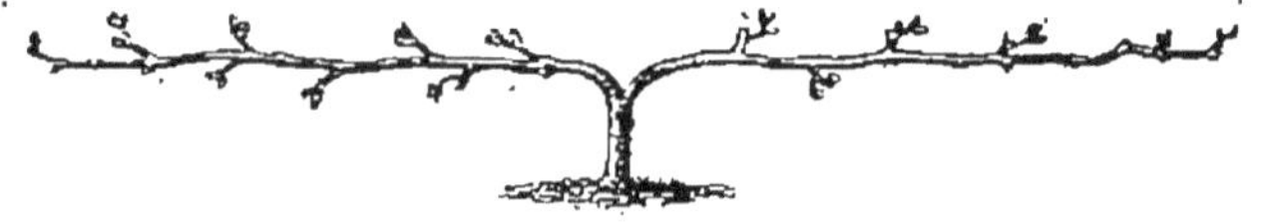

Fig. 318. — **Pommier en cordon.**

lement, maintenu le long d'un fil de fer à 30 centimètres du sol; dans ce cas, il est greffé sur *pommier de paradis;* on le dirige aussi en pyramide et à haute tige.

Le *Poirier* croît en quenouille, en pyramide, ou en

espalier, c'est-à-dire dressé et appliqué le long d'un mur; il est greffé sur cognassier quand on veut lui faire rapidement produire des fruits, mais il s'épuise

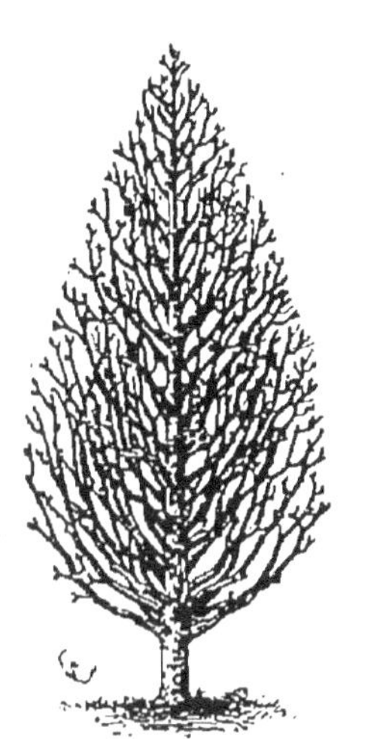

Fig. 319. — **Quenouille.**

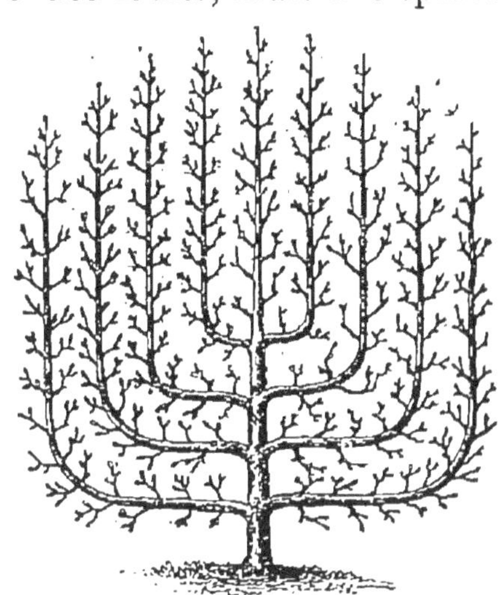

Fig. 320. — **Espalier.**

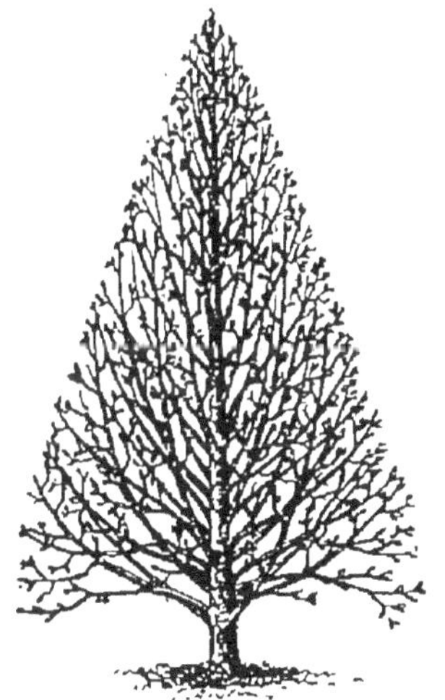

Fig. 321. — **Pyramide.**

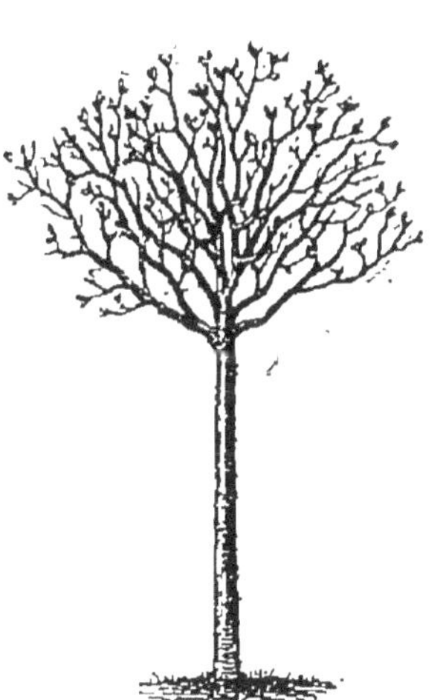

Fig. 322. — **Haute tige.**

rapidement. Il devra cependant toujours être greffé sur cognassier si le sous-sol est froid, humide, trop calcaire ou trop argileux; car le cognassier ne pivote pas et n'étend ses racines qu'à la partie supérieure du sol.

L'*Abricotier* pousse à haute tige ou en espalier; il se greffe sur amandier ou sur prunier, et préfère l'exposition à l'est.

Le *Cerisier* est rarement placé en espalier; dans ce cas, on peut l'exposer au nord.

Le *Pêcher*, qu'on trouve presque uniquement en espalier, est greffé sur sauvageon de son espèce, sur prunier ou sur amandier. Comme dans le pêcher le fruit ne se développe que sur le bois d'un an, on doit, dans la taille, conserver les branches de l'année et ne les tailler qu'à un ou deux yeux, et seulement lorsque sont formés les boutons à fruits.

La *Vigne* conduite en cordons demande l'exposition au midi; elle se plante par boutures. Le *provinage* e t l'opération qui consiste à coucher en terre des sarments pris sur les ceps voisins, sans les détacher, et à les conduire à l'endroit où on désire les voir pousser : c'est une marcotte.

JARDIN D'ORNEMENT.

Dans notre modeste jardin, les fleurs seront dans le potager.

Nous prendrons pour elles au moins les mêmes soins que pour les plantes potagères, relativement aux semis, au repiquage, à l'arrosage, etc.

Les principales plantes à fleurs qui trouveront place dans le jardin sont, parmi les **Espèces vivaces** :

Les *Rosiers* qu'on multiplie par greffes en écusson sur des églantiers; les *Lis*, les *Pivoines*, le *Phlox*, qu'on multiplie par la division de leurs touffes; le *Dahlia*, dont les tubercules sont enlevés de terre à l'approche de l'hiver et qu'on plante fin avril; les *Tulipes* et les

Jacinthes, qui se multiplient par leurs oignons ; les *Œillets*, qu'on reproduit par marcottes ; les *Pensées*, multipliées par boutures ou par semis ; les *Renoncules*

Fig. 323. — **Dahlia.** (Fleur vivace.)

et les *Anémones* ; la *Violette*, le *Muguet*, la *Valériane*, la *Campanule*, la *Rose trémière*, la *Chrysanthème*, etc.

Fig. 324. — **Zinnia.** (Fleur annuelle.

Les principales **espèces annuelles** sont le *Zinnia*, la *Mauve*, la *Reine-Marguerite*, le *Réséda*, les *Giroflées*, le *Volubilis*, le *Pois de senteur*, le *Pied-d'alouette*, etc.

14.

Les principales espèces médicinales, dont le jardinier fera bien de cueillir les fleurs ou les feuilles pour les sécher à l'ombre afin de s'en servir à l'occasion, sont :

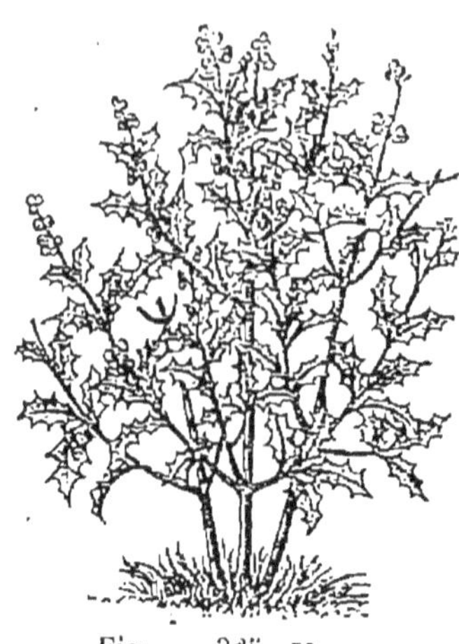

Fig. — 325. Houx.
(Arbuste d'ornement.)

la *Violette*, la *Mauve*, la *Guimauve*, le *Bouillon blanc*, la *Camomille*, la *Sauge*, la *Bourrache*, etc.

Les **arbustes d'agrément** qui pourront prendre place au jardin, sont : le *Lilas*, le *Seringa*, le *Jasmin*, le *Chèvrefeuille*, etc. ; puis, à cause de leur feuillage persistant : le *Laurier*, le *Troène du Japon*, le *Nerprun*, le *Houx*.

CHAPITRE IV

VÉGÉTAUX ET ANIMAUX NUISIBLES

La *Mousse*, qui se développe sur les arbres fruitiers, sera brossée avec soin, puis les tiges seront badigeonnées d'eau de chaux ou d'une dissolution de sulfate de fer.

Le *Puceron lanigère*, qui forme une masse blanche en certains endroits des poiriers et surtout des pommiers, sera lessivé avec une brosse trempée dans une infusion de tabac.

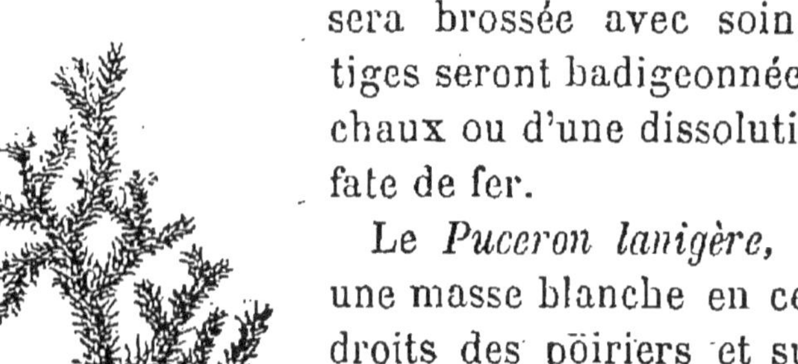

Fig. 326. — Mousse.

·Les rameaux des arbres garnis de nids de *Chenilles*
seront coupés, réunis en tas et brû-
lés ; cette opération doit être faite
dans le mois de février.

L'*Altise* ou puceron noir, qui s'attaque aux semis de choux et aux
navets, sera détruite en saupoudrant
de cendres ou de chaux le sol ense-

Fig. 327. — **Chenille**

mencé ; cette opération sera précédée d'un arrosage.

Pour détruire la *Courtilière,* on verse dans son trou
un mélange d'eau et d'huile.

On se débarrasse des *Fourmis* en étendant sur leur
passage un papier enduit de miel, ou en saupoudrant
leur route de chaux vive.

Les *Punaises*, qui s'attaquent de préférence aux fruits
des arbres en espalier, auront leurs larves détruites si
l'on prend soin de badigeonner, au printemps, le mur
et les arbres qui y sont fixés avec du lait de chaux.

Fig. 328. — **Loir.**

On prendra les *Guêpes* en suspendant sur les espaliers
de petites bouteilles à moitié pleines d'eau miellée ; les

guêpes y pénétreront pour sucer le miel, mais ne pourront s'en échapper car elles seront engluées.

Quant aux *Rats*, *Mulots*, *Loirs*, on tentera de les prendre dans des pièges spéciaux.

ANIMAUX UTILES AU JARDINIER.

Les animaux qui rendent au jardinier les plus grands services, à cause de la chasse acharnée qu'ils livrent aux insectes, sont surtout les oiseaux. Cependant le *Crapaud*, la *Tortue*, le *Hérisson* auront droit à toute sa sollicidude, car ils se nourrissent presque exclusivement de limaces, et de tous les insectes nuisibles.

Fig. 329. — **Crapaud.**

Les oiseaux les plus utiles, et qu'on doit par conséquent protéger, sont : l'*Alouette*, la *Bergeronnette*, le *Bouvreuil*, le *Chardonneret*, la *Fauvette*, l'*Hirondelle*, le *Merle*, la *Mésange*, le *Pinson*, le *Roitelet*, le *Rossignol*, le *Verdier*, etc.; la *Chauve-souris*; le *Chat-huant* et la *Chouette*, qui détruisent un grand nombre de souris, de rats, de mulots dans leurs chasses nocturnes. Nous ne dirons rien du hardi moineau dont les services sont trop peu désintéressés : s'il est vrai qu'il aime les insectes, il aime fort

Fig. 330. — **Bouvreuil.**

aussi les graines de radis et autres, les grains qu'il vient enlever jusque dans les greniers, les cerises et les raisins mûrs. En somme, on ne lui doit pas grande déférence : il se paye des services qu'il peut rendre.

Mais, il est si familier que nous demanderons grâce pour lui et que nous vous engageons à ne jamais essayer d'atteindre son nid pas plus que ceux des autres oiseaux : la loi et la prudence le défendent.

QUESTIONNAIRE.

Comment établit-on de préférence un jardin? — Quelles qualités doit posséder le sol? — Quelles façons faut-il lui donner? — Quelles sont les principales opérations du jardinage? — Comment se font les semis, le repiquage? — A quoi servent les cloches, les serres? — Quelles sont les plantes cultivées pour leurs graines, leurs racines, leurs tiges souterraines, leurs tiges, leurs feuilles, leurs fleurs, leurs fruits? — Comment s'appelle le jardin fruitier? — Comment se font les plantations, à quelles époques? — En quoi consiste le procédé de reproduction par marcotte, par bouture? — A quoi sert la greffe? — De combien de façons se pratique-t-elle? — Comment s'effectue la greffe en fente, en couronne? — En quoi consiste la greffe en écusson? et la greffe par approche? — Pourquoi taille-t-on les arbres fruitiers? — Comment se pratique la taille? — En quoi consiste le palissage, le pincement? — Comment sont conduits le pommier, le poirier, l'abricotier, le cerisier, le pêcher, la vigne? — Nommez les principales plantes d'ornement; les espèces médicinales, les arbustes d'agrément? — Comment le jardinier combattra-t-il les végétaux et les animaux nuisibles? — Quels animaux doit-il protéger?

SUPPLÉMENT

PRÉPARATION

DES

COLLECTIONS D'HISTOIRE NATURELLE

Nous ne saurions trop engager les maîtres à enrichir leurs musées scolaires de collections d'animaux, de végétaux, de pierres, trouvés dans leur région. Ils associeront à leurs recherches, préparations, classement, leurs meilleurs élèves. Ces travaux scolaires, aussi utiles qu'intéressants, sont une des faces des travaux manuels, car certains d'entre eux exigent une délicatesse et une sûreté de main qui ne s'acquièrent que par des expériences souvent répétées.

Nous allons donner quelques indications sur les principales préparations, engageant les maîtres à consulter des ouvrages spéciaux pour de plus amples détails. Et comme les animaux et les plantes préparés ne doivent pas être conservés indéfiniment, qu'il y a même avantage à les renouveler chaque année, nos procédés de conservation pourront être plus sommaires.

CONSERVATION DES PETITS MAMMIFÈRES ET DES OISEAUX.

On peut se proposer, ou de les embaumer, par conséquent de les conserver avec leur peau, ou de ne conserver que leur squelette.

Nous ne parlerons pas de les empailler et de les monter avec leurs attitudes, ce qui présenterait évidemment plus d'intérêt pour l'enseignement; mais ce travail constitue un art tout spécial qu'il nous serait trop long de décrire.

Embaumement. — On commence par rendre aux membres toute leur souplesse en les tiraillant en tous sens et en faisant mouvoir toutes les articulations, puis on pratique une incision sur le ventre du petit animal, depuis le bas du sternum jusque vers l'anus, et on extrait de l'abdomen tous les intestins; on enlève le diaphragme et tous les organes situés dans la cage thoracique : poumons, cœur, vaisseaux sanguins, etc.; on étanche les liquides qui peuvent s'échapper en projetant en tous sens du plâtre très fin. Quand l'intérieur est bien desséché par le plâtre, on le saupoudre partout et très abondamment d'alun pulvérisé. On remplace les intestins, les yeux et la langue par du coton imprégné d'un préservatif formé de benzine phéniquée [1]. On recoud la peau, et l'on place les animaux ainsi préparés à l'abri de l'humidité, dans des tiroirs renfermant en différents endroits des morceaux d'éponge trempés dans de la benzine phéniquée.

Peau des mammifères. — Si l'on veut se contenter de conserver la peau des animaux, après les avoir dépouillés avec grand soin, on fait baigner leurs peaux dans un bain formé de : 1 litre d'eau, 50 grammes de tan ou d'écorce de chêne, et 15 grammes d'alun en poudre. Au bout de 4 ou 5 jours de bain, la peau

---

1. Ce préservatif n'est pas le plus efficace, mais comme ceux qui sont ordinairement indiqués renferment du bichlorure de mercure, de l'arsenic et autres poisons violents, nous ne pouvons indiquer leur emploi à l'école.

des petits mammifères est suffisamment tannée; on l'étend sur une planchette, maintenue par des bandelettes pour empêcher son rétrécissement dans sa dessiccation.

Squelette. — C'est ordinairement les crânes des petits mammifères qu'on conservera seulement, ou des parties détachées du reste de la charpente. Après avoir grossièrement dépouillé les os de leur chair, on les met dans une bassine remplie d'eau qu'on fait bouillir plus ou moins longtemps. On les retire quand la chair est détachée, on les lave dans une eau légèrement alcaline, puis dans l'eau pure, et on les expose sur un pré à l'action du soleil et de la rosée pendant un mois ou deux, pour les blanchir. Un moyen plus expéditif de les blanchir est de les suspendre dans une boîte vitrée, sur le fond de laquelle on a versé de l'essence de térébenthine, et d'exposer trois ou quatre jours le tout au soleil.

REPTILES, BATRACIENS ET POISSONS.

Ces animaux seront conservés dans un flacon contenant une liqueur préservatrice : alun 375 grammes, eau 1 litre, alcool 1 litre. Un fil sera passé dans la lèvre supérieure du reptile à conserver, et l'autre extrémité du fil traversera le bouchon de liège qui fermera le flacon.

PAPILLONS.

Pour dessécher les papillons, avant de les mettre en boîte, et pour éviter que, dans leurs mouvements, ils se dépouillent de leurs brillantes écailles, on les étend sur une planchette en liège en maintenant leurs ailes horizontales par des bandelettes de carton peu épais (cartes à jouer) fixées sur le liège par des épingles. Quand ils sont bien desséchés, on les pique sur le thorax dans une boîte à couvercle vitré.

Chenilles. — On peut conserver les chenilles dans la liqueur que nous avons indiquée pour les reptiles.

AUTRES INSECTES.

Les autres insectes, après avoir été badigeonnés de benzine, sont piqués dans des boîtes renfermant quelques morceaux d'éponge plongée dans de la benzine phéniquée renouvelée deux ou trois fois par an.

PETITS CRUSTACÉS.

Les petits crustacés : écrevisses, petits crabes, crevettes, sont plongés pendant 2 ou 3 heures dans de l'eau de chaux; puis, après avoir été séchés, sont passés au vernis et fixés sur une planchette.

CONSERVATION DES VÉGÉTAUX.

On peut conserver fraîches des plantes pendant une quinzaine de jours, en faisant tremper leurs extrémités seules dans de l'eau contenant des morceaux de fer rouillé, ou un peu de sulfate de soude, ou, surtout pour les fleurs, 5 grammes de chlorhydrate d'ammoniaque par litre. Le vase sera maintenu dans un endroit frais, et le liquide de temps en temps renouvelé.

Pour placer les plantes dans un *herbier*, on devra

préalablement les dessécher. A cet effet, on disposera
le végétal au milieu d'un cahier d'une dizaine de
feuilles de bon papier buvard, on lui conservera autant
que possible son port naturel et on rendra visibles le
plus grand nombre de ses éléments. On soumettra
ensuite le cahier à l'action d'une presse : presse à copier,
ou planchettes surmontées de corps pesants quel-
conques. On commencera d'abord par une faible pres-

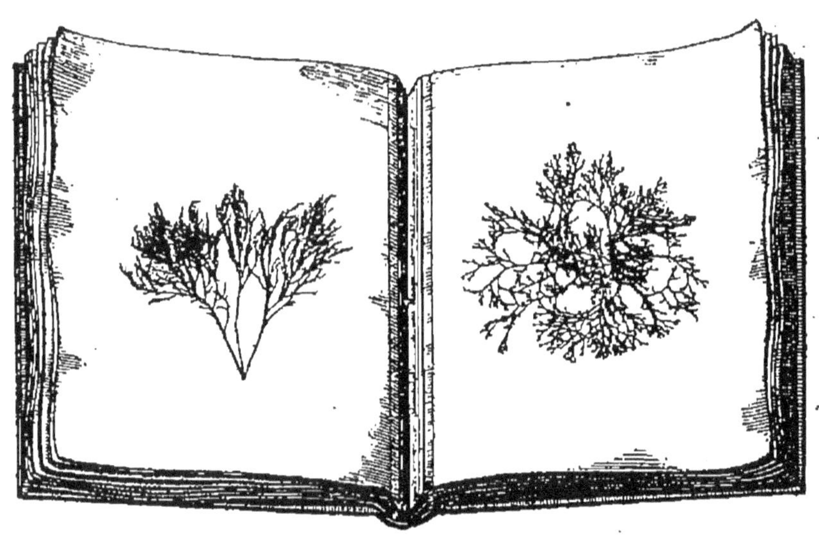

sion; 5 ou 6 heures après, on met la plante dans une
autre feuille de buvard, en remettant en ordre les
parties déformées; puis, matin et soir, on renouvelle
la même opération en augmentant chaque fois la pression, jusqu'à dessiccation complète.

La plante est alors mise dans le cahier qui cons-
tituera l'herbier, en la fixant de loin en loin par de
petites bandelettes de papier gommé.

La préparation des plantes marines, des algues, pré-

sente un grand attrait : ces plantes, en effet, sont intéressantes et par leurs formes et par leurs couleurs qui
ne s'altèrent pas à la dessiccation.

Le matériel de préparation est bien simple : des
feuilles de papier un peu fort (papier à dessin linéaire
coupé en 16), des feuilles de bon buvard de même
dimension, une planchette en bois ou flotteur également
de même dimension, et 2 planchettes de longueur au
moins double.

La récolte des algues se fera de préférence dans les
mares entre les rochers, à marée basse; à leur défaut,
on les pêchera sur le bord à la mer montante : ne
prendre que celles qui n'ont pas été roulées. Il est inutile d'en recueillir de grosses touffes : quelques brins
de chaque algue sont suffisants.

Au retour, on les déposera dans une cuvette d'eau
douce dans laquelle elles séjourneront pendant quelques
heures, une nuit au plus. Pour les fixer sur le papier,
on prend une autre cuvette pleine d'eau douce, on y
dépose le flotteur et, dessus, une feuille de papier; on
enfonce le tout sous l'eau et l'on dépose sur la feuille
un brin de l'algue à préparer. On maintient le flotteur,
la feuille et l'algue sous l'eau avec la main gauche, et,
de la main droite, avec une brindille de bois, on donne
à l'algue une disposition convenable en écartant et, à
la rigueur, en coupant les branchages qui recouvri-
raient les autres. Quand la disposition est bonne, on
soulève doucement le flotteur pour laisser sortir la
feuille de l'eau; on donne un dernier arrangement et
l'on enlève avec précaution la feuille qu'on dépose sur
une des grandes planchettes, au-dessus d'un buvard.
Une autre algue préparée de même est déposée à côté
de la première, sur la planchette. On recouvre alors les

deux algues préparées d'une feuille de buvard et l'on continue ainsi à élever deux piles d'algues séparées toujours par un buvard. On dépose au-dessus de ces piles la deuxième planchette et l'on soumet le tout à la pression de forts galets.

Après deux heures environ on change les buvards avec précaution et l'on presse de nouveau en augmentant la charge. Quelques heures après, dernier changement de buvards, et pression jusqu'à siccité parfaite.

Les algues sont alors fixées au papier grâce à leur mucus naturel.

Quant aux algues trop épaisses pour se fixer d'elles-mêmes, on les maintiendra au papier par quelques bandelettes de papier gommé.

On peut ensuite faire relier les feuilles et constituer de charmants albums, car la variété des algues est considérable.

Les collections de *fruits artificiels* seront obtenues par moulages.

MINÉRAUX.

Les minéraux et les fossiles ne demandent généralement qu'un nettoyage avant de prendre place dans le musée scolaire. Leur recherche sera fort encouragée par le maître, surtout celle des fossiles de tous genres : l'histoire de notre terre et des êtres qui l'habitent est encore si pleine de lacunes, et les fossiles sont des documents si importants pour l'éclairer, que nous ne devons négliger nulle occasion de nous en procurer. Visiter et fouiller les grottes, carrières, brèches de rochers; se mettre en rapport avec les terrassiers qui travaillent à l'ouverture de tranchées un peu profondes pour le passage de chemins de fer, etc.; communiquer ses trouvailles à la Société de Géologie ou une société du même genre, qui siège ordinairement au chef-lieu de chaque département, seront œuvres agréables autant qu'utiles.

FIN

TABLE DES MATIÈRES

AVERTISSEMENT.
NOTIONS PRÉLIMINAIRES. 1

LIVRE PREMIER

ZOOLOGIE

CHAPITRE Ier. — RÈGNE ANIMAL. — EMBRANCHEMENTS. — CLASSES. 3

CHAPITRE II. — VERTÉBRÉS. — CLASSE DES MAMMIFÈRES. — L'Homme. 7

CHAPITRE III. — L'HOMME. — SQUELETTE. — Os et organes du mouvement 12

CHAPITRE IV. — — NUTRITION. — Digestion. — Absorption. 25

CHAPITRE V. — — CIRCULATION. 39

CHAPITRE VI. — — RESPIRATION. 50

CHAPITRE VII. — — SENSATION. — INTELLIGENCE. 60

CHAPITRE VIII. — MAMMIFÈRES (suite). Singes. — Du 3e au 13e ordre : Carnivores, Pachydermes, Ruminants, Rongeurs, Insectivores, Chéiroptères, Édentés, Amphibies, Cétacés, Marsupiaux, Monotrèmes. 76

CHAPITRE IX. — 2º CLASSE DES VERTÉBRÉS. — OISEAUX. . . . 94

CHAPITRE X. — 3º CLASSE DES VERTÉBRÉS. — REPTILES. — 108
4º CLASSE DES VERTÉBRÉS. — BATRACIENS. . 114

CHAPITRE XI. — 5ᵉ classe des Vertébrés. — Poissons. . . 116
CHAPITRE XII. — Embranchement des Annelés : Articulés. 122
                    Vers. 142
CHAPITRE XIII. — Embranchement des Mollusques 148
              —   —   Zoophytes 153
              —   —   Protozoaires 159
Tableau de la classification du règne animal. . . . 164

LIVRE II

BOTANIQUE

CHAPITRE Iᵉʳ. — Notions générales. — Graine 168
CHAPITRE II. — Organes de nutrition 172
CHAPITRE III. — Organes de reproduction 188
CHAPITRE IV. — Classification végétale 198
            Embranchement des Dicotylédones. . . 199
CHAPITRE V. — Embranchement des Monocotylédones . . 219
CHAPITRE VI. — Embranchement des Acotylédones. 226
Tableau de la classification du règne végétal. . . . 236

LIVRE III

RÈGNE MINÉRAL

Silice. 238
Carbonate de chaux. 239
Alumine. 241
Talc. — Mica. — Schistes. 242
Roches ignées. 243
Combustibles. — Métaux et leurs composés 246
Terres 247

LIVRE IV

GÉOLOGIE

Notions générales. 248
La Terre 251

336 TABLE DES MATIÈRES.

Apparition de la vie 253
Période primitive 254
    —   primaire 256
    — . secoudaire 261
    —   tertiaire 265
    — . quaternaire 268

AGRICULTURE

CHAPITRE Ier. — Sol. — Sous-sol 271
CHAPITRE II. — Amendements et engrais 274
CHAPITRE III. — Machines agricoles et travaux des champs 285
CHAPITRE IV. — Animaux de la ferme 283
CHAPITRE V. — Plantes de la grande culture 292
CHAPITRE VI. — Méthodes de culture 298

HORTICULTURE

CHAPITRE Ier. — Etablissement du jardin — Outils. —
               Opération du jardinage 301
CHAPITRE II. — Plantes potagères 305
CHAPITRE III. — Jardin fruitier 313
               Jardin d'ornement 320
CHAPITRE IV. — Végétaux et animaux nuisibles 322

SUPPLÉMENT

Préparation des collections d'histoire naturelle 326

Paris. — Imp. Gauthier-Villars et fils, 55, quai des Grands-Augustins.